KB039073

정신분석으로 상담하기

Psychoanalytic Approach to Counseling

장정은 저

학지사

머리말

이 책은 정신분석이론을 실제 상담장면에서 어떻게 적용할 수 있는지에 대하여 설명하고 있다. 정신분석이론에 대한 책은 많지만 그것이 실제 상담과 어떻게 관련을 맺고 있는지 연결해 주는 책은 흔치 않다. 그동안 상담을 지도하면서 상담을 수련하는 많은 학생이 어렵고 방대한 정신분석을 어떻게 실제 상담에 적용할지에 대해 어려움을 겪는 것을 보았다. 또한 자신은 정신분석으로 상담을 하고 있다고 생각하지만 실제로는 정신분석적 접근에 대해 잘 이해하고 있지 못하다는 것을 알 수 있었다. 이런 점들이 이 책을 집필하게 된 근본적인 동기가 되었다. 그렇기에 이 책은 정신분석이론에 대한 책이라기보다는 정신분석 상담에 대한 책이라고 볼 수 있다.

저자가 정신분석에 대해 관심을 갖기 시작한 것은 학부 시절 '서양 철학의 이해' 수업 시간에 프로이트의 논문을 읽기 시작하면서부터이다. 당시 그 수업을 가르친 교수님은 서양 철학 전반에 대해 다루지 않고 오직 프로이트 한 사람의 삶과 이론을 다루었다. 프로이트가 철학사에서 차지하는 중요성이 컸기에 그를 중심으로 다양한 철학적 사조를 살펴보려고 한 의도가 있었다. 하지만 무엇보다 나에게는 프로이트가 설명하는 인간정신에 대한 이해가 매력적으로 다가왔고, 프로이트의 정신분석은 당시 나의 불안과 두려움을 이해하는 데 큰 도움을 주었다. 이렇듯 프로이트부터 시작된 정신분석은 실제 인간의 마음과 치유에 대한 이론이며 임상과 떼려야 뗄 수 없는 관계에 있다. 물론 정신분석이 철학담론, 문학비평, 예술이론, 종교이해의 분야에서 자주 언급되는 것은 사실이지만, 무엇보다 임상경험을 통해 발전되어 온 임상을 위한 이론이다.

또한 정신분석은 프로이트 이후에 역사적 발전을 거듭하면서 진화되어 온 상담이론이다. 많은 사람이 정신분석이라고 하면 프로이트 한 사람의 이론이라고 이해하는 경향이 있지만, 정신분석은 프로이트의 고전정신분석, 자아심리학, 대상관계이론, 자기심리학 등의 흐름으로 발전해 왔고, 최근에는 관계정신분석과 상호주관성 이론이 추가되면서 다양한 관점과 갈래를 갖고 있다. 하지만 이 모든 정신분석의 흐름을 정신분석이라는 이름 아래 묶일 수 있게 하는 것은 정신분석 그 자체로 하여금 정신분석이도록 만드는 핵심적인 공통점이 있기 때문이다. 나는 그것을 '무의식의 의식화' '전이를 통한 치료' '어린 시절 체험의 중요성'이라고 말하고 싶다. 이 책은 이처럼 정신분석을 정신분석이도록 하는 요소들을 중심으로 하여 정신분석의 실제 상담에 대해 묘사하고 설명하는 데 그 목적이 있다.

무엇보다 정신분석은 무의식의 의식화를 핵심적인 치료 목표로 삼고 있다. 정신분석은 무의식의 존재를 가정하고 있으며, 그 무의식이 인간의 감정과 사고 그리고 행동에 큰 영향을 끼치고 있다고 주장한다. 그렇기에 그 무의식을 의식화시키는 것이 마음의 문제를 치유하는 길이라고 말한다. 이 때문에 정신분석은 그동안 실제 임상에서 인간의 무의식에 어떻게 접근하고 이를 다룰 수 있는지를 연구해 왔다. 정신분석은 무의식을 향한 집념 어린 몰두라고 볼 수 있다. 인간의 무의식이 어떻게 이루어져 있으며, 어떤 특징을 갖고 있는지에 대한 정신분석의 질문과 이에 대한 세밀한 천착은 결국 정신분석을 전이와 역전이 그리고 상호주관성이라는 인간관계의 역동으로 안내하였다. 곧, 무의식에 대한 탐구는 상담자와 내담자로 이루어진 상담관계에 주목하게 했으며, 정신분석은 그 안에서 내담자의 무의식이 상담자를 대상으로 드러나고 펼쳐지며 교류한다는 것을 이해하게 되었다.

상담관계에는 마치 눈에 보이지 않는 두 가지의 팽팽한 힘이 존재하는 것처럼 보인다. 한편으로 내담자는 자신에게 안정성을 제공해 오던 관계를 상담관계에서도 유지하고 반복하려는 경향을 갖고 있다. 반면, 그 무의식적 역동성을 알아차린 상담자는 내담자를 새로운 방향으로 인도하려고 노력한다. 이 두 가지의 팽팽한 힘겨루기가 상담관계에 존재한다. 예를 들어, 그동안 좋은 사람이라는 주변 사람들의 평가를 통해 자존감을 유지해 왔던 내담자는 상담자에게도 좋은 사람으로 비치기 위해 무의식적으로 노력한다. 반면, 정신분석 상담자라면 좋은 사람이 되려는 것이 지나친 자기희생이기에 반드시 균형이 필요하며, 꼭 좋은 사람이 되지 않아도 사랑을 잃지 않을 것임을 내담자가 통찰하기를 원한다. 이렇듯 상담관계에서 눈에 보이지 않게 영향을 끼치고 있는 두 힘에 대해 이해하고 개입할 수 있는 상담자를 정신분석적이라고 말할 수 있다.

이 예시에서 상담자는 좋은 사람이 되기 위해 상담관계에서 노력하는 내담자에게 좋은 느낌을 경험하고('참 좋은 사람이야.'), 변화를 위해 노력하는 내담자를 칭찬하고 격려해 주는 것("당신은 참 좋은 자원을 많이 갖고 있어요.")만으로 상담이 끝난다면, 결국 상담자는 내담자의 내적 압력에 굴복해 내담자의 무의식에 공모하는 일이 벌어지고 만다. 사실, 이런 일은 상담에서 비일비재하게 일어난다. 한편, 상담자가 좋은 사람이 되려는 내담자의 노력을 알아주지 않거나 공감적으로 반영하지 않는다면, 내담자는 상담에 흥미를 잃고 좌절하여 상담을 그만둘 수도 있다. 그렇기에 정신분석은 상담자의 위치를 마치 문지방에 서 있거나, 외줄 위에서 아슬아슬하게 균형을 잡기 위해 서 있는 것으로 자주 묘사된다.

정신분석은 이렇게 상담관계에서 눈에 보이지 않게 나타나는 무의식의 교류를 관찰하고 주목했으며, 이에 대해 상담자가 어떻게 개입할 것인지를 묘사하고자 노력하였다. 이 책은 정신분석이론에 기반하여, 상담관계에 드러나게 되는 무의식적 교류를 분석하고, 어떻게 상담적으로 개입할 것인지를 설명한다. 또한 상담관계에 빚어지는 두 가지의 힘을 어떻게 분석하고 개입할 것인지를 다양한 상담 예시를 들면서 살펴본다. 정신분석에 관심 있는 독자들과 자기 자신이나 주변 사람들에 대한 이해에 관심 있는 독자들은 이 책을 통해 정신분석이 어떻게 인간 이해와 치유에 대한 관점을 발전시켜 왔는지 이해할 수 있을 것이다.

이 책은 첫 장부터 마지막 장까지 하나의 연관성을 가지고 설명하고 있다. 정신분석의 치료 목표인 무의식의 의식화가 무엇인지를 설명하면서, 인간의 무의식이 어떻게 대상관계로 조직화되어 있고, 또 그것이 상담관계에 어떤 압력으로 작용하는지 그리고 이를 어떻게 이해하고 상담적으로 개입할 수 있는지를 순차적으로 설명하며, 논의가 점차 발전하는 구성으로 이루어져 있다. 더불어 각 장마다 독자들이 읽어 볼 만한 관련 저서들을 추가로 언급하였다. 이 책에 사용된 다양한 상담 예시는 저자의 상담 경험에 바탕을 두고 각색하였다. 이 상담 예시들은 어떤 특정 내담자를 이야기하는 것이 아니다. 하지만 이 자리를 빌려 나와 함께 작업해 준 내담자들에게 깊은 감사를 표한다. 그들은 언제나 나에게 배움을 주고 내 인생의 방향과 길을 보여 준 나의 상담자들이었음을 고백하지 않을 수 없다.

아무쪼록 이 책을 통해 실제 정신분석 상담에 대한 이해가 독자들에게 깊이 전달되었으면 한다. 이 책을 읽는 모든 이가 지나간 일들을 과거의 그 자리에 놓아두고, 점차 본래의 나 자신으로 살아갈 수 있기를 희망한다.

2021년 8월

장정은

8

차례

제1장
무의식의
의식화

　오늘날 다양한 상담이론이 존재한다. 정신분석이론, 행동주의이론, 인지치료이론, 인간중심상담이론, 게슈탈트, 가족치료와 같은 대표적인 심리치료이론뿐만 아니라, 각기 이름을 달리하는 수백여 개의 심리치료이론이 상담 현장에 존재한다. 하지만 그러한 다양한 상담이론의 뿌리를 형성하는 상담이론 중 하나가 바로 정신분석이다. 많은 상담이론이 정신분석을 발전시켰든, 아니면 간소화하였든, 혹은 정신분석에 반발하였든 간에 정신분석의 영향을 받았다.

　그렇다면 자연스레 이런 질문을 던질 수 있다. 정신분석과 일반 상담이론은 어떤 차이점을 갖고 있는가? 지구상에는 다양한 상담이론이 존재하는데, 정신분석은 사람의 마음을 이해하고 접근하는 데 있어 어떤 차이가 있으며, 그 치료적인 개입은 어떻게 다른가? 결론적으로 정신분석이 일반 상담과 다른 점을 아주 간단히 설명할 수 있다. 그것은 바로 무의식의 의식화이다. 정신분석은 억압된, 혹은 숨겨지거나 알려지지 않은 인간의 마음속 무의식을 의식화시키는 것이 전체로서의 자기이해를 가져와 마음의 회복에 이르게 한다고 주장한다. 무의식의 의식화가 상담이론이나 상담개입에 있어 정신분석을 다른 상담이론과 구별하는 핵심적인 차이이다.

1. 정신분석의 목표

무의식의 의식화라는 말처럼 애매모호한 표현도 없다. 먼저, 무의식은 무엇인가? 그것은 인간의 뇌의 한 영역을 말하는가? 의식이 아닌 것인가? 의식이 없는 상태를 말하는가? 무의식은 의식에 알려지지 않은 인간의 마음 영역을 지칭하기 위해 지그문트 프로이트(Sigmund Freud)가 도입한 개념이다. 그렇다면 그러한 무의식의 존재를 어떻게 증명할 수 있는가? 무의식이 존재한다면 그것은 어떤 과정에 의해 만들어지는가? 사실 무의식에 대해 설명하는 것이 이 책의 중심 목적은 아니다. 그것은 저자의 다른 책을 참고해도 되고, 혹은 프로이트의 논문 중「무의식에 대하여」(1915c)를 참조해도 될 것이다. 또한 이 책 전반에 걸쳐 무의식이 인간의 관계와 삶에 어떻게 영향을 끼치고 있는지 살펴보면서 무의식 영역의 성격과 작동원리를 간접적으로 살펴볼 수 있을 것이다.

짧게 설명하면, 무의식은 억압과 분열이라는 독특한 심리과정에 의해 형성되는 인간의 마음 영역이다. 의식세계 속에 통합될 수 없는 사건과 기억, 그 안에서 빚어내게 되는 불편한 감정과 정서 그리고 사고를 보관하기 위해 만든 마음의 저장소가 바로 무의식이다. 억압과 분열이라는 심리기제를 이해하는 것은 정신분석의 분석 대상인 무의식의 형성 원리와 그 성격을 이해한다는 점에서 중요하다. 억압과 분열에 대해서는 방어기제를 설명하는 제9장에서 다시 언급하게 될 것이다. 지금 맥락에서는 의식에 통합되기 어려운 불편한 감정과 사고 그리고 나 자신의 측면이 억압과 분열의 과정을 통해 보관되는 심리 영역을 무의식이라고 이해하면 충분하리라 생각한다.

사실 이번 장에서 더 중요하게 다루어야 하는 것은 '무의식을 어떻게 의식화하느냐'라는 질문이다. 무의식이 마음에 존재하지만 숨겨져 있고 알려져 있지 않다면 어떻게 그 마음의 영역을 의식화할 수 있겠는가? 정신분석이 무의식의 의식화를 치료의 목표로 삼고, 그것이 일반 상담이론과 다른 차별점이라고 한다면, 무의식의 의식화 방법이 정신분석으로 상담하는 데 있어 핵심적인 과제가 된다. 이 책은 바로 이 주제에 초점을 맞추었다. 무의식이 실제 상담현장에서 어떻게 드러나고, 어떻게 의식화하느냐를 실제 상담 예시들을 통해 설명하는 것이다. 그리고 무의식이 갖고 있는 치료의 함축을 설명하는 것 또한 이 책의 핵심 목적이다.

결론적으로 말해, 정신분석에서 무의식을 의식화한다는 것은 분석가와 피분석자, 상담자와 내담자 사이에 오고 가는 관계의 역동, 양상, 패턴 속에서 구현되어 나타나는 피분석자 그리고 내담자의 무의식적 소원, 기대, 환상 그리고 욕구를 드러내 보여 준다는 것을 의미한다.[1] 이 문장은 이 책에서 다루게 될 핵심 주제이며 11개의 장으로 나누어 살펴보았다. 각각의 장을 읽을 때, 앞에서 필자가 언급한 결론을 기억하면 책의 내용을 보다 이해하기 쉬울 것이다.

---

1) 정신분석에서 상담관계의 두 사람을 분석가와 피분석자로 묘사했지만, 이 책에서는 상담자와 내담자란 용어로 통일하여 설명하려 한다.

2. 무의식을 의식화시키기

먼저, 정신분석에서 무의식을 의식화시켜 온 방법들에 대한 설명
에서부터 앞의 핵심적인 주장을 설명해 볼 수 있다. 무의식의 의식
화는 프로이트가 정신분석의 치료 목표로 내건 모토였다. 억압이라
는 심리기제로 인해 형성된 무의식 안에 존재하는 성적인 표상 그
리고 이와 연루되어 있는 감정을 다시금 기억해 내고 되살리는 것
이 프로이트에게는 무의식을 의식화하는 것이었다. 하지만 무의식
은 좀처럼 인식하기 어려운, 마음속에 꼭꼭 숨겨진 영역이다. 그는
웬만한 의식적인 노력으로는 알아차리는 것이 거의 불가능에 가까
운 인간의 심리 영역을 무의식이라 부름으로써, 조금의 힘을 기울
이면 그 내용을 의식할 수 있는 전의식과 그 차이를 분명히 했다.

1) 최면기법

무의식의 표상과 감정을 의식화시키기 위해서는 특별한 방법이
요구된다. 처음에 프로이트가 무의식의 영역을 의식화시키기 위해
사용한 방법은 최면술이었다. 최면을 걸었을 때 환자는 현재 자신
에게 증상을 유발시키는 과거의 기억과 사건, 거기에서 경험한 감
정을 이야기하게 된다. 분석가는 이를 의식 상태로 돌아온 환자에
게 알려 주어 무의식을 의식화시킨다. 하지만 프로이트 자신의 최
면술이 시원찮아 환자들이 쉽게 최면에 걸리지 않기도 했고, 최면

상태에서 환자가 끌어낸 기억과 감정이 의식에 알려져도 그 치료 효과가 미미하거나 일시적이라는 것을 알게 되어, 그는 최면기법 을 포기했다.

프로이트가 최면기법 사용을 포기한 것은 정신분석 역사에서 큰 의미를 갖는다. 이는 아무리 무의식의 내용을 정확하게 인식하였 다고 해도 그것이 곧바로 치료로 연결되지 않을 수 있다는 것을 의 미한다. 효율중심적이고 성취지향적인 오늘 우리 삶의 관점에서 는, 무의식의 의식화란 정신분석의 목표를 단순하게 생각할 수 있 다. 무의식의 내용을 재빨리 알아차리기만 하면 우리가 회복할 수 있는 것으로 이해할 수 있다. 하지만 프로이트가 최면기법을 포기 한 것이 시사하는 바는 크다. 최면기법은 무의식에 쉽게 접근할 수 있지만, 최면상태에서 건져 올린 무의식의 내용이 치료에 효과적 이지는 않다. 그렇다면 이것은 무엇을 의미하는가?

많은 사람이 자신이 누구인지 그리고 자신의 숨겨진 마음이 무 엇인지는 알고 있지만 치료되지 않는다고 불평한다. 그래서 어떻 게 하라는 말이냐고 반문한다. 하지만 의식에 단순히 무의식의 내 용이 알려졌다고 해서 치료가 일어나는 것은 아니다. 프로이트가 최면기법을 포기한 것에서 그 이유를 찾아볼 수 있다. 무의식의 내 용은 의식과 연결되어야 한다. 무의식의 내용은 의식 속에 받아들 여져야 하고 수용되어야 한다. 최면기법이 효과적으로 무의식의 영역에 접근할 수 있게 하는 것은 사실이지만, 그것이 내담자에게 깊은 통찰을 주지는 못한다. 프로이트는 이런 상태를 가리켜 무의 식이 의식에 단순히 등재되었다고 이야기했다.

2) 자유연상

프로이트는 이렇게 최면기법을 포기하고 내담자 스스로 무의식의 영역을 의식화할 수 있도록 자연연상이란 기법을 도입했다. 자유연상은 내담자 스스로 머릿속에 떠오르고 연상되는 기억이나 이미지, 느낌 등을 편집하지 않고 상담자에게 이야기하는 방법이다. 이 자유연상의 중요한 원칙은 내담자가 연상된 것들을 상담자에게 이야기하기 어렵고 부적절하다고 판단되는 경우에도 이를 검열하지 않고 상담자에게 가감 없이 표현할 수 있어야 한다는 것이다.

자유연상은 현대의 정신분석 임상에서도 기본적인 상담개입으로 사용되는 기법이다. 정신분석 상담자는 상담을 요청하는 사람에게 이 상담이 무엇인지, 내담자가 이 상담관계에서 해야 할 일이 무엇인지를 설명하고 교육한다. 그것은 주로 자유연상에 초점이 맞춰져 있다. "○○○께서는 이곳에서 떠오르는 어떤 이야기이든 편집하지 않고 제게 이야기해 주시는 것이 중요합니다. 처음에는 어렵고 힘들 수 있지만, 이 상담실에 대한 것이든 저(상담자)에 대한 것이든, 무엇이든 떠오르는 이야기를 하시면 본인의 이해에 도움이 됩니다."

정신분석 상담에서 이 자유연상에 대한 교육과 개입은 앞에서 언급한 무의식의 의식화를 달성하기 위해 가장 중요한 부분이고, 정신분석가가 일반 상담자와는 상담관계에서 다른 느낌으로 다가오고 경험하는 이유가 되기도 한다. 일반 상담에서는 상담자가 보다 적극적으로 내담자의 문제해결을 위해 개입을 할 수 있는 반면,

정신분석 상담에서는 내담자가 무의식을 의식화하기 위해 주도적인 역할을 해야 한다. 내담자가 떠오르는 이야기를 편집하지 않고 상담자에게 이야기하는 것이 중요하다. 상담자는 그렇지 않지만 내담자는 어떤 이야기든 말할 수 있어야 한다. 즉, 내담자는 상담관계에서 진솔하게 자신을 표현하고 드러낼 수 있어야 한다. 이를 통해 자신의 성격구조에서 비롯되는 역동이 상담관계에서 드러날 수 있다. 정신분석 상담자의 역할은 그렇게 내담자가 자신을 드러낼 수 있도록 돕고 격려해야 하는 것이다. 자유연상이 갖는 중요성을 다음의 예시를 통해 살펴보자.

> 상담을 받은 지 10회기 정도 되었던 한 내담자가 밝은 미소를 지으며 상담자를 찾아왔다. "선생님, 오늘은 기분이 너무 좋아요. 선생님께 오는 길에 활짝 핀 벚꽃이 참 좋았어요." 상담자가 떠오르는 것이 있는지 연상을 요청하자 내담자는 이렇게 말했다. "제 대학시절 고향에도 벚꽃이 활짝 피곤했어요. 공부하기가 너무 싫어서 중간시험 기간이었는데 무작정 열차를 타고 고향을 갔지요. 그런데 아버지가 저를 나무라지 않고 얼마나 반겨 주셨는지 기억이 나요."

내담자는 상담자를 만나러 오는 길에 활짝 핀 벚꽃을 보았고 기분이 좋았다. 연상을 통해 그는 대학시절, 고향에 계신 아버지를 만나러 갔던 기억을 떠올렸다. 공부하기가 너무 싫어 무작정 고향으로 내려갔는데 아버지가 그를 반겨 주셨다. 가정 형편이 어려워 겨우 등록금을 마련해 줬는데도 공부하지 않는다고 꾸중하실 줄 알

았는데, 아버지는 일체 그런 말을 하지 않고 따뜻하게 반겨 주셨다. 자유연상을 통해 지금—여기에서 상담자를 만나러 오는 것과 어린 시절 아버지의 따뜻함의 경험이 어떻게 연결되어 있는지를 알 수 있다. 이것은 이후에 살펴보겠지만 내담자의 전이를 의미하는 것이기도 하다. 이 자유연상을 통해 내담자는 상담자가 아버지처럼 무조건적으로 자신을 따뜻하게 반겨 줄 것이라는 무의식적인 기대를 하고 있음이 드러난다. 앞의 예시에서 볼 수 있듯이 상담자는 상담에서 표현되는 내담자의 느낌을 지나치지 않고 연상을 요구하여 그 느낌이 어디에서 비롯되었는지를 볼 수 있도록 돕고 있다.

이렇게 우리의 무의식적인 느낌은 자유연상을 통해 드러나게 될 때가 많다. 정신분석 상담자는 자유연상 속에 드러나는 내담자의 무의식적 느낌과 의미를 경청하기 위해 노력하고 훈련한다. 그렇기에 정신분석 상담자는 내담자의 호소문제를 적극적으로 해결하려는 목적으로 개입하지 않는다. 물론 자아의 판단능력이 현격하게 떨어지거나, 현재 내담자가 심각한 어려움과 위기상황에 처해 있을 때에는 내담자에게 자유연상을 요구하는 것 자체가 큰 무리가 될 수 있다. 그렇기에 이런 상황에서는 정신분석 상담자도 보다 적극적인 자세로 내담자의 문제에 개입하게 될 것이다.

3) 저항분석

본질적으로 정신분석 상담은 내담자의 주체적이고 주도적인 역할 속에서 진행되고, 그런 의미에서 인간중심 상담이론과 같이 내담자 중심 상담이라고 말할 수 있다. 하지만 프로이트는 내담자의 역량에 맡겨진 이런 자유연상의 과정이 지속적으로 방해받는다는 것을 알게 되었다. 프로이트(1912a, 1912b)는 내담자들이 상담자에게 이야기하고 표현하는 것이 부적절하고 부끄럽다는 이유로 순간 떠오르고 연상된 기억이나 감정을 무시하고 지나치거나, 혹은 있는 그대로 분석가에게 전달하지 않는다는 것을 알게 되었다. 또한 이것이 의식적으로든 무의식적으로든 빈번하게 일어난다는 것을 알게 되었고, 그는 이를 저항이라고 불렀다.

비자발적으로 상담에 온 사람들이든 자발적으로 온 사람들이든 낯선 상담자에게 자신을 드러내거나 표현하는 것은 힘든 일이다. 그렇기에 정도의 차이는 있을지 모르지만 저항은 반드시 존재한다. 그런데 이 저항은 이미 상담관계가 형성되었다는 것을 의미할 뿐만 아니라, 내담자가 호소하는 핵심 문제와도 맞닿아 있는 경우가 대단히 많다. 저항은 여러 가지 방식으로 나타난다. 생각이 전혀 떠오르지 않는다고 말하면서 침묵하거나, 혹은 상담자가 개입할 어떤 여지도 주지 않은 채 자신의 이야기를 늘어놓거나, 상담에 지각 혹은 결석하는 것 등이 상담관계에서 나타나는 대표적인 저항 현상이다. 하지만 저항은 내담자 자신도 이해할 수 없는 방식으로 교묘하게 일어나기도 한다. 다음의 예시를 살펴보자.

A는 사람들로부터 쉽게 배신의 상처를 받는다고 분석을 요청했다. 그녀는 첫 회기부터 상담자는 극한 직업인 것 같다고 이야기하며, 상담자가 다른 사람의 감정의 쓰레기통이 되어야 하는 역할에 대해 이야기했다. 상담자는

이런 그녀의 위로에 마음이 따뜻해지는 것을 느꼈다. 그다음 시간부터 내 담자는 점심 이후에 있는 회기에 커피를 사 오기 시작했다. 상담자의 취향 을 생각해 아메리카노와 라테 두 가지를 준비했고, 상담자가 하나를 고르 자 나머지는 자신이 골랐다. 상담자는 커피를 사 오지 않아도 된다고 부드 럽게 이야기했지만, 이후에도 그녀는 계속 커피를 사 왔다. 상담자는 힘든 내담자들 사이에 그녀가 오는 것이 반가웠고 기다려졌다. 어린 시절 A는 맏딸로 어머니를 대신하여 동생들을 돌봐야 했다. 왜냐하면 어머니가 사별 한 아버지 대신 일해야 했기 때문이다.

이 상담 사례에서 내담자 A는 상담자를 위로하는 역할을 하고 있 다. 때로는 상담자에게 얼마나 일이 힘드냐고 이야기하며 안부를 묻고 상담자로 하여금 자신의 느낌을 이야기하도록 격려해 주고 있다. 또한 회기 중 내담자가 사 온 커피는 진지하게 내담자를 살 피는 상담관계를 일상적이고 편안한 대화의 관계로 만들었다. 맏 딸로 태어난 A는 남편과 사별해 생업에 뛰어들었던 어머니를 대신 해 동생들을 돌보는 역할을 맡았다. 유년시절에 맡겨진 이런 역할 은 자신이 누구인지에 대한 자기 이미지와 느낌을 규정하는 방법 이 된다. 이는 성인이 되어서도 주변 사람들을 돌보는 관계의 양상 을 형성하고, 이를 통해 자신에 대한 자존감과 안정감을 유지한다.

A의 이런 역동은 상담관계에서도 그대로 옮겨졌다. A는 상담관 계에서 또한 상담자를 돌보는 역할을 수행하려고 했다. 상담자는 힘든 내담자들 사이에서 A가 상담을 받으러 오는 것이 반갑고 기 다려지기 시작했다. 이는 교묘하지만 상담관계에서 일어날 수 있

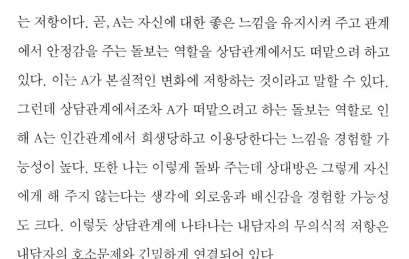

는 저항이다. 곧, A는 자신에 대한 좋은 느낌을 유지시켜 주고 관계에서 안정감을 주는 돌보는 역할을 상담관계에서도 떠맡으려 하고 있다. 이는 A가 본질적인 변화에 저항하는 것이라고 말할 수 있다. 그런데 상담관계에서조차 A가 떠맡으려고 하는 돌보는 역할로 인해 A는 인간관계에서 희생당하고 이용당한다는 느낌을 경험할 가능성이 높다. 또한 나는 이렇게 돌봐 주는데 상대방은 그렇게 자신에게 해 주지 않는다는 생각에 외로움과 배신감을 경험할 가능성도 크다. 이렇듯 상담관계에 나타나는 내담자의 무의식적 저항은 내담자의 호소문제와 긴밀하게 연결되어 있다.

A의 사례에서 볼 수 있듯 상담관계에서 저항은 아주 교묘한 방식으로 나타나기에 상담자는 지금-여기에서 일어나고 있는 역동에 주목해야 하며, 그 의미를 되새겨야 한다. 이 저항을 이해하지 못하면, 결국 상담은 내담자의 역동이 고스란히 반복되는 결과만 낳고 끝나 버리게 된다. 앞의 상담 예시를 통해 설명하면 A는 상담관계에서조차 돌보는 역할을 맡은 채 상담이 이어지고 종결될 수 있다. 그렇기에 저항은 상담의 큰 방해물이 아닐 수 없다.

4) 전이치료

프로이트의 천재성은 무의식으로 향하는 길에서 만난 어려움에서 무의식으로 향하는 새로운 방법을 고안해 낸 데에 드러난다. 저항이라는 장벽에서 프로이트가 무의식을 의식화시키기 위해 새롭게 고안해 낸 방법이 바로 전이였다. 내담자는 자유연상을 통해 무의식의 영역으로 들어가는 것을 저항할 수는 있지만, 내담자가 상담자에게 숨길 수 없는 것이 있다. 그것은 상담자 앞에서 저항하는 내담자 자신의 태도이다. 앞의 예시에서 A는 비록 자신의 진실된 이야기를 하고 본질적인 변화를 향해 가는 것에 대해 상담관계에서조차 무의식적으로 저항하지만, 그런 저항 속에서 어린 시절부터 발전시켜 온 자신의 관계역동을 고스란히 그 관계에 드러낸다. 프로이트(1914)는 이 저항이 초기 대상관계의 중요한 단면을 반복적으로 재현하는 것임을 알게 되었다. 이를 통해 그는 내담자의 무의식적 소원과 기대 그리고 환상으로 향하는 길을 보게 되었다. 이는 그가 전이에 대해 이야기하는 다음 인용문에서 찾아볼 수 있다.

> 환자는 (어린 시절) 자신이 부모에게 반항했고 그들을 비난했다고 말하지 않는다. 대신에 그는 의사에게 그렇게 행동한다. 환자는 그의 유아시절 자신의 성적 탐구에서 어떻게 무기력하고 절망적이었는지를 기억하지 않는다. 그러나 그는 혼란스런 무수한 꿈과 연상들을 보여 주고, 어떤 일에도 성공적이지 못한다고 불평하고, 그가 시도하는 것은 결코 성취될 수 없다고 주장한다. 그는 어떤 성적 활동을 대단히 수치스럽게 여겼고, 그것들이 발견될까 봐 두려웠다고 기억하며 말하지 않는다. 그러나 그는 자신이 받기 시작한 치료를 얼마나 부끄러워하는지를 보여 주며 이를 모든 이에게 비밀로 하려고 노력한다(Freud, 1914: 378).

내담자는 자신의 어린 시절에 어떤 사건이 있었는지 그 사건에서 어떤 감정을 경험했는지는 이야기하지 않는다. 심하게 망각이 되어서 기억을 떠올리기도 힘들뿐더러, 떠올랐다고 해도 부끄러운 기억을 이야기하기는 쉽지 않다. 또한 사소한 것이라고 판단하여 이야기를 하지 않을 수도 있다. 내담자에게서 일어나는 이런 마음의 상태를 상담자가 어떻게 파악할 수 있겠는가? 하지만 분명한 것은 내담자가 저항하고 있다는 사실 자체이다. 다시 말해, 저항으로 인해 내담자 자신이 아무것도 떠오르지 않는다고 이야기하며, 침묵할 수 있지만, 침묵하고 있다는 것 자체는 피할 수 없다. 상담을 해 본들 무슨 소용이 있겠냐며 무기력해진 내담자는 상담에 저항하겠지만, 분명한 사실은 상담에 무기력하게 임하는 내담자의 태도 그 자체는 숨기기 어렵다는 것이다. 상담을 받은 지 오래됐지만 변화된 게 아무것도 없다고 이야기하며 상담에 협조하지 않는다고 해도, 분명한 것은 내담자가 상담에 대해 불평하며 협조하지 않는다는 사실이다. 바로 이것이 우리가 상담에서 자주 놓치는 단면들이지만, 이것이야말로 내담자의 무의식적 환상과 소원, 대상에 대한 무의식적 느낌을 향해 들어갈 수 있는 단서들이다.

내담자는 여러 가지 이유로 저항하여 자신의 핵심적인 심리 영역에 접근하지 못하고 분석과 상담의 진척을 저해할 수 있다. 내담자 스스로도 이를 알지 못한다. 하지만 내담자 자신의 저항 그 자체는 초기 대상관계에서 벌어졌던 비밀스런 현실을 보여 주며, 그렇기에 내담자의 무의식으로 향하는 안내의 역할을 할 수 있다. 나아가 내담자가 상담을 찾아올 때 호소하는 문제와 이 저항은 긴밀하게 연결되어 있는 경우가 많다. 프로이트는 이렇듯 저항이라는 현

상에서, 상담관계에 전이된 유년시절 중요한 대상과의 관계 단면
을 볼 수 있었고, 이후 전이의 개념을 발전하였다.

　　전이의 발견은 무의식으로 들어가는 새로운 수단과 통로가 되었
다. 자유연상의 과정에서 부딪히게 된 저항이라는 장벽은 프로이
트를 전이의 세계로 안내했다. 놀라운 것은 이 전이가 정신분석의
치료적 수단에서 중심 위치를 차지하게 되었다는 사실이다. 이후
정신분석은 다양한 발전 과정을 밟았고, 또 다양한 갈래와 흐름으
로 변화되며 이론적인 수정과 변화를 겪었지만, 이 전이에 대한 개
념은 정신분석에서 핵심적인 치료 원리로 받아들여졌다. 다시 말
해, 내담자의 무의식으로 안내하는 길이 전이 현상에 있으며 이 전
이된 관계 속에서 내담자의 마음 문제를 다룰 수 있음을 알게 된 것
이다.

　　그런데 전이 개념의 도입은 프로이트가 의도했든 의도하지 않았
든 정신분석의 치료 방향을 새로운 길로 안내했다. 앞에서 간단하
게 살펴보았지만 무의식을 의식화한다는 것은 단지 내담자의 무의
식에 무엇이 있다는 것을 알려 주는 것만을 의미하지 않는다. 만약
그랬다면 최면기법이 정신분석에서 발전했을 것이다. 어떻게 최면
을 잘 걸 수 있는지가 정신분석에서 핵심 과제가 되었을지도 모른
다. 전이 개념의 도입은 무의식에 억압된 표상을 의식화시키는 것
에서, 지금-여기의 상담관계에 전이 과정을 통해 활성화된 내담
자의 무의식 세계를 상담자가 다루는 과정으로 정신분석의 방향을
변화시켰다.

3. 전이와 상담개입

1) 빌헬름 옌센의 그라디바에 나타난 망상과 꿈

정신분석 상담에서 전이 개념을 도입하게 되면서 무의식을 의식화한다는 것은 단지 무의식의 내용을 알려 주는 것만을 의미하지 않게 되었다. 그것은 무의식의 내용이 전이 속에서 실현되고 만족되며 경험할 수 있는 과정이 필요하다는 것을 알게 했다. 전이 개념의 도입은 상담자로 하여금 내담자를 무의식으로 인도하는 안내자의 역할 이상을 요구하게 되었다. 상담자는 상담관계에 전이되어 나타나는 내담자의 무의식적 요구와 기대를 다루어야 하는 역할 또한 감안해야 한다. 이를 분명하게 보여 주는 프로이트(1907)의 논문이 있다. 그것은 「빌헬름 옌센의 〈그라디바〉에 나타난 망상과 꿈」이라는 글이다. 여기에서 프로이트는 정신분석 상담자의 전이를 다루는 역할이 무엇인지를 보여 준다. 이를 통해 그는 전이를 통한 치료가 어떤 의미를 갖는지를 설명한다.

앞의 논문에서 프로이트는 젊은 고고학자인 노베르트 하놀트가 이탈리아를 여행하면서 겪게 되는 치료적 경험에 대해 분석한다. 하놀트는 로마에서 어느 고미술품 컬렉션을 둘러보다가 여인 조각상 앞에서 강한 인상을 받고 그 모델에게 그라디바라는 별칭을 주었다. 그때부터 이 조각상과 관련된 꿈과 환상을 갖기 시작한 노베르트는 그라디바가 폼페이에 살았고, 화산 분출로 죽었다는 확신을 갖게 된다. 그리고 그는 자신의 환상과 실제 지각을 구분하지 못하고 폼페이로 실제 여행을 떠난다. 그곳에서 그는 생김새와 옷차림, 특히 걷는 모습이 그라디바와 똑같은 여성을 만나고 그녀가 자신의 환상 속 그라디바라고 생각한다. 하지만 그녀는 자신의 이름이 조에라고 밝히는데, 조에는 사실상 노베르트의 유년시절 친구였다. 프로이트의 해석에 따르면, 노베르트는 아동기 조에와 경험한 성적 충동을 억압한 결과 그 조각상과 조에와의 관련성과 유사성을 지각하지 못했다. 이렇듯 만족을 원하는 관능적 성향과 현실 속 조에와 관련된 것들에 대한 의식적 접근을 방해하는 검열 사이의 갈등에서 노베르트의 정신착란과 망상이 탄생된 것이다.

프로이트의 이 작품 분석에서 가장 중요한 것은, 이렇게 망상에 빠진 노베르트 하놀트의 치유 과정과 그 원인에 대한 프로이트의 묘사이다. 여기에는 조에가 정신분석 상담자로서의 역할과 기능을 담당한다. 소설 속에는 노베르트의 증상이 나타나기 시작했을 때, 조에는 그로 하여금 자신의 망상과 증상을 표현하도록 도움으로써 언어치료를 실시했다. 뿐만 아니라, 그녀는 "이미 우리 두 사람이 지금부터 2,000년 전 어느 날 이렇게 빵을 나누어 먹었던 것만 같아."(Freud, 1907: p. 85)라고 말하는 등 노베르트의 망상 세계에 함께 들어간다. 그리하여 그의 저항이 완화되었을 때, 어린 시절의 풍경을 확인시켜 망상의 기원에 이르게 된다. 여기서 프로이트가 중요하게 여기는 것은 치료가 일어나기 위해서는 성적 충동이 확인되거나 파헤쳐져야 할 뿐만 아니라, 다시 활성화되어야 할 필요가 있다는 점이다. 내담자의 성적 충동은 사랑의 형태로든 증오의 형태로든 상담자에게 전이됨으로써만 다시 활성화될 수 있다. 프로이트는 이를 '사랑의 재발'이라고 불렀으며, 나아가 정신분석적 치료를 '사랑에 의한 치료의 모델'이라고 불렀다(Freud, 1907: p. 90). 이처럼 상담자 조에가 그랬던 것처럼 활성화된 전이에 함께 참여해야 하며, 이에 대해 적절한 만족을 제공할 수 있을 때에만 치료적 효과를 거둘 수 있게 된다.

프로이트의 이 논문은 앞으로 자세하게 진행될 우리의 논의를 위해 큰 의의를 지닌다. 무의식을 의식화한다는 것은 내담자의 무의식을 낱낱이 파헤치는 것을 의미하는 것은 아니다. 아주 똑똑하고 촉이 빠른 상담자는 내담자의 무의식에 쉽게 접근할 수 있을지 모르지만, 효과적인 상담의 결과를 가져오는 것은 아니다. 오히려 그 상담자는 상담관계에 나타난 내담자의 무의식 세계에 함께 머물러 주기 어려울 수 있다. 효과와 성취 중심적인 사고를 지닌 상담자는 내담자로 하여금 무의식에 재빨리 직면하도록 만들 수 있다. 하지만 상담자와 내담자 사이에 오고 가는 관계의 역동 속에서 내담자의 무의식적 소원과 기대 그리고 환상을 의식화한다는 것은 단지 그 무의식의 내용을 알려 주는 것 이상을 의미한다. 그것은 때에 따라 내담자의 무의식 세계에 머무를 수 있어야 함을 의미한다. 이는, 조에가 어린 시절 억압하였던 하놀트의 성적 환상을 지금-여기에서 그와의 관계에 적절한 방식으로 수용했던 것으로 비할 수 있다.

상담자가 내담자의 무의식 세계에 머무른다는 것은 무엇을 의미하는가? 그것은 내담자가 무의식적으로 상담자에게 요청하는 역할을 일정 부분 그리고 적절한 방식으로 내담자가 만족하도록 상담자가 허용한다는 것을 의미한다. 무의식을 의식화하는 과정은 무의식적으로 오고 가는 관계역동 속에서 상담자가 내담자의 무의식적 기대와 소원 그리고 환상을 드러내는 것만을 의미하지 않고, 상담관계에서 내담자가 무의식적으로 상담자에게 요구하는 일정한 역할을 상담자가 적절하게 수행하는 것을 포함하는 개념이다. 바로 그렇게 되었을 때에만 무의식의 내용이 내담자의 의식과 연결되어 통합되는 기본 토대를 마련할 수 있고 무의식의 의식화가 완성된다. 이에 대해서는 전이만족과 전이통찰이라는 개념 아래 제10장에서 살펴보게 된다.

2) 상담자와 내담자의 관계역동 분석하기

전이 속에 나타나는 내담자의 무의식적 기대를 만족시키면서도 이를 드러내야 하는 것은 정신분석 상담을 어렵게 만드는 이유가 된다. 한편으로는 상담자가 내담자와의 관계에서 경험하는 역동을 드러내 보여 줄 수 있어야 한다. 하지만 그것을 언제 어떻게 해야 할지가 중요하다. 다음의 예시를 살펴보자.

자기주장이 어려운 내담자 B는 상담자를 찾아왔다. 그는 상담에 우호적인 자세를 갖고 있었고, 상담자의 요청에 따라 내담자는 자신의 이야기를 어렵지 않게 풀어내는 것처럼 보였다. 때로는 자신의 삶에서 소소하게 일어날 수 있는 어려움들을 상담자에게 문의했고, 이에 대해 상담자가 의견을 제시했을 때에는 고개를 끄덕이며 이를 삶에 적용해 보려고 했다. 상담자

의 조언이 자신의 삶을 많이 바꾸고 있다고 이야기했을 때, 상담자는 뿌듯한 느낌이 들었고 상담자가 되기를 잘했다는 생각이 들었다.

앞의 사례는 흔히 접하게 되는 상담 사례이다. 상담자와 잘 협력하는 내담자는 참 대견스럽기도 하고, 변화되려고 강력한 의지를 보이는 것은 상담자의 마음을 기쁘게 만든다. 이런 내담자와의 관계 속에서 상담자는 더 유익한 정보나 의견을 제시할 가능성이 높아지고 내담자는 이를 삶에 부지런히 적용할 수 있을 것이다. 하지만 무의식의 의식화를 목표로 삼는 정신분석은 상담자와 내담자 사이에서 오고 가는 관계의 역동 속에 드러나는 내담자의 무의식적 소원, 기대, 환상을 드러내는 것이 핵심적인 과제이다. 그런 목표의 관점에서 앞의 사례를 분석하면 다음과 같은 몇 가지 유익한 점들을 관찰하게 된다.

• 내담자는 상담자에게 질문하고 조언을 구하려고 하고 있으며, 이를 자신의 삶에 적극적으로 적용해 보려고 한다. 이런 내담자에 대해 상담자는 대견스럽고 뿌듯한 느낌이 들고 내담자가 상담에서 더 유익한 정보와 통찰을 얻을 수 있도록 준비한다(역전이). 이는 내담자가 상담자에게 의지하고 의존하고 있다는 것을 의미한다. 이것은 내담자가 문제를 해결해 주고 자신의 삶을 변화시켜 줄 수 있는 대상으로 상담자를 경험하고 있다는 것을 의미한다(전이).

• 반복적으로 이런 관계가 지속된다면, 내담자 자신은 주체적으

로 무엇인가를 판단할 수 없고 결정할 수 없다는 자신 스스로
에 대한 느낌과 태도를 갖고 있다는 것을 의미할 수 있다. 더
나아가 이는 자신에게 좋은 것이 존재하지 않고 좋은 것은 외
부의 대상(상담자)에게만 존재하는 것이라고, 관계에서 무의
식적으로 인식하는 것이라고 말할 수 있다. 이런 사례들은 정
신분석의 역사에 빈번하게 나타나 상담자를 혼란스럽게 만들
었다. 아주 극단적인 경우에는 충분히 좋은 상담관계에서 상
담자의 다양한 조언과 의견을 듣고 삶에 적용해 왔던 내담자
가 상담이 종료된 이후에 자신이 더욱 비참하다고 경험하거나
심지어는 자살한 경우도 있다. 더 이상 의지하고 기댈 만한 대
상이 사라졌을 때, 여전히 공허하고 자신의 마음은 텅 비어 있
다고 느끼는 이 내담자는 결국 자신은 좋은 상담자를 만나 상
담을 받아도 아무런 희망이 없다고 판단하게 된다. 곧, 내담자
에게 자신이 그동안 맺은 상담관계는 일종의 희망 없음을 재
확인하는 계기가 되었다. 상담자는 결국 이 내담자와 오고 가
는 관계의 역동을 보지 못하고 내담자 자신을 고갈시키며 타
인을 이상화하는 그 혹은 그녀의 관계를 강화했다.

• 내담자가 자기주장을 하기 어려웠던 주 호소문제는 바로 이
관계역동 속에 고스란히 나타난다. 자신에게는 좋은 것이 없
고 모든 좋은 것이 외부에 있다고 생각하는 이 내담자는 대상
을 이상화하거나 의존하려고 할 것이다. 이런 역동에 상담자
는 휘말려 들어갈 수 있다. 이렇듯 자신을 고갈시키면서 대상
을 이상화하려는 사람은 자신에 대한 고갈의 느낌, 무엇인가

빠져나가는 느낌, 공허와 우울을 경험할 수밖에 없게 된다.

- 그렇다면 이런 관계역동 속에서 나타나는 내담자의 무의식적 소원과 기대 그리고 환상은 무엇인가? 이미 언급했지만, 이에 대해서는 "나는 부족하고 가진 것이 전혀 없어요. 당신이 모든 좋은 것을 가졌으니 나를 좋은 것으로 채워 주었으면 해요. 나에게 온화하고 따뜻한 미소로 좋은 것을 제공해 주었으면 좋겠어요."라고 설명할 수 있다. 물론 이런 묘사가 동일한 역동을 보이는 모든 사례에 적용된다고 생각할 수 없다. 하지만 분명한 사실은 상담관계 자체의 역동을 통해 이렇듯 내담자의 유아적인 소원과 불안 등이 수면 위로 올라오게 된다는 것이다.

- 결국 내담자는 자신에게 좋은 것이 없고 대상이 모든 좋은 것을 가졌을 것이라는 자기와 대상에 대한 기대나 환상을 어린 시절 주 양육자와의 관계에서 형성했을 가능성이 크다고 말할 수 있다. 그에게 있어 돌봄이나 양육은 누군가가 잔소리를 해서라도 안내하고 지도하고 통제하는 것이라고 무의식적으로 생각하는지도 모른다. 이런 관계의 역동 속에서 내담자는 안정감을 느낀다. 그렇기에 내담자는 스스로 주체적으로 된다는 것, 주도적으로 자신의 삶을 설계한다는 것이 무엇인지를 잘 모르기도 하고 대단히 낯설게 느껴지기도 할 것이다.

3) 무의식의 의식화: 전이만족과 전이통찰

이런 사례의 분석을 통해 우리는 정신분석적인 상담이 얼마나 깊이 있는 작업인지를 알게 된다. 그리고 상담자와 내담자 사이에 오고 가는 역동이 내담자의 내적 세계와 무의식에 대한 귀중한 무의식적 정보를 포함하고 있다는 것을 알게 된다. 만약 앞의 B의 경우처럼 단지 상담자가 조언하고 의견을 제시하는 것으로만 상담이 종료된다면, 결국 어린 시절 문제를 만들어 냈던 대상관계를 반복하게 되는 꼴이 되고 만다. 이를 월프레드 비온(Wilfred Bion)의 관점에서 보면 −K(Knowledge)의 상태로 묘사할 수 있다(Bion, 1963). 곧, 상담관계가 진실한 앎으로 이끄는 K의 관계가 아니라 내담자의 역동을 강화하고 고착하는 −K의 관계가 된다.

하지만 이런 관계의 역동을 이해했다고 하더라도, 상담자가 지금-여기에서 일어나는 일을 내담자에게 설명하기는 어렵다. 상담자는 분명 지금-여기에서 오고 가는 역동을 점차적으로 이해하기 시작할 수 있다. 내담자가 자신을 고갈시키면서 분석가를 의지하고 이상화한다는 것을 눈치채고, 그 안에 무의식적인 소원을 탐색해 나갈 수 있다. 그리고 내담자와 상담자의 상담관계를 시험대 삼아 결국에는 내담자의 무의식적 두려움과 갈등, 소원과 환상을 의식화할 수 있다(전이통찰).

그런데 여기에서는 중요한 한 가지 사실을 놓치고 있다. 내담자의 무의식을 의식화시킨다는 것은 내담자의 무의식적 기대를 적절한 방식으로 채워 주는 과정이 불가피하게 존재해야 한다는 것이다. 너무 이른 시기에 내담자에게 무의식을 통찰시키고 직면시킨다면, 결국 내담자를 잃게 되거나 저항을 불러오는 결과를 가져오게 된다. 앞의 내담자 B에게는 의지하고 기대는 관계가 큰 안정감을 제공한다. 상담자는 내담자의 이런 내적 측면을 깊이 존중하고 이해해 주는 것이 필요하다. 한편으로 내담자가 자신을 의지한다는 것을 알고, 그 안에 무의식적 환상이 존재한다는 것을 알면서도, 적절한 방식으로 이를 만족시켜 주어야 한다. 곧, 상담자는 상담관계에서 내담자에게 이상화된 존재의 역할을 수행할 수 있어야 한다(전이만족).

그런 측면에서 보면 상담의 초기 단계에서 일반 상담자나 정신분석적 상담자의 개입이 큰 차이점이 없을 수 있다. 일반 상담자이든 정신분석 상담자이든 이상화된 존재의 역할을 자연스럽게 하게 될 것이기 때문이다. 하지만 그럼에도 아주 큰 차이가 있는데, 정신분석 상담자는 지금-여기에서 내담자와 오고 가는 이 관계역동에 대해 인지하고 그 위험성 또한 충분히 알고 있다는 점이다. B의 사례에서처럼 상담자가 문제를 해결하고 의견을 제시하는 역할을 수행하더라도 그것은 B의 내적인 전이를 적절하게 만족시키고 무의식의 의식화를 돕기 위함이다.

그런 의미에서 정신분석 상담자는 문지방에 서 있는 존재로 묘사할 수 있다. 한편으로 상담자는 내담자가 문지방 안 상담관계에서 채색시키는 무의식적 역동에 자발적으로 참여하기도 하지만, 다른 한편으로 상담자는 문지방 밖에 존재하는 주체적이고 주도적인 삶으로 내담자를 초대할 수 있어야 한다. 그렇기에 정신분석은 대단히 어려운 작업이 된다. 한편으로 내담자를 만족시켜 주어야 하지만, 다른 한편으로 내담자를 부드럽게 이끌어 내어 지금-여기에서의 역동을 현실적으로 바라볼 수 있게 해 줘야 한다. 그런 점에서 상담자가 내담자의 무의식적 기대를 채워 준다는 것은 한계를 지니게 된다. 다음의 사례를 보자.

> 자신의 직업에 대한 불만과 심한 불면증을 호소하며 분석을 요청한 C는 초반 분석부터 분석가에게 색다른 요청을 하기 시작했다. "저는 이 갑갑한 공간에서 상담을 하는 것이 조금 어려워요. 공포감에 휩싸이기도 하구요. 그래서 드리는 말씀인데, 선생님 건물 밑에 있는 커피숍이나 근처 J호텔 식당에서 함께 밥을 먹으며 상담하는 것은 어떨까요? 식사비는 제가 추가로 내겠습니다." 상담자는 상담윤리를 언급하며 부드럽게 거절했지만 내담자는 이 상담실이 너무 갑갑하다며 다른 장소에서 상담해 줄 것을 집요하게 요청했다.

이 사례에서 C는 상담자에 대한 어떤 무의식적 느낌이 있었는지 알 수 없지만, 분명한 것은 사교적인 장소에서 상담자를 만나려고 시도한다는 점이다. 여기에는 상담자에 대한 무의식적 느낌이 존재한다. 이것을 탐색할 필요가 있겠지만, 아마도 그것을 깊이 탐색하는 일은 내담자에게는 큰 불편감을 주게 될 것이라고 가정할 수 있다. 그렇다고 상담자가 C의 기대를 따라 상담 장소를 커피숍이나 호텔 레스토랑으로 옮기는 것은 상담관계의 큰 침범이라고 말할 수 있다. 또한 내담자의 통제욕구에 지나치게 굴복하는 결과를 낳아 지금-여기에서 일어나게 되는 관계역동과 그 안에 존재하는 돌봄을 베푸는 이에 대한 C의 무의식적 통제 환상을 통찰하도록 하는 분석 작업이 어려워지게 된다.

내담자의 무의식적 요구를 만족시켜 준다는 것은 '상담자가 충분히 경청하여 내담자의 느낌을 이해하려는 자세'라고 이해할 수 있다. 깊이 경청하는 자세를 넘어서 내담자 전이(상담관계에 옮겨지는 내담자의 내적관계의 세계)를 만족시키는 것은 상담에서 예기치 못한 어려움을 촉발할 수 있다. 이에 대해서는 제6장에서 자세하게 살펴보게 될 것이다.

이번 장에서 기억해야 할 부분은 정신분석에서 무의식을 의식화한다는 것은 '지금—여기에서의 상담자와 내담자 사이에 오고 가는 관계양상 속에 드러나는 내담자의 무의식적 소원, 환상, 기대, 욕구 등을 의식화하는 것'이라는 사실이다. 여기에 더불어 이는, ① 무의식적 요구의 적절한 만족(전이만족)과, ② 무의식 내용의 통찰(전이해석)의 과정을 함축적으로 의미하는 것임을 기억하기를 바란다. 이후에 이어지는 장에서는 여기서 언급한 무의식의 의식화와 정신분석 목표의 의미를 여러 요소로 세분화시켜 설명할 것이다.

더 읽을거리

윤희기, 박찬부 공역(2010). 무의식에 관하여, 슬픔과 우울증, 자아와 이드. 정신분석학의 근본 개념. 지그문트 프로이트 저. 서울: 열린책들.

임말희 역(2018). 100년의 힐링파워: 정신분석은 치유다. 장—다비드 나지오 저. 서울: 눈.

장정은(2020). 누구에게나 숨겨진 마음이 있다. 서울: 꿈꾸는 인생.

정장진 역(2009). 빌헬름 옌젠의 〈그라디바〉에 나타난 망상과 꿈. 예술, 문학, 정신분석. 지그문트 프로이트 저. 서울: 열린책들.

제2장
무의식적
갈등

이번 장에서 다루게 될 핵심적인 정신분석 개념은 무의식적 갈등이다. 정신분석가들은 심리내적 갈등을 이해하는 것을 중요하게 생각한다. 왜냐하면 그 심리내적 갈등은 내담자의 무의식으로 안내하는 입구의 역할을 제공하기 때문이다. 그렇기에 내담자의 마음 안에 작동되고 있는 무의식적 갈등을 이해하는 것이 무의식의 의식화를 목표로 삼는 정신분석의 성패를 좌우하기도 한다. 이번 장에서는 내담자의 무의식적 갈등에 대한 이론적 배경을 설명하고 상담 사례를 통해 그 갈등을 정신분석적으로 이해하고 분석하는 것을 목표로 한다.

1. 무의식적 갈등의 이해

무의식적 갈등이란 무엇인가? 무의식적 갈등은 마음 깊이 자리하고 있어 인식되지 않는 환상들의 갈등이라고 이야기할 수 있다. 정신분석은 이런 환상들을 묘사하기 위해 노력했다. 이 환상들은 인간이 선천적으로 갖고 있는 욕동(drive)이나 내면화된 외부 환경의 영향에 의해 형성되는 것으로 주로 소망과 두려움의 언어로 풀어낼 수 있다. 이 환상들은 같은 마음에 존재하지만 때로는 서로 양립불가능한 성격을 갖고 있어 충돌하게 된다. 이로 인해 심리내적인 갈등이 유발된다. 다음의 상담 예시를 살펴보자.

최근 애인이 자신에게 매정하게 대하고 곧 떠나 버릴 것이라고 생각하는 30대 중반의 내담자 O는 상담자에게 이로 인해 경험하는 심한 불안을 이야기했다. 여자 친구가 무슨 이유로 자신에게 신경을 쓰지 않는지 생각하느라, 그는 안 그래도 할 일 많은 자신의 업무를 진행하는 데 큰 방해를 받았다. 누군가를 사랑할 바에는 차라리 자기계발이나 자기관리에 시간을 투자하는 것이 더 좋을 것 같다고 생각한 O는 결국 애인과 헤어지기로 마음을 먹었다. 하지만 O는 고등학교 졸업 후 애인을 사귀지 않았던 적이 거의 없었다.

앞의 사례에서 내담자 O는 애인이 자신에게 매정하게 대하고 이내 곧 떠나 버릴 것이라고 느끼고 있다. 이는 실제로 애인이 O에게 준 인상일 수 있지만, O의 심리내적 갈등에서 생겨난 것일 수 있다. 상담자는 이에 대해 살펴보고 확인할 필요가 있다. 먼저, O는 20대부터 애인이 없었던 적이 거의 없다. 이를 통해 보건대, 내담자는 누군가에게 의존하고 싶은 소망과 함께 누군가에게 버림받을지 모른다는 두려움을 갖고 있는 것으로 이해할 수 있다. 이런 소망과 두려움이 심리내적 갈등을 일으켰고, 이는 결국 심한 불안으로 이어지게 되었다. 이 두 가지 상반된 성격을 지닌 무의식적 환상들은 한 사람의 마음에 서로 공존할 수 있다. 애인과의 관계가 좋을 때는 의존하고 싶은 무의식적 소망이 채워지고, 버림받을지 모른다는 두려움은 활성화되지 않을 것이다. 하지만 애인과의 관계가 지속되면서 다시금 버림받을지 모른다는 두려움이 수면 위로 올라와 갈등을 만들어 낼 수 있다.

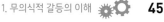

특징적인 것은 이런 갈등이 심해지자 O는 차라리 자기계발이나 자기관리에 시간을 투자해야겠다고 의식적으로 생각하기 시작했다는 점이다. O는 바쁘고 분주한 업무에 더 초점을 맞추기 시작했다. 상담자가 만약 O의 이런 선택을 자신을 위한 건강한 선택이라고 생각한다면, O의 무의식적 갈등을 제대로 이해하지 못한 탓이다. 자기관리와 분주한 업무에 집중하기 시작한 것은 일종의 방어로 이해할 수 있다. 무의식적인 갈등이란 측면에서 보면, 이 방어는 내담자에게 의존하고 싶은 소망과 버림받을지 모른다는 두려움이 갈등을 일으켰기에 생겨났다. 그 갈등이 심리내적 긴장과 불안을 유발하였기에 방어가 도입된 것이다. 의존하고 싶은 소망을 포기하고 차라리 자기관리의 주제에 대해 의식적으로 강화한 것은 반동형성의 방어기제로 이해할 수 있다. 곧, 무의식적 소망을 억압하고 정반대의 사고나 감정 등을 의식에 형성하는 것이다(방어기제에 대해서는 제9장에서 자세하게 다룬다).

아마도 내담자가 이러한 무의식적 환상들을 형성한 데에는 어릴 적 좀처럼 의존하기 어려웠던 양육자와의 관계가 있었을 것이라고 예상할 수 있다. 따뜻한 보살핌을 간절하게 기대했지만, 이를 충분히 만족하도록 해 주지 않았던 대상과의 경험이 버림받을지 모른다는 무의식적 두려움에 대한 환상을 갖게 했을 것이다. 더불어 따뜻한 사랑과 관심의 부재는 내담자의 마음에 사랑과 의존에 대한 욕구를 더욱 강화하는 계기가 되었을지도 모른다. 이들 환상과 욕구는 유아적인 속성을 갖고 무의식에 저장된다. 그리고 그 유아성은 무의식의 무시간성을 통해 성인기 인간관계에서 지속적으로 영향을 끼친다. 무의식의 무시간성은 시간에 구애받지 않고 본래 속성을 간직하고 있다는 것을 의미한다.

앞의 예시를 통해 무의식적 갈등이 무엇이며, 어떻게 작동되는지 이해할 수 있다. 무의식적 갈등은 우리 마음에 존재하는 다양한 환상 사이에서 빚어지는 충돌로, 그 갈등이 첨예화되고 뚜렷해지면 마음에 긴장과 불안을 불러일으킨다. 무의식적 갈등을 이해하는 것은 앞의 예시에서도 확인할 수 있듯이 한 사람이 맺는 대인관계의 방식과 무의식적 방어기제를 이해하도록 돕는다. 정신분석으로 상담하는 것은, ① 더 현실적이고 건강한 방어의 방법을 강화시켜 무의식적 불안을 다룰 수 있도록 하는 것이기도 하며, ② 무의식적 갈등에 숨겨진 무의식적 환상들을 드러내 보여 주어 보다 적응적인 방어를 선택하고 불안을 극복하도록 하는 것이라 말할 수 있다.

2. 마음속 힘의 작용

정신분석의 다양한 개념의 토대를 놓은 프로이트는 심리내적 갈등을 설명하는 데 주의를 기울였다. 그가 정신분석의 치료 대상으로 여겼던 신경증은 인간내적 세계의 갈등의 산물이다. 그 갈등은 억압하는 힘과 억압받는 것과의 갈등으로 묘사할 수 있다. 곧, 마음속에 두 가지 반대되는 힘이 작용하여 갈등을 유발시킨다. 프로이트는 그의 생애에 걸쳐 이 갈등양상에 대해 묘사하려고 했다고 말해도 크게 틀리지 않다. 그는 억압하는 힘과 억압받는 것 사이의 갈등과 이로 인해 빚어지는 인간 마음의 다양한 변형에 대해 묘사하려고 했다.

1) 프로이트의 갈등모델

초기에 프로이트는 당시 여성억압적인 빅토리아 시대에 치료를 의뢰했던 여성들과의 분석 작업을 통해 심리내적 갈등을 묘사했다. 이 갈등 상황에서 억압받는 것은 감정이고, 억압하는 힘은 엄격한 도덕적, 윤리적인 가치들이었다. 신경증은 이런 갈등 속에서 감정을 제대로 방출하지 못해 일어난 결과이다. 특히 당시의 여성억압적 상황과 엄격한 도덕적, 윤리적 가치들은 여성들에게 감정을 억압할 것을 요구했다. 이로 인해 그들은 심한 내적 갈등을 경험하게 되었다. 도덕적, 윤리적 요구로 인해 감정은 결국 표현될 기회를 잃게 되고 그것을 초래한 사건의 기억 또한 억압된다. 하지만 억압으로 인해 그 사건의 기억과 그것과 깊이 관련된 감정이 사라지는 것은 아니라, 언제든 이 억압된 기억과 감정은 병리적인 형태로 되돌아온다. 그런데 프로이트가 관찰한 바에 따르면, 그 억압받는 감정은 성적인 것과 깊이 관련되어 있었다. 그렇기에 억압당하는 감정을 유발하는 사건은 성적인 유혹과 연관되어 있다(Freud, 1896). 당시 시대적 상황에서 성적 영역은 도덕적, 윤리적 가치와 양립될 수 없는 생각과 감정을 불러올 수밖에 없었고, 이것은 심리내적 세계에 갈등을 유발했다. 프로이트의 초기 모델에서 결국 억압받는 것은 성적 영역과 관련된 감정들이며, 억압하는 힘은 당시 시대적 상황에서 비롯된 도덕적, 윤리적 가치라고 묘사할 수 있다.

한편, 중기에 프로이트에게 심리내적 갈등을 유발하는 것은 인간의 선천적인 본능과 관련이 있었다(Freud, 1915a). 프로이트는 인간의 근원적인 본능을 언급했는데, 그것은 자아보존본능과 성적인 본능이었다. 신경증은 이미 선천적으로 주어진 이 두 본능 사이의 갈등에 의해 발생하게 된다. 성적 소원의 만족은 결국 자신을 문명세계에서 보호하고 유지시켜야 하는 자아보존의 필요에 의해 충돌될 수밖에 없고 이로 인해 심리내적 갈등이 유발된다. 이 갈등이 통제할 수 없을 정도로 긴장을 유발하고 조절되지 못한다면 결국 신경증 증상으로 나타나게 된다.

2) 오이디푸스기 갈등

프로이트가 모든 사람이 경험하게 된다고 주장한 오이디푸스 콤플렉스 또한 이런 갈등의 양상으로 이해될 수 있다. 예를 들어, 오이디푸스 시기의 남아는 엄마를 독차지하고 싶어 한다. 이렇게 엄마에 대한 각별한 애정과 사랑의 감정을 경험하지만 엄마의 곁에는 아빠가 존재한다. 전능한 힘을 소유한 대상이기도 하고 자신을 세상의 위협으로부터 지켜 주는 대상이기도 한 아빠와의 관계에서 아이는 생존이란 문제를 무시할 수 없다. 아빠를 공격하거나 그 뜻을 거스르면 자신의 생존에 큰 어려움을 초래한다. 결국 아이는 엄마와의 사랑을 포기하거나 억압해야 한다. 이렇듯 오이디푸스 콤플렉스는 엄마를 독차지하고 싶은 무의식적 소망과 아빠로부터 보

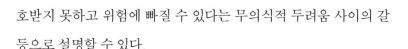

호받지 못하고 위험에 빠질 수 있다는 무의식적 두려움 사이의 갈등으로 설명할 수 있다.

　이후에 프로이트의 갈등이론은 몇 차례의 변화를 겪게 된다. 특별히 초자아 개념의 등장은 이 심리내적 갈등에서 환경의 영향력을 부각시키는 계기가 되었다. 외부 대상의 도덕적인 가치와 요구는 한 사람의 마음에 초자아로 내면화되고 이로 인해 인간의 선천적 본능은 그 초자아와 갈등할 수밖에 없는 운명에 처하게 된다. 만족하고 싶은 본능적 요구는 간절하지만, 이를 용납할 수 없다고 이야기하는 초자아의 단호한 목소리는 심리내적 갈등을 이해하는 중요한 구조가 되었다. 다음의 상담 예시는 이런 오이디푸스 갈등이 무엇인지를 이해하도록 돕는다.

두려운 표정으로 상담자를 찾아온 내담자 V는 오랜 침묵 끝에 자신이 상담을 받으러 온 이유에 대해 입을 열었다. 슬하에 초등학생 자녀 둘이 있었던 V는 남편의 무능력으로 인해 가계 경제와 집안일을 책임져야 했다. 그녀에게는 첫사랑이 있었는데, 고등학교 시절 첫눈에 서로 반해 사랑을 키웠고 졸업 후 결혼까지 약속했다. 하지만 신앙심이 깊었던 어머니는 종교가 다르다는 이유로 내담자의 결혼을 반대했고, 대신 다른 남자를 소개해 주었다. 어머니 뜻을 저버리기 어려웠던 V는 첫사랑과 이별했고, 엄마가 소개해 준 남자와 결혼했다. 하지만 그 남자는 중독에 빠져 가정을 돌보지 않았다. 그러던 중 친정을 다녀오던 길에 V는 첫사랑과 우연히 마주쳤다. 성공한 사업가로 변신했던 첫사랑은 아직 결혼하지 않은 상태였고, V와 자주 연락하며 다시금 사랑을 키워 갔다. 그리고 첫사랑은 V에게, 이혼하고 자

녀들과 함께 자신과 새롭게 시작하자고 제안했다. 이후 V는 내적인 긴장과
불안이 커지면서 결국 상담을 요청했다.

이 사례에서 내담자 V는 심각한 내적 갈등 상황에서 상담자를 찾
아왔다. 비교적 어렵지 않게 그 갈등이 무엇인지 파악할 수 있다.
그녀는 고등학교 시절 만났던 첫사랑을 다시금 만나게 되면서 강
한 끌림을 경험하고 있다. 지금의 남편은 무능력하지만, 다시금 만
난 첫사랑은 능력도 있고 자신에게 다시금 더없는 사랑의 감정을
표현한다. 하지만 V의 내적 세계 안에는 어머니의 종교적이고 윤
리적인 가치가 내면화된 강력한 초자아가 존재한다. 지금의 결혼
을 끝내고 첫사랑에게 돌아가는 것은 그녀의 내적 세계 안에서는
종교적인 죄이기도 하고 어머니의 뜻을 저버리는 일이 되기도 한
다. 이런 종교적이고 윤리적인 가치는 초자아를 이루고 있는 내용
의 일부이다. 이것은 어머니의 요구와도 연결되어 있기에 좀처럼
저버리기 어렵고, 또한 V에게는 무의식적 두려움의 근원이 되기도
한다. 하지만 첫사랑에 대한 끌림 또한 강력하다. 지금의 무능력한
남편에게서 벗어나 그토록 사랑했던 첫사랑과 다시금 새로운 시작
을 할 수 있다. 본능에 기원한 무의식적 소망과 초자아의 요구에 기
원한 무의식적 두려움 사이에 갈등이 커지면, 결국 내적인 긴장과
불안의 강도는 높아진다. 갈등이 첨예화되고 고조되면 마치 산불
이 일어나기 전 산에서 연기가 올라오듯 우리의 마음속에도 불안
이 점차적으로 올라오고 번지기 시작한다.

하지만 누구나 이런 갈등을 경험하는 것은 아니다. 어떤 이들은

이런 상황에서 큰 어려움을 겪지 않고 문제를 해결할 수 있다. 별다른 죄책감이나 갈등을 경험하지 않고 이혼을 선택하고 첫사랑의 제안을 받아들일 수 있거나, 혹은 첫사랑에 대한 끌림에 대해서 쉽게 정리할 수 있는 사람이 존재한다. 그럼에도 V의 마음 안에서 갈등이 첨예화될 수밖에 없었던 것은 강렬한 첫사랑과의 기억과 종교적으로나 윤리적으로나 엄격한 가정환경의 배경이 있었기 때문이다.

V가 겪고 있는 내적인 갈등은 오이디푸스기 갈등을 보여 준다. 이미 그녀는 고등학교 시절 사랑하는 첫사랑과 헤어지고 어머니의 뜻을 따랐다. 이는 V가 어머니의 기대와 요구를 따라 자신의 내적인 욕망을 포기했다는 것이다. 또한 어머니의 가치나 윤리가 V의 마음속에 내면화되어 지대한 영향력을 발휘하고 있다는 것도 의미한다. 이런 과정을 정신분석은 동일시라고 부른다. 자신의 욕망과 외부의 요구 사이의 갈등을 해소하고자 자신의 욕망은 포기하고 대신 외부의 요구를 자신과 동일시한다. 만약 다시금 이 갈등을 심화시키는 일이 생긴다면 내적인 긴장과 두려움은 커질 수밖에 없다.

3) 신경증적 갈등

결국에는 정신분석이 다뤄야 하는 중심 과제는 실현되지 못한 인간의 욕구 문제이며 또한 인간 마음에 깊이 내면화된 엄격하고 가혹한 내적 대상(초자아)의 문제라는 것이 분명해진다. 정신분석은 반대되는 이 두 가지 힘 사이에서 일어나는 갈등을 해소하고 처리하는

과정이 어떻게 한 사람의 성격적 특징으로 자리 잡고 있는지를 살펴
본다. 초기 유년시절의 오이디푸스기 갈등과 이를 풀어 가는 과정
은 내면화와 동일시의 과정을 통해 마음 안에 일종의 항구적인 성격
구조로 자리 잡게 된다. 곧, 자신의 욕망을 풀어 가는 방식이 성격구
조로 이어지게 된다. 이 방식은 때로 사랑하고 업무를 수행하는 역
량에 큰 제한을 가져오는 신경증적 구조를 형성할 수 있고 강박증이
나 불안장애와 같은 다양한 증상으로 이어질 수 있다.

> 학과 공동연구 프로젝트를 준비하고 있었던 대학교수 내담자 E는 그 제안
> 서를 작성해서 학과 선배 교수에게 보여 주었다. 선배 교수는 제안서를 읽
> 고 몇 가지 의견사항을 정리해 E에게 건네주었다. 선배 교수는 E에게 자신
> 의 의견을 반드시 반영할 필요 없이 참조만 하라고 이야기했지만, 선배 교
> 수의 의견사항을 받은 이후에 E는 잠을 자기 어려울 정도로 깊은 불안을
> 경험했다. 한편으로 선배 교수의 의견대로 제안서를 고치게 되면 자신이
> 의도한 바를 정확하게 전달할 수 없게 되어 반영하고 싶지 않다는 생각이
> 들었지만, 다른 한편으로는 선배 교수가 제시한 의견을 고려해 반영하지
> 않으면 왠지 모르게 벌을 받게 될 것이라고 느꼈다.

앞의 상담 예시는 한 사람의 성격에 깊이 각인되어 있는 신경증
적 불안을 보여 준다. 얼핏 E의 심한 갈등이 좀처럼 이해되지 않을
수 있다. 분명 선배 교수는 자신의 의견을 고려하지 않아도 된다고
이야기했는데, E는 그의 의견사항을 반드시 반영해야 한다는 생각
에 사로잡히기 시작했다. 만약 그렇게 하지 않으면 심지어 벌을 받

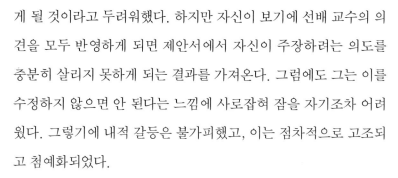

게 될 것이라고 두려워했다. 하지만 자신이 보기에 선배 교수의 의견을 모두 반영하게 되면 제안서에서 자신이 주장하려는 의도를 충분히 살리지 못하게 되는 결과를 가져온다. 그럼에도 그는 이를 수정하지 않으면 안 된다는 느낌에 사로잡혀 잠을 자기조차 어려웠다. 그렇기에 내적 갈등은 불가피했고, 이는 점차적으로 고조되고 첨예화되었다.

일반적으로 사람들은 이런 상황에서 그 정도로 갈등을 겪지 않는다. 자신이 필요하면 그 의견사항을 반영할 것이고 그렇지 않으면 고려하지 않으면 된다. 혹 선배 교수의 의견을 반영하지 않는 것이 마음에 걸린다면 그와 대화를 나누면서 적절하게 반영할 수 있는 타협점을 찾을 수도 있다. 하지만 E는 벌받을 것이라는 비현실적 상황을 상정하면서 두려워하고 있다. 이는 신경증적 불안으로 내적으로 두 반대되는 힘 사이에 갈등이 존재하고 있다고 볼 수 있다. 그렇다면 구체적으로 이 E가 겪고 있는 심리내적 갈등은 어떻게 묘사할 수 있는가? 한편으로 E는 선배 교수의 의견을 반영하고 싶어 하지 않는다. 다른 한편으로, E는 그것을 반드시 고려해야 한다고 경험한다. 이 두 가지의 표면적인 내용이 갈등을 일으킨다. 대부분의 사람이 이로 인해 지나친 불안을 경험하지는 않는다는 것을 감안할 때, E가 경험하는 갈등과 불안은 그의 유년시절에 기원하는 무의식적 두려움과 소망을 반영하고 있다고 볼 수 있다. 그 두려움과 소망은 내담자들마다 각각 다르게 묘사할 수 있다. 여기서는 이해를 돕기 위해 몇 가지 경우를 제시해 보고자 한다.

E는 선배 교수의 의견을 고려하지 않으면 벌을 받게 될 것이라고

두려워하고 있다. 이는 성인의 시각으로 볼 때 현실적이지 않은 유아적인 두려움이다. 아마도 E는 자신의 의사가 존중되기 어려웠던 어린 시절의 양육배경이 존재했을 것이다. E의 부모는 어른의 힘과 위압으로 자녀가 자신들의 의견을 맹목적으로 따르기를 원했을지 모른다. 이를 위해 사용할 수 있는 방법은 자녀에게 두려움과 공포를 주입하는 것이다. "부모의 말을 듣지 않으면 벌받아." "네가 그렇게 행동하면 모든 사람이 너를 싫어할 거야." 등의 말을 사용하여 자녀들에게 두려움을 주입할 수 있다. 이런 상황에서 아동은 자신의 마음대로 한다는 것에 대해 심한 갈등을 느끼는 동시에 벌을 받거나 사람들로부터 사랑을 잃게 될지도 모른다는 두려움과 불안에 사로잡힐 수 있다.

또 다른 경우에서 E는 어린 시절에 자신의 주체적인 의견과 행동을 대단히 위험하게 바라보는 부모에 의해 양육되었을 수 있다. E가 자율적으로 행동하면서 부모의 뜻을 따르지 않는 것에 대해 부모는 심한 상처를 받았을지도 모른다. 자녀들을 자신의 곁에 두려고 집착하는 부모는 자녀들을 보호한다는 명목 아래, 자녀의 독립적이고 자율적인 태도에 큰 상처를 받아 자녀들로 하여금 죄책감을 느끼게 할 수 있다. 이런 경우 자녀는 부모의 기분 상태에 민감해지고, 그들과 관계를 유지하기 위해 그들의 요구와 기대를 따라야 할 것이다. 그들의 요청을 수용하지 않거나 기대를 저버리는 것은 내담자에게 큰 갈등과 불안을 일으킨다.

어떤 경우이든 E는 자신의 의사를 쉽게 무시하거나 포기하는 방식의 방어기제를 사용하려고 했을 것이다. 왜냐하면 갈등으로 인

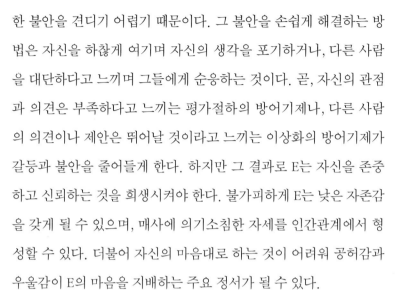

한 불안을 견디기 어렵기 때문이다. 그 불안을 손쉽게 해결하는 방법은 자신을 하찮게 여기며 자신의 생각을 포기하거나, 다른 사람을 대단하다고 느끼며 그들에게 순응하는 것이다. 곧, 자신의 관점과 의견은 부족하다고 느끼는 평가절하의 방어기제나, 다른 사람의 의견이나 제안은 뛰어날 것이라고 느끼는 이상화의 방어기제가 갈등과 불안을 줄어들게 한다. 하지만 그 결과로 E는 자신을 존중하고 신뢰하는 것을 희생시켜야 한다. 불가피하게 E는 낮은 자존감을 갖게 될 수 있으며, 매사에 의기소침한 자세를 인간관계에서 형성할 수 있다. 더불어 자신의 마음대로 하는 것이 어려워 공허감과 우울감이 E의 마음을 지배하는 주요 정서가 될 수 있다.

상담을 통해 E를 돕기 위해서는 단기적으로는 E 스스로 자신에 대한 인식이나 감각을 향상시키는 방법을 고려해 볼 수 있다. 이는 자신을 새롭게 인식하고 주체적으로 판단할 수 있게 하여 자존감을 관리할 수 있도록 상담자가 돕는 것이다. 장기적으로는 무의식적 갈등의 근원에 존재하는 무의식적 두려움과 소망의 뿌리를 탐색하고 통찰하는 과정이 필요하다. 이를 위해서 상담자는 지금−여기의 상담관계를 잘 이용해야 한다. 상담자는 E의 무의식적 갈등은 분명 상담관계에서 또한 특정한 양상으로 빚어지게 될 것이라고 예상해야 한다. 예를 들어, E는 자신의 의사를 표현하기보다는 상담자의 의견을 더 따르고자 할 것이다. 상담자가 자신에게 맞지 않는 정보나 조언을 제공할 때에도, 상담자가 자신을 미워하거나 상처받지는 않을까 거짓으로 동의할 수 있다. E와의 상담관계에서 상담자는 이렇게 상담자에게 순응하고 맞추는 E를 무의식적으로 어

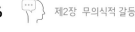

린아이 취급할 가능성이 높고, E에게 도움을 줄 만한 다양한 제안을 제공하려 할 것이다. 하지만 무엇보다 E는 지금-여기의 상담관계에서 자신을 더 주체적으로 표현하고 드러내는 과정이 필요하다는 것을 상담자는 반드시 인식해야 할 것이다. 상담자는 내담자의 무의식적 갈등이 상담관계에 어떻게 나타날 수 있는지를 감안하고 관찰해야 한다.

3. 무의식적 갈등과 대상관계

이렇듯 소망과 두려움으로 풀어낼 수 있는 다양한 무의식적 환상은 대상관계와 긴밀하게 관련되어 있다. 프로이트는 신체를 가진 사람이면 누구나 경험하는 본능에 강조점을 두고 그것이 어떻게 무의식적 환상으로 표현되는지를 살펴보았다. 그런데 그 환상들을 언어로 표현했을 때, 대상관계의 성격이 그 환상 속에 불가피하게 드러날 수밖에 없다. 인간의 성적인 본능은 누군가에게 사랑받고 관심받고 싶다는 소망으로 풀어낼 수 있는데, 이는 대상이 필요하다. 누군가에게 거절받고 버림받을지 모른다는 무의식적 두려움 또한 대상관계를 표현하는 말이기도 하다. 곧, 대상관계의 성격과 내용이 무의식적 환상 속에 담겨져 있다. 그렇기에 정신분석에서 대상관계이론과 그것이 갖는 특징을 다루는 일은 필수적인 과제로 이해할 수 있다. 이에 대해서는 제3장에서 살펴보게 될 것이다.

1) 무의식적 갈등을 파악하는 법

이번 장에서 더욱 살펴보아야 할 것은 내담자의 성격구조에 뿌리 깊게 자리 잡은 무의식적 갈등을 어떻게 파악할 수 있는가이다. 물론 그것은 내담자의 이야기에 귀를 기울이는 것이 될 것이다. 특별히 이런 질문을 갖고 내담자의 이야기를 경청해 보면 좋을 것이다. "내담자는 진심으로 무엇을 원하는가? 한편, 내담자는 무엇을 두려워하는가?" 무의식적 갈등을 일으키는 무의식적 환상들이 소망과 두려움의 성격을 갖는다는 점을 이해한다면, 이런 질문을 던지고 내담자의 이야기에 귀를 기울여서 내담자의 무의식 세계에 한 발짝 가까이 갈 수 있다.

하지만 내담자의 무의식적 갈등을 이루는 환상은 대개 숨겨져 있는 경우가 많고, 다양한 방어로 표면상에 쉽게 드러나지 않게 된다. 물론 이 책에 다양한 사례가 제시되어서 유아적 소망과 두려움을 이전보다는 쉽게 파악할 수 있으리라 생각된다. 하지만 그럼에도 내담자의 무의식에 있는 환상에 접근해 가는 일이란 좀처럼 쉬운 일이 아니다. 그렇기에 내담자의 이야기에 귀를 기울일 때는 이 이야기의 이면에 숨겨진 이야기가 무엇일지 염두에 두어야 한다.

2) 무의식적 갈등과 역전이

앞에서 잠깐 언급했듯이, 그 무의식적 환상들이 대상관계의 성격을 띠고 있다는 점을 기억한다면, 우리는 내담자의 대상관계를 주목해 그 환상들을 관찰할 수 있다. 특별히 지금-여기의 상담관계에서 내담자가 보이는 특정한 대상관계는 내담자의 무의식적 환상을 관찰할 수 있는 더할 나위 없이 좋은 자료이다. 내담자가 상담실에서 하는 이야기는 방어에 의해 포장되기도 하고 무의식적으로 무엇을 숨길 수 있기도 하지만, 내담자가 상담실에서 상담자와 맺는 관계 자체와 거기에서 보이는 내담자의 태도는 좀처럼 숨기기 어렵기 때문이다. 그런 점에서 특정한 내담자와 관계를 맺으면서 상담자에게 떠오르는 느낌과 생각(역전이)은 내담자를 이해하는 자료가 된다(역전이는 제6장을 참조하라). 다시 말해, 상담자가 내담자를 경험하며 갖게 되는 사고나 감정들은 내담자의 무의식적 환상들을 이해하는 자료가 된다. 다음의 사례를 살펴보자.

> 내담자 M은 주로 상담에서 자신의 체계적인 일상에 대해 보고했다. 40대 중반을 넘어섰지만 그녀는 꾸준한 운동과 식이요법으로 인해 날씬한 몸매를 유지할 수 있었고, 심지어는 보디빌더 대회에 참가하는 것을 고려 중이다. 회사에서의 중요한 업무를 빠짐없이 챙기는 바쁜 일상 속에서도 하루에 2시간 이상씩 운동하는 것을 잊지 않으며, 집안 청소도 말끔하게 할 뿐만 아니라, 주말에는 학위 공부와 다양한 봉사활동도 하고 있다. 성실한 삶의 자세는 내담자가 성공하는 밑거름이 되었지만, 최근 자주 경험하는 깊은 외로움과 공허감이 상담자를 찾게 했다. M이 부지런하고 체계적인 삶에 대해 보고할 때마다, 상담자는 그렇게 살지 못하는 자신에 대한 부족함을 느끼게 했고, 나아가 내가 내담자만큼 살았으면 크게 성공했을 것이라는 생각이 떠올랐다.

얼핏 보기에 내담자 M은 성실하고 부지런한 삶을 사는 것처럼 보인다. 물론 이는 내담자의 큰 강점이며 자원이라고 볼 수 있다. 하지만 상담자가 내담자에 대해 경험하는 느낌(역전이)은 반드시 그렇지 않을 수 있음을 이야기한다. 빈틈이 없을 정도로 바쁘게 살고 있는 데에는 무의식적인 영향력이 존재할 수 있다. 어쩌면 내담자에게 삶은 해야 할 숙제와 과제로 채워져 있는지도 모른다. 자신에 대한 높은 기대와 이상이 존재한다면 더욱 이를 달성하고 성취하기 위해 노력할 수도 있다. 그런데 중요한 것은 이런 내담자의 성격구조는 상담관계에서도 독특한 역동으로 작동하게 될 것이라고 예상할 수 있다. 내담자는 상담 또한 일종의 해야 할 어떤 인생의 과제처럼 생각할 수도 있다. 내담자는 상담에 대해 생겨난 문제를 조속히 해결하고 다시금 생산적이고 효율적인 업무를 처리할 수 있도록 자신을 발전시키는 기회로 여길지도 모른다.

　한편, 상담자는 이 내담자 M의 부지런한 삶을 보면서 자신이 만약 이렇게 살았다면 무엇이든 성취하고 성공적인 삶을 살았을 것이라고 생각했다. 이런 상담자가 갖는 느낌은 함축하는 바가 크다. 이런 생각이 들게 된 것은 이 M과의 관계에서 생겨난 것이다. 내담자의 교양 있고 우아한 느낌이 그런 느낌을 불러일으킬 수 있고, 한편 삶에서 성취한 업적과 결과물이 상담자에게 그런 인상을 줄 수 있다. 무엇보다 체계적으로 빈틈없이 살아가는 내담자의 삶이 어쩌면 상담자에게는 자신의 삶을 돌아보는 자극이 되었는지도 모른다. 자신도 모르게 내담자에게 자극을 받고 '이렇게 살면 안 돼.'라는 생각을 상담 중에 가졌을 수도 있다. 이를 통해 보건대 아마도

M을 만나는 주변 사람들은 이런 성공과 성취의 자극을 받게 될 가능성이 높다.

하지만 상담자와 내담자 사이에 오고 가는 의식되지 않는 무의식의 흐름을 보면, 내담자는 상담자에게 자신의 우월성을 드러내고 있다. 사실 역할 구분에서 자기 자신이 내담자이지만 상담자보다 자신이 더 나은 삶을 살고 있으며, 자신이 대단하고 우월하다는 인상을 심어 주고 있다. 그것은 일종의 무의식적 압력으로 작용하여 상담자는 그렇게 살지 못하는 자신에게 일종의 수치심을 느꼈고 더 열심히 살아야 하는 것은 아닌가 하는 자극을 받았다. 상담자는 내담자가 대단하다고 느끼고 존경스러운 마음도 든다. 그러나 이런 구조와 역동이 상담 과정에 생겨나면 상담자는 이후에 필요한 적절한 개입이 어렵게 되고, 단지 내담자의 이야기를 경청하는 일 외에는 할 것이 없다고 느낄 수 있다.

이렇듯 상담자의 역전이는 내담자의 무의식적 갈등을 짐작하게 해 주는 내적 자료가 될 수 있다. 앞의 사례에서 보듯 상담자의 역전이는 M이 다른 사람에게 빈틈없고 완벽하고 우월한 사람으로 비춰지기를 바라는 무의식적 소망이 있다는 것을 보여 준다. 또한 그것은 사람들이 자신을 그렇게 생각하지 않을지도 모른다는 무의식적 두려움 또한 갖고 있다는 것을 알려 주기도 한다. 완벽하고 우월한 자기 자신에 대한 이미지를 갖고 있는 M은 혹시나 사람들에게 그렇지 않게 비춰질까 봐 불안해할 수 있다. 아마도 M은 자신이 완벽해지고 우월해지지 않으면 사랑과 관심을 받지 못할 것이라는 불안을 갖고 있을 것이다. 이를 무의식적 갈등 구조로 묘사하면,

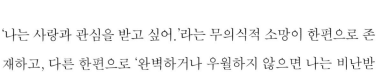

'나는 사랑과 관심을 받고 싶어.'라는 무의식적 소망이 한편으로 존재하고, 다른 한편으로 '완벽하거나 우월하지 않으면 나는 비난받고 거절받게 될 거야.'라는 무의식적 두려움이 자리 잡고 있다고 말할 수 있다. 이 두 가지의 무의식적 느낌 사이의 격차가 커지거나 비대해진다면 내담자는 당연히 삶에서 다루기 어려운 긴장과 불안을 경험하지 않을 수 없을 것이다.

아마도 이 내담자는 어린 시절 사랑받는다는 것이 우월하고 완벽해져야 한다는 것과 자연스럽게 연결되었을 것이라고 예상해 볼 수 있다. 유년시절 중요한 대상에게 완벽한 성취를 보여 줘야 사랑받을 수 있다는 조건이 성립되었을 것이다. 그런 점에서 무엇을 했든 안 했든 이만하면 충분하다는 느낌을 갖는 것이 M에게는 대단히 어려운 일이 될지도 모른다.

3) 무의식적 갈등의 유아적 속성

다음의 예시에는 무의식적 갈등에 숨겨진 이런 환상들의 유아적 속성이 상담관계에 비교적 뚜렷이 나타나고 있다.

내담자 W는 상담자의 강연을 듣고 상담을 요청했다. 내담자는 첫 회기부터 상담자에게 몇 명이나 상담을 하고 있는지 관심을 보이기 시작했다. 이후 W는 회기 때마다 화가 난다고 이야기하며 상담을 시작했다. 왜 상담 선생님이 나만의 상담자가 될 수 없는지 몹시 화가 난다고 이야기했다. 한번은 상담자를 먹어 치우는 꿈까지 보고했다. W는 그렇게 해서라도 상담자를 자신의 것으로 만들고 싶다는 소망을 드러냈다. 이에 상담자는 내담자에 대해 불편감을 느꼈다. 한편, W는 상담 중 진정되었을 때, 자신의 사랑받지 못하고 버림받아야 했던 어린 시절에 대해 이야기했으며, 상담자는 불편감과 함께 한편으로 내담자가 아기 같고 불쌍하다는 연민에 빠져들었다.

내담자 W는 상담자에 대해 강렬한 감정과 느낌(전이)을 갖고 있다. W에게 사랑은 소유와 집착 그리고 강한 통제를 의미하는 것으로 여겨진다. 또한 내담자에게 사랑과 애정이란 감정은 강한 공격성이 동반되어 있다. 상담관계에서 분명하게 나타나는 것은 상담자에 대한 강한 애정이다. 상담자가 자신만의 상담자가 되기를 바라는 유아적인 소망과 집착이 나타나는 것이다. 이런 강한 집착과 통제는 상담자의 마음을 혼란스럽게 만들고 불편감을 주기 마련이다. 하지만 한편으로 상담자는 W의 이야기를 들으며 내담자가 아기 같고 불쌍하다는 강한 연민에 빠져든다.

상담자가 내담자에 대해 경험하는 느낌(역전이)은 내담자의 무의식적 갈등을 엿볼 수 있도록 돕는다. W는 자신 외에 다른 내담자들을 만나는 상담자가 싫다. 자신만을 바라봐 주고 웃어 주기를 바라는 상담자에 대한 기대는 강한 통제와 집착으로 이어진다. 상담자가 자신을 소홀하게 다루는 듯 보이는 아주 사소한 장면에도 분노를 느낄 수 있다. 자신이 상담자를 통제할 수 없다면 차라리 상담자를 먹어 치워 자신의 몸의 일부로 만드는 것이 좋다고 무의식적으로 생각한다. 이는 W가 따뜻한 돌봄을 제공하는 상담자를 향해 '나는 당신을 독차지하고 싶어요. 내 것으로 갖고 싶어요.'라는 유아적

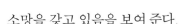

소망을 갖고 있음을 보여 준다.

인생 초반기에 유아들은 중요한 양육자에 대해 이런 강렬한 소망을 갖고 그 관계에 집착하고 통제하려고 한다. 엄마나 아빠가 자신만을 바라봐 주기를 바라고 자신만을 사랑해 주기를 바라는 소망을 갖고 있다. 만약 이런 유아의 소망을 부모가 무시하거나 소홀하게 다루게 된다면, 유아들은 부모에게 더욱 매달리게 되고 대상을 소유하려는 강한 집착을 보이게 된다. 왜냐하면 유아들은 부모의 무관심과 짜증을 자신을 버리고 거절하는 것으로 이해하기 때문이다. 그렇기에 유아들은 부모에게 더 심하게 떼를 쓰고 울부짖으며 말썽을 피우게 되고, 자신처럼 불쌍하고 가냘픈 아이를 유기하거나 버리지 말라는 메시지를 전하기 위해 부모에게 연민을 불러일으킬 수도 있다. 유기라는 단어를 선택한 것은 유아들이 부모의 무관심과 짜증을 두려움과 공포로 경험할 수 있음을 보여 주기 위함이다.

W는 동일하게 상담관계에서 상담자를 독차지하고 싶은 유아적 소망과 함께, 그 상담자가 자신을 유기하고 거절할 것이라는 유아적인 두려움을 보여 준다. 상담자를 씹어 먹고 싶을 정도로 소유하려는 강한 집착은 결국엔 상대방으로 하여금 심한 혼란과 불편을 주게 된다. 그리고 결국 역설적이게도 상대방은 W가 두려워하는 거절과 회피의 반응을 보이게 될 가능성이 높아진다. 이것은 W에게 다시금 유기와 거절의 공포를 불러일으킨다. 그렇기에 W는 상담관계에서 보이듯이 연민을 불러일으키는 피학적인 방어를 통해 상대방을 떠나지 못하게 할 수 있다. 정신분석은 집어삼키고 씹어 먹으려는 소망과 박해받고 유기되는 두려움이 잘 나타나 있는 이런 내담

자의 특징을 구강기적 성격으로 묘사하기도 하고, 멜라니 클라인 (Melanie Klein)의 대상관계이론으로 말하면, 편집분열적 자리의 발달 과정에 있는 것으로 이해하기도 한다. 클라인의 편집분열자리에 대해서는 제4장에서 살펴본다.

아마도 내담자 W는 이전 사례의 내담자 M에 비해 더 유아적인 성격구조를 갖고 있다고 예상해 볼 수 있다. 내담자 M의 유아적인 환상이 비교적 오이디푸스 콤플렉스 발달단계와 연결된다면, 내담자 W의 사례는 더 이른 시기, 프로이트의 용어를 사용하면 구강기의 유아적 환상과 연결되어 있다. 그 불안의 성격 또한 다른데, 내담자 W가 경험하는 불안은 심한 유기와 박해에 대한 것이라면, 내담자 M은 사랑과 관심을 잃어버릴 수도 있다는 불안에 대한 것이다. 내담자들이 같은 상담자를 이렇듯 다른 불안과 두려움으로 경험한다는 것은 우리가 만나는 내담자의 무의식적 환상의 성격이 어떻게 다른지, 그들의 발달단계에서 성취되지 못한 과제가 무엇인지를 보여 준다.

4. 정신분석적 사례공식화

앞의 사례들을 통해 성인이 되어서도 내담자는 초기 유년시절의 경험을 반복하고 재현한다는 것을 알 수 있다. 이것은 정신분석과 이에 기반한 상담의 기본적인 전제이다. 정신분석의 다양한 흐름 중 어떤 이론을 선택하든, 성인 내담자가 타인과의 관계에서든,

혹은 지금-여기의 상담자와의 관계에서든 현재 반복적으로 보이는 대인관계의 양상과 방어는 어린 시절 중요한 경험의 결과가 반영되어 있다는 점에 있어서는 동일하다. 무의식에 저장된 유아적인 사고와 감정은 시간의 흐름을 따라 변화되는 것이 아니라 원시적 특징을 고스란히 간직한 채 남아 있다. 그렇기에 정신분석은 반복적으로 재현되는 대인관계의 양상에 초점을 맞추게 되고 그 안에 깊이 녹아져 있는 유아적인 환상과 갈등이 지금-여기에서 어떻게 영향을 끼치고 있는지를 살피게 된다.

더불어 언급해야 하는 것은 사람마다 반복되는 유아적인 경험의 시기와 성격이 다양하다는 점이다. 어떤 내담자는 훨씬 더 이른 시기의 유아적인 경험을 지금-여기에서 반복할 수 있다. 유아적인 경험도 다 같은 유아적인 경험이 아니다. 모든 사람의 성격구조에는 유아적인 흔적이 남아 있다. 우리가 사람들을 보며, '감정조절이 어렵다.' '지나치게 의존한다.' '사랑을 갈구한다.' '관심종자이다.' '성취지향적이다.' 등과 같이 그들의 성격구조에 대해 이야기할 때, 이는 각기 다른 유아적인 흔적에 대해 언급하는 것이기도 하다. 우리가 처음 자전거를 배우고 운전하는 법을 배울 때, 이를 누구에게 배우는지가 중요한 것처럼, 우리가 사람들과의 관계를 맺거나 그 관계에서 스스로 자존감을 유지하는 법을 누구에게서 처음 배우냐는 것이 인생에 수많은 인간관계를 처리하는 토대가 된다. 인생 초기의 중요한 대상과의 관계에서 나 자신과 타인에 대한 관점을 형성하고, 그 안에서 다양한 감정적 색채를 경험하게 된다. 이는 성인기에 자신도 모르게 불쑥 마음속에 일어나 통제하기 어려운 긴장

과 불안, 분노와 짜증과 감정의 근원이 되기도 하며, 이를 따라 하게 되는 원치 않는 행동의 근원이 되기도 한다.

그렇기에 정신분석은 유년기 발달이론이 동반된다. 지금 성인 내담자가 맺고 있는 대인관계의 양상과 방어가 어린 시절에 기원을 두고 있기에, 초기 유년기 발달을 묘사하는 일은 중요하다. 인간 발달의 어느 지점에서 문제가 생겨났고 그로 인해 지금의 삶에서 반복적인 감정과 행동의 문제로 작용하게 되었는지는 초기 유년기 발달이론을 통해 확인하고 관찰할 수 있다. 또한 정신분석은 유년시절의 발달에 생겨난 유아적 환상이 인간 생애에 무의식적으로 지대한 영향을 끼치게 된다고 믿고 있으며, 이러한 과정을 고착과 퇴행이라는 개념을 통해 설명한다.

고착은 어린 시절의 발달 과정에서 정체된 지점을 의미하는 개념이다. 고착은 적절한 양육환경의 부재 속에 유년시절의 발달이 정상적으로 진행되지 않고, 한 발달 지점에 정지되어 있다는 것을 의미한다. 그렇기에 고착을 '발달정지'라는 단어로 대체하여 사용하기도 한다. 이는 그 발달 시기에 요구되는 과제가 미해결로 남아 있다는 의미이기도 하며, 그것이 무의식에 억압되고 분열된 채로 존재한다는 것을 의미하기도 한다. 또한 이는 지속적으로 성인기의 삶에 영향 끼칠 수 있는 잠재적인 힘으로 존재함을 의미하는 것이기도 하다. 특히 성인기 스트레스 상황에서는 발달이 정지된 지점으로 퇴행해 현재의 문제를 해결하려고 한다. 곧, 해결되지 않은 유년시절의 미해결 과제는 성인기에 언제든 무의식적으로 등장하고 재현되어 나타난다.

이렇듯 성인기의 관계양상과 방어기제, 그리고 행동과 감정을 어린 시절의 발달단계와 연결 지어 이해하려는 것을 '정신분석적 사례공식화'라고 부른다(Cabaniss et al., 2013). 이렇게 사례를 공식화하는 이유는 내담자의 현재 문제를 이해하기 위함이고, 나아가 내담자의 무의식적 세계를 이해하기 위함이다. 더불어 이에 못지않게 사례공식화를 하는 중요한 이유는 사례공식화를 통해 지금-여기의 상담관계에서 일어날 수 있는 상담관계의 역동을 미리 짐작하고 치료적인 목표와 개입을 구조화하기 위함이다. 이에 대해서는 이 책의 후반부에서 다룬다.

이번 장에서는 정신분석에서 핵심적인 개념 중 하나인 무의식적 갈등에 대해 설명했다. 그것이 어떻게 우리 내담자의 무의식 세계에 존재하는 환상들로 안내할 수 있는지 구체적인 사례를 통해 기술했다. 더불어 이를 통해 정신분석의 기본 전제, 곧 유년기의 중요한 경험이 지금-여기에서 재현되고 반복된다는 사실을 언급했다. 이는 실제 임상에서 사례를 공식화하는 기본 토대를 이루는 개념이 된다.

더 읽을거리

박용천, 오대영 공역(2015). 정신역동적 정신치료: 임상 매뉴얼. 데버라 카바니스, 사브리나 체리, 캐럴린 더글라스, 안나 슈워츠 공저. 서울: 학지사.
이재훈, 이해리 공역(2000). 프로이트 이후. 스테판 밋첼, 마가렛 블랙 공저. 서울: 한국심리치료연구소.

제3장
대상관계와
애도과정

　제2장에서 무의식적 갈등을 대상관계로 묘사할 수 있음을 살펴보았다. 정신분석으로 상담할 때 이해해야 할 중심 개념 중 다른 하나가 대상관계이다. 이번 장에서는 대상관계가 어떤 의미를 갖고 있는지, 정신분석에서 대상관계의 개념이 형성된 배경은 무엇인지 그리고 대상관계를 이해하는 것이 실제 상담에서 왜 중요한지를 다양한 사례 예시와 함께 살펴보고자 한다. 특히 대상관계를 애도과정과 연결시켜 이해할 것이다. 애도과정은 정신분석 문헌에 종종 언급되는 개념으로, 내면화된 대상을 떠나보낸다는 의미에서 대상관계와 관련을 맺고 있다. 내면화된 대상과의 내적 대상관계가 결국 심리적 고통을 유발시키는 근원이라고 본다면, 그 내적 대상을 애도해 가는 과정으로 정신분석 상담을 이해해 볼 수도 있다. 이번 장에서는 이에 대해 구체적으로 설명할 것이다.

1. 대상관계의 의미

　대상관계란 용어는 실제 외부 대상(주로 사람)과의 관계를 표현하는 말이기도 하지만, 사람의 마음 안에 존재하는 내적 대상과의 관계를 묘사하기 위한 개념이기도 하다. 제2장에서 설명했듯이 정신분석은 초기 유년시절의 중요한 경험이 성인기 인간관계에 반복되고 재현된다고 전제한다. 성인 내담자의 현재 타인과의 관계든 지금-여기에서의 상담자와의 관계든 초기 유년시절 중요한 대상과의 관계 흔적이 나타나기 마련이다. 다시 말해, 초기 유년시절 내면화된 양육자와의 대상관계는 한 사람의 내적 세계와 성격구조에 깊이 각인되어 성인기에도 강력한 영향을 끼치게 된다. 내면화된 유년시절의 대상관계는 단지 기억으로만 존재하는 것이 아니라, 한 사람의 성격의 일부로 자리 잡는다. 그리고 그것은 성인기에 이르러 자신이 누구인지와 타인이 누구인지에 대한 무의식적인 인식과 평가 그리고 감정 표현의 틀이 되어 대인관계의 형태와 성격을 구성하게 된다.

그렇다면 한 사람의 성격을 구성하는 내면화된 대상관계는 어떤 요소로 이루어져 있는가? 먼저, 그 대상관계는 한 사람의 성격 안에 깊이 뿌리내려져 있는 것임을 다시금 기억해야 한다. 그럼에도 그 내적 대상관계를 구성하는 요소를 편의상 자기표상과 대상표상으로 구분할 수 있다(Kernberg, 2005). 그렇게 구분하는 것은 나름의 이유가 존재한다. 내면화된 대상관계가 실제 외부 대상과의 관계를 결정짓는 한 사람의 내적인 틀이라고 볼 수 있는데, 내적 대상관계와 외부 대상관계가 주고받는 역동의 과정을 묘사하는 데 자기표상과 대상표상의 개념은 유익하기 때문이다. 곧, 관계에서 오고 가는 역동을 묘사할 때, 자기표상 혹은 대상표상이 투사되었다거나 내사되었다고 묘사하는 것이 전이와 역전이의 상담관계를 이해하는 데 큰 도움이 되기 때문이다.

초기 유년시절 양육자와의 실제 외부 대상관계는 한 사람의 마음에 내면화되는 과정을 거치게 되는데, 이때 대상에 대해 평가하고 인식하는 어린아이의 태도와 시각이 대상표상으로 마음 안에 자리 잡게 된다. 한편, 그런 대상과 관계를 맺으며 반응하고 있는 자기 자신에 대한 느낌이나 이미지는 자기표상으로 자리 잡게 된다. 예를 들어, 학대하는 아버지와 유년시절을 보낸 아이는 매몰차게 학대하고 파괴하는 아버지(대상)에 대한 시각과 태도를 대상표상으로 내면화시킨다. 더불어 그 학대하는 아버지에게 반응하는 자기 자신에 대한 느낌과 이미지를 자기표상으로 내면화시킨다. 그렇게 대상표상과 자기표상은 짝을 이루어 내적 대상관계를 형성하게 되고 이후 외부 대상관계를 평가하고 경험하는 성격의 구조물로 자리 잡게 된다.

이러한 내적 대상관계는 감정과 정서를 동반하게 된다. 앞의 예시에서 보면, 학대하는 아버지에 대해 아이는 유아적 분노와 두려움 그리고 공포의 느낌과 감정을 갖게 될 것이라고 이해할 수 있다. 이때의 분노와 두려움은 성숙한 자아가 동일한 상황을 경험할 때와는 질적으로 달라서, 강도 면에서도 클 뿐만 아니라, 질적 측면에서도 유아적이라 말할 수 있다. 이는 성인기에 아버지와 같은 존재와 관계 맺을 때 곧잘 나타나는 유아적인 분노나 공포 그리고 회피반응을 설명해 준다. 다음의 사례를 살펴보자.

의대를 졸업하고 의사고시를 지원하기 어려웠던 내담자 R은 상담을 받기 위해 상담실을 찾았다. 상담자의 친절한 안내를 받고 상담실에 앉았을 때, 갑자기 R은 공포와 두려움에 사로잡혀 상담자에게 이렇게 말하기 시작했다. "왜 저를 그런 식으로 쳐다보세요? 저를 비난하시려는 거지요?" 평소 친절한 미소와 부드러운 음성을 가졌다고 평가를 받아왔던 상담자는 초면에 자신을 보고 공포에 사로잡힌 내담자로 인해 당혹스러움을 경험했다. 내담자를 차분하게 가라앉힌 후 상담실에 들어오면서 경험했던 것을 이야 기해 보도록 하자, 내담자는 자신을 혼냈던 아버지와 그에 의해 무차별적 으로 내동댕이쳐졌던 방을 떠올렸다.

앞의 사례에서 볼 수 있듯이, 내담자 R은 생전 처음 본 상담자에 대해서 갑작스런 공포를 경험했다. 이를 어떻게 이해할 수 있을까? 앞에서 설명했듯이, R은 상담자에 대해 유아적인 두려움을 경험하고 있다. 이는 내담자 이후의 연상에서도 나타나듯이 R의 내적 대상관계에서 비롯된 것이라고 유추할 수 있다. 곧, R의 내적 대상관계는 두렵게 몰아세우고 비난하는 대상과 이에 공포와 두려움으로 반응하는 자기관계의 측면이 존재하고 있음을 가정해 볼 수 있다. 그렇기에 상담자의 친절함이나 부드러움과 같은 실제 측면과 다르게 유아적 두려움을 가지고 상담자와 상담실을 경험한다. 아마도 이런 매서운 비난의 두려움과 공포가 의사고시에 지원하는 것을 힘들게 하는 요인이 될 수 있다고 추정해 볼 수 있다.

우리 모든 사람은 나름의 내적 대상관계를 갖고 있다. 그것이 우리 자신의 성격 일부가 되어 우리의 외부 대인관계를 인식하고 평가하는 틀이나 관점이 되고, 나아가 그 대인관계를 경험하는 감정과 느낌의 이유가 된다. 그런데 여기서 언급되어야 할 아주 중요한 것은, 그런 인식이나 감정은 무의식적이라는 사실이다. 논문 지도를 받는 한 학생이 내 연구실을 찾아왔다. 나는 그 학생에게 논문의 논지에 대해 설명해 달라고 부탁했다. 그러나 그는 아무런 말도 하

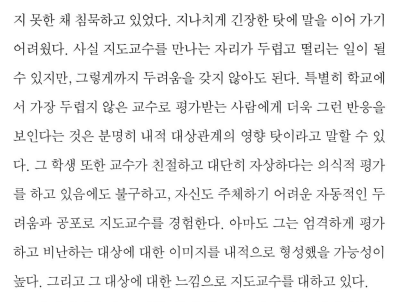

지 못한 채 침묵하고 있었다. 지나치게 긴장한 탓에 말을 이어 가기 어려웠다. 사실 지도교수를 만나는 자리가 두렵고 떨리는 일이 될 수 있지만, 그렇게까지 두려움을 갖지 않아도 된다. 특별히 학교에서 가장 두렵지 않은 교수로 평가받는 사람에게 더욱 그런 반응을 보인다는 것은 분명히 내적 대상관계의 영향 탓이라고 말할 수 있다. 그 학생 또한 교수가 친절하고 대단히 자상하다는 의식적 평가를 하고 있음에도 불구하고, 자신도 주체하기 어려운 자동적인 두려움과 공포로 지도교수를 경험한다. 아마도 그는 엄격하게 평가하고 비난하는 대상에 대한 이미지를 내적으로 형성했을 가능성이 높다. 그리고 그 대상에 대한 느낌으로 지도교수를 대하고 있다.

R의 사례에서 볼 수 있듯, 학대하는 양육자에 대해 경험하는 유아적인 두려움과 공포는 질적으로나 강도 면에서 아동의 마음을 압도한다. 그것은 마치 전쟁터에서 한 병사가 경험하는 공포에 비유할 수 있다. 한 내담자는 그 공포로 인해 사람을 한 시간 이상 만나기조차 어려웠는데, 왜냐하면 지나친 두려움과 공포 탓에 신체가 마비되었기 때문이라고 말했다. 그는 묘사하기를 자신이 사람을 만날 때 경험하는 두려움과 공포는 운전자가 이제 곧 죽음을 가져올 운명적인 사고를 경험하기 불과 0.1초 전의 상황에서 경험하는 것과 유사할 것 같다고 했다. 그는 친구와 함께 쇼핑을 가는 것이 살아생전의 꿈이라고 했다. 상담자가 이 사람에게 그의 비현실적인 공포에 대해 두려워할 것 없다며 불안해하지 말라고 이야기한들 별 소용이 없다. 사람을 만나는 시간을 점차적으로 늘려 보라고, 다양한 사람을 만나 보라고 한들 신체는 말을 듣지 않는다. 왜

냐하면 그것은 가혹하고 짝이 없는, 내적 대상관계에서 비롯된 경험이기 때문이다.

물론 초기 유년시절 경험하는 대상관계의 성격이나 내용은 제각각이기에 그 불안과 두려움의 정도나 성격은 상당히 다르다. 정신분석은 그 불안과 두려움이 어떤 차이를 갖는지 묘사하기 위해 노력해 왔다. 하지만 분명한 것은 유아기의 내면화된 대상관계는 무의식에 억압되거나 분열되어 존재하는 탓에 유아기에 경험한 모양 그대로 변형되지 않은 채 유지된다. 그렇기에 무의식에 존재하는 대상관계는 시간의 흐름에 구애받지 않고, 성인기에도 강력한 영향력을 발휘하게 되는 것이다.

2. 애도와 우울증

자기표상과 대상표상을 중심으로 그것이 어떻게 투사되고 내사되는지에 대한 과정은 제6장에서 전이와 역전이를 다루며 자세하게 설명하고자 한다. 그 전에 이 대상관계의 이론을 정립했던 학자들의 흥미로운 견해를 살펴보는 것은 앞으로의 대상관계 이해에 큰 도움이 된다.

내적인 대상관계가 어떻게 탄생하고 작동되는지에 대한 설명을 프로이트(1907)의 「애도와 우울증」이라는 논문에서 찾아볼 수 있다. 이 논문은 오늘날에도 우울과 자살에 대한 다양한 분야의 논의에서 자주 언급된다. 하지만 우울과 자살에 대한 심리기제를 설명하고 있다는 점에서뿐만 아니라, 내적 대상관계의 탄생과 그 작동 원리를 설명하고 있다는 점에서 또한 중요하다. 곧, 한 사람의 성격 이나 마음의 문제를 보여 주는 내적 대상과 자아 사이의 내적 대상 관계가 어떻게 만들어지고 작동되는지를 설명한다는 점에서 이 논 문은 참으로 흥미롭다.

프로이트가 「애도와 우울증」에서 설명하려고 했던 것은 애도 와 우울증이라는 두 정신적 상태의 차이점이었다. 애도와 우울증 은 모두 상실 이후에 나타나는 정신적 반응이긴 하지만, 상실을 대 하는 이 두 가지 반응은 큰 차이점을 갖는다. 여기서 말하는 상실은 사랑하는 사람의 상실을 이야기하는 것이기도 하고, 그동안 애써 추구해 온 개인의 이상이나 목표 등을 뜻하는 것이기도 하다. 상실 을 경험했을 때 사람들은 슬픔을 경험한다. 견디기 어려운 좌절, 외 부 세계와의 단절감, 삶에 대한 관심의 중단 등 극심한 고통을 겪게 되는 것은 지극히 당연한 일이다. 하지만 애도와 우울증의 중요한 차이가 존재하는데 그것은 상실한 대상을 떠나보내느냐 그렇지 못 하느냐와 관련이 있다.

1) 애도의 의미

애도는 상실한 대상을 떠나보내는 것이다. 프로이트는 애도가 일어나기 위해서는 잃어버린 대상과의 감정적 애착을 포기해야 한 다고 설명했다. 이런 애착의 포기는 대상이 떠나 버리고 더 이상 존 재하지 않는다는 차가운 현실을 인정하고 받아들이는 일이기도 하다. 이를 프로이트는 현실검증의 과정이라고 불렀다(Freud, 1917: 244). 그는 애도 작업이 잃어버린 대상과 관련된 기억들과 자극들을 다시금 불러 들여, 그 각각으로부터 성적인 에너지, 곧 리비도를 분리시키는 과정으로 이루어져 있다고 말했다. 이런 현실검증의 작업을 마치면 점차적으로 애도가 완성되고, 자아는 아무런 제약도 받지 않고 자유로운 상태가 된다.

성공적인 애도 작업의 결과, 한때 사랑했던 대상이 더 이상 존재하지 않는다는 객관적인 인식을 갖게 된다. 이런 인식과 함께, 애도를 경험하는 이는 잃어버린 대상과의 감정적 유대를 끊어 버리고 자유롭게 된 리비도 에너지를 다른 대상에게로 다시금 향하게 할 수 있다. 새로운 대상에게 리비도가 새롭게 연결되면, 애도하는 이는 지난 상실에 대해 위로를 얻게 된다. 결과적으로 애도는 이런 분리와 위로하는 대체물의 탐색 과정으로 묘사할 수 있다. 프로이트의 또 다른 논문인 「무상함에 대하여」에서는 이에 대한 내용을 요약하여 다음과 같이 설명한다. 이는 정신분석 임상과 관련하여 큰 함축을 갖기에 기억할 필요가 있다.

> "애도가 잃어버린 모든 것을 포기하게 되었을 때, 그것은 모든 에너지를 소비시키고, 우리의 리비도는 보다 더 자유롭게 되어 (우리가 아직 젊고 활기 있는 한) 잃어버린 대상과 똑같거나 아니면 보다 더 소중한 새로운 대상으로 교체할 수 있게 된다(Freud, 1915b: 307)."

앞의 프로이트 인용문은 정신분석 상담의 최종적인 목표와도 연관 지을 수 있다는 점에서 흥미롭다. 곧, 정신분석 상담은 애도의 과정으로 이루어질 수 있다. 떠나보내지 못해 우리 안에 내면화된 내적 대상과의 분리와 새로운 위로의 과정이 분석 과정에서 일어나는 것으로 볼 수 있다. 우리 안에 형성되어 있는 내적 대상과의 애도가, 우리 자신을 구속시키고 행동과 감정을 제약하는 파괴적인 힘으로부터 우리 자신을 해방시키기 때문이다. 그만큼 앞의 인용문을 이해하는 것이 중요하다. 우선 상실에 대한 다른 정신적 반응인 우울증을 설명하고 이 주제로 다시 돌아와 자세하게 설명하고자 한다.

2) 우울증의 의미

프로이트는 우울증을 현실세계에서 실제로 잃어버린 대상을 떠나보내지 않으려고 하는 시도로 보았다. 우울증의 정신 상태에 있는 사람은 현실에서 일어난 상실을 받아들이지 않는다. 오히려 상실한 대상과의 관계를 계속 유지하려는 시도로 상실한 대상을 내적 세계에 내면화시킨다. 이는 대상을 잃어버렸다는 사실을 받아들이기보다, '봐봐, 대상은 떠나지 않았어. 그 대상은 바로 내 안에 있어.'라고 자신에게 이야기하는 것이다. 대상을 잃어버리지 않으려는 간절한 소망은 충분히 이해할 만한 일이지만, 이로 인해 불가피하게 내적 대상관계가 탄생하게 된다. 곧, 상실한 대상은 내적 대상으로 대체되고 자아는 상실한 대상과의 관계를 마음속에서 계속 유지하게 된다.

하지만 상실한 대상을 떠나보내지 않기 위해 그 대상을 마음 안으로 가져오면서 문제가 발생한다. 이미 외부 대상은 떠나 버렸기에 그 대상과 관련된 모든 감정적 관계도 같이 떠나보내야 하는 것이 원칙이다. 하지만 그 대상은 내적 대상이 되면서, 이제 그 감정적 관계는 한 사람의 내적 세계에서 무의식적으로 반복되고 지속된다. 잃어버린 대상과의 관계는 유지되었을지 몰라도, 본래 잃어버린 대상에게로 향해져야 하는 미움과 적대감마저 이제는 자신 안으로 향하게 되는 결과를 가져온다. 이로 인해 자존감의 극심한 감소, 자신에 대한 경멸감과 같은 우울증의 정신 상태가 만들어진다. 본래 떠나 버린, 혹은 상실해 버린 대상에게 향하는 분노와 경멸감 그리고 실망감이 이제는 내적 대상관계에서 반복된다.

프로이트가 보는 인간관계는 양가감정을 필수적으로 수반하는 것이기에, 실제 외부 대상과의 대상관계를 내적 대상관계로 대체했을 때, 그 사랑과 분노의 관계는 마음 안에서 재현된다. 자아가 떠나 버린 대상과 자신을 일치시키는 이런 동일시의 과정을 통해 우울증 상태에 있는 사람은 상실한 대상과의 관계를 마음 안에서 강화하게 한다. 이 동일시의 과정은 상실로 고통당한 사람으로 하여금 잃어버린 대상과의 사랑의 관계를 보존하는 데 도움을 준다. 하지만 동시에 미움과 분노의 감정도 이제는 내적 세계에서 이어진다. 이로 인해 마치 자아를 잃어버린 대상인양 가혹하게 비난하고 판단하는 내적 구조가 탄생할 수 있다.

여기서 핵심적인 부분은 상실의 결과로 만들어지는 내적 대상관계이다. 대상을 떠나보내지 않으려는 시도로 잃어버린 대상은 마음 안에 내적 대상으로 자리 잡는다. 그리고 그 대상과의 관계는 내적 세계 속에서 지속된다. 프로이트는 이를 "자아에 대상의 그림자가 드리워진다."라고 표현하여 인상적으로 묘사했다(Freud, 1917: 249). 이처럼 그의 '애도와 우울증'은 내적 대상세계가 어떻게 형성되고 만들어지는지 그리고 어떻게 외부 대상과의 관계가 내적인 대상관계로 지속되고 유지되는지를 설명한다. 다음의 상담 예시를 살펴보면서 이를 조금 더 부연 설명해 보겠다.

> 여자 친구와 이별한 내담자 P는 극심한 우울증을 경험하고 상담을 요청했다. 이별을 통보한 여자 친구에 대한 분노와 함께 이렇게 빨리 헤어질 줄 알았으면 더 잘해 줬어야 하는데 그렇지 못했다는 죄책감에 P는 어려움을 겪고 있었다. P는 한동안 자신이 얼마나 부질없는 인간인지, 살아야 할 이유가 있는 것인지 모르겠다며 자신을 비난하며 우울한 상태에 있었다.

내담자 P는 여자 친구와 이별을 경험하고 우울증의 정신적 반응이 나타났다. 여자 친구에게 향해졌어야 하는 분노가 표현된다 싶다가도 P는 곧잘 자기 자신에 대한 비하와 비난으로 그 공격성을 돌렸다. 이는 여자 친구와 맺었던 사랑과 미움의 감정이 얽혀 있는 관계를 내적 대상세계로 대체했음을 의미한다. 쉽게 말하면, 여자 친구와의 이별이 없었더라면 경험하지 않았을 자기비난의 감정이 P의 마음에 들어섰다. 떠나 버린 여자 친구는 이제 더 이상 외부 대상으로 남겨져 있지 않고, P의 마음속에서는 내적 대상이 되었다. 그렇기에 여자 친구에게 향해야 하는 분노와 미움 그리고 적대감은 이제 자기 자신에게로 향해진다.

상담은 결국 P로 하여금 여자 친구를 떠나보내도록 도움을 주는 것이다. 여자 친구와 얽혀 있던 감정적 관계를 끊어 내어, 더 이상 그것이 내적인 대상세계로 옮겨지지 않도록 도움을 줘야 한다. 그 것은 무엇보다, ① 여자 친구와의 기억을 떠올리고 그때 느꼈던 감 정들을 상담에서 진술하게 이야기하는 과정이 요구된다. 이를 통 해 여자 친구와의 관계와 그 기억 조각에 투자되었던 리비도 에너 지를 거두어 들이도록 돕는다. 다른 한편으로는, ② 현재 경험되는 자기에 대한 비난과 비하가 어떻게 여자 친구와의 관계를 내적으 로 재현시킨 것인지를 드러내는 통찰의 과정이 필요하다. 자기비 하와 비난이 다름 아닌 여자 친구와의 관계를 유지하기 위한 시도 임을 통찰하는 것이다. 그리고 이를 통해, ③ 떠나 버린 대상과의 관계에서 자유롭게 된 내담자가 새로운 대상과의 건강한 관계를 맺도록 돕는다. 곧, 분리와 위로라는 애도의 작업이 상담에서 필요 하다.

그런데 이런 이별상담 혹은 애도상담의 과정이 정신분석 상담 전 반에 걸쳐 확장된다는 것은 새삼 놀라운 일이 아닐 수 없다. 정신분 석 상담 또한 내면화된 내적 대상을 다루는 작업이 된다. 그 내적 대상이 어떤 과정에 의해 내면화되었으며, 그것이 어떻게 실제 대 상과의 관계를 유지하기 위한 무의식적 시도였는지를 통찰하고 확 인하는 작업이 정신분석 상담의 과정이라고 볼 수 있다. 그리고 결 국에는 그 내적 대상과의 관계에서 자유롭게 되어 새로운 대상과 건강하게 관계 맺도록 돕는 것이 정신분석 상담에서 목표로 삼는 것이다. 프로이트가 자신의 논문「애도의 우울증」에 나타난 논의를 어떻게 발전시켰는지를 살펴보면서 이를 더욱 구체적으로 설명하려고 한다.

3. 내적 대상관계의 형성

프로이트는「자아와 이드」라는 논문에서, 상실 이후의 병리적인 우울증과 연결되었던 동일시의 과정이 어떻게 초기 유년기 발달의 전형적인 과제인지를 설명했다. 다시 말해, 사랑하는 대상을 상실하는 경험과 이를 다루는 과정이 초기 유년기 발달에도 반드시 수반될 수밖에 없다는 주장이다(Freud, 1923). 하지만 이때 말하는 상실은 대상의 실제적인 죽음을 의미하지 않는다. 이는 초기의 유아들이 전적으로 자신을 사랑해 주는 대상, 자신의 욕망을 채워 주는 존재로 경험되는 대상을 발달 과정에서 상실한다는 것을 의미한다. 그런 유아적인 욕망충족의 대상은 환상 속에서는 존재하지만 실제 현실에서는 존재하지 않는다. 이로써 유아들은 자신만을 바라보고 관심 가져 주며 사랑해 주는 대상이 존재하지 않는다는 것을 받아들여야 한다.

프로이트는 유아들이 이를 해결하기 위해 잃어버린 욕망의 대상을 동일시의 과정을 통해 내면화시킨다고 이야기했다. 욕망을 전적으로 채워 주는 대상을 포기하고 그 대상을 내적 대상세계 안에 내면화시킴으로 초기 유아적 대상상실을 다루게 된다. 그렇기에 내면화와 동일시의 과정은 초기 유년기에 자기를 형성해 가는 중요한 심리적 기제가 된다. 그런 관계로 불가피하게 그 초기 대상과의 관계를 내적 대상세계에서 반복하고 재현한다. 더불어 사랑하는 외부 대상의 성격적 특징과 그 관계의 속성이 동일시 과정을 통해 아동 자신의 것으로 변화한다.

그러므로 내면화와 동일시는 심리구조를 형성하는 필수적인 과정이 된다. 초기 유년시절 중요한 양육자의 성격과 그 양육자와의 대상관계의 특질과 성격이 더 이상 외부에 존재하는 것이 아니라 내적 대상관계로 대체된다. 그리고 이로 인해 한 사람의 성격구조가 만들어진다. 그리고 대체된 내적 대상관계는 평생에 걸쳐 외부의 대인관계를 무의식적으로 이해하고 평가하는 틀과 시각으로 기능할 뿐만 아니라, 초기 유년기에 경험한 감정과 느낌이 세월의 변화와 상관없이 마음 깊숙이 존재하는 이유가 된다. 다음의 상담 예시를 통해 이를 살펴보자.

> 여자 친구와의 관계에서 어려움을 겪고 있었던 내담자 S는 상담자를 찾아와 여자 친구에 대한 불편감을 호소했다. 여자 친구는 S와 시간을 맞추기 어려워 결국에는 혼자 휴가를 다녀오겠다고 했다. 하지만 S는 여자 친구가 다른 남자와 여행을 다녀온 것을 알게 되었다. S는 심한 분노를 느꼈지만 만약 이를 표현하면 여자 친구가 기분 나빠하고 결국 자신을 떠나 버리지는 않을까 불안하여 이에 대해 언급조차 하지 않았다. S의 어린 시절, 아버지와 어머니는 이혼을 했고, 함께 살던 어머니는 회사에 출근한 어느 날, 집에 돌아오지 않고 행방불명되는 일이 있었다.

앞의 사례에서 S가 경험한 초기 유년시절의 비극적인 대상상실
은 분리에 대한 극심한 불안을 가져왔을 것이라고 예상할 수 있다.
일차적으로 부모의 이혼이 S에게 큰 상실감을 줬고, 이차적으로 어
머니가 실종되는 사건이 S에게 극심한 상실감을 경험하게 했다. 어
린아이가 감당하기에 어려운 상실의 경험을 S는 내면화와 동일시
의 과정을 통해 이겨 내려고 했을 것이다. 상실한 대상을 떠나보내
지 않기 위해 마음에 잃어버린 대상을 내면화시켜야 한다. 그것이
외부 현실에서 일어난 것이 아니라 마음에서 일어나는 것으로 대
체된다. 이런 경우 문제의 원인을 밖으로 돌리기보다는 자신에게
뭔가 문제가 있어서 이런 일이 발생했을 것이라는 유아적인 자기
비난 구조가 형성될 수 있고, 이것은 내적 대상관계의 중요한 측면
을 형성하게 된다. 곧, 대상을 손상시켜서 안 된다는 자아와 대상
사이에 대상관계의 성격이 발생할 수 있다. 또한 이 시기에 경험한
유아적인 불안과 공포는 수정되지 않은 채 무의식 공간에 남아 대
상관계의 중심 감정으로 남아 있게 된다.

결국 S가 성인이 되어 욕망을 채워 주는 여자 친구를 만났을 때,
다시금 이런 내적 대상관계가 반복되고 재현된다. S는 어린 시절
어머니에게 향했던 느낌과 감정들로 여자 친구를 만나고 있다. 성
인기에 맺게 되는 관계는 초기 유년기 내면화의 과정으로 형성된
내적 내상관계의 성격으로 채색된다. 여자 친구가 다른 남자와 여
행을 간 사실을 알게 되었지만, 혹시나 여자 친구가 자기를 떠나지
는 않을까 불안하여 이야기를 꺼내지도 못한다. 어쩌면 이런 일이
벌어진 것도 자신에게 어떤 문제가 있어 생겨난 것이라고 느끼게

될지 모른다. 다음의 두 사례는 초기 유년기 발달 과정의 내면화된 대상관계가 지금-여기의 상담관계에서 어떻게 구현되어 나타나는지를 보여 준다.

> 내담자 G는 상담실에서 이야기하기가 무척 어려웠다. 자발적으로 상담을 찾아왔으나, 상담자와 눈을 마주치는 것도 어려웠고, 무슨 이야기를 해야 할지 몰라 긴장한 눈빛이 역력했다. 말하지 못하고 긴 침묵의 시간이 이어질 때가 많아 상담자도 무척 당혹스러웠다. 정확하게 상담 시간이 되면 G는 이제 시간이 다 되었다고 먼저 말하고 도망치듯 상담실을 빠져나갔다. 이후에 G는 상담자가 자신을 평가하고 비난할 것이라는 생각에 불안했다고 이야기했다.

> 내담자 H와의 상담 시간은 상담자에 묘한 즐거움을 주었다. 상담자는 어린 시절 H에게 일어났던 수많은 경험을 웃지 않고서는 들을 수 없을 때가 많았다. 심지어 H는 어린 시절 부모에게 학대받았던 이야기도 희화화하여 이야기하는 바람에 상담자는 웃음을 참기 위해 애써야 했다. 이후에 H는 상담자가 자신의 이야기를 지루해하고 따분해할 것이라는 생각에 자신의 이야기를 즐겁게 해야 한다고 생각했다고 이야기했다.

내담자 G와 H는 모두 상담관계에서 자신의 내적 대상관계를 반복하고 재현하고 있다. 반복되는 내적 대상관계의 정체가 아직 명확하게 드러나지 않았지만, 상담에서 보이는 그들의 관계양상은 초기 유년기 발달 과정에서 내면화를 통해 형성된 내적 대상관계의 성격을 갖는 것임이 분명해 보인다. 먼저, 내담자 G는 누군가에게는 편안하게 경험될 상담실을 어려워했고 상담자와 눈을 마주치는 것도 힘들어했다. G는 상담자가 자신을 평가할 것이라는 불안 때문에 상담 시간이 편안하지 못했다. 예상하건대 G는 초기 유년 시절 양육자를 평가하고 비난하는 대상으로 경험했을 가능성이 높다. 그 양육자와의 관계는 내면화와 동일시 과정을 통해 내적 대상관계로 대체되었을 것이다(물론 이전 상담 경험의 반영일 수 있지만, 대개 상담관계에서 나타나는 심한 불안과 두려움은 내면화된 내적 대상관계의 투영인 경우가 많다).

반면, H는 상담자가 자신의 이야기를 지루해하고 따분해할 것이라고 경험하고, 그렇기에 상담자를 즐겁게 해 줘야 한다고 느꼈다. 아마도 H는 유년시절 양육자를 자신의 이야기에 대해 지루하고 따분해하는 것으로 경험했고, 누군가를 즐겁게 하고 기쁘게 하지 않으면 거절받을 수 있다는 불안감으로 이어졌을 것이다.

내담자 G와 H는 지금–여기에서의 상담관계를 자신들의 내적 대상관계로 채색하고 있다는 것을 알 수 있다. 그들에게 상담자는 내적 대상으로 표상되는 존재이다. 아마도 G와 H는 의식적으로는 상담자가 자신을 평가하거나 비난하지 않을 것이라는 점과 자신의 이야기를 지루해하지 않을 것이라는 사실을 의식적으로는 인식하고 있을 것이다. 그럼에도 그들은 무의식적으로 상담자를 그렇게 경험하고 있다. 이는 상담관계에서 내적 대상관계가 작동되고 있다는 것을 의미하기도 하며, 그것이 내면화되었던 초기 유년기의 유아적 감정이 수정되지 않은 채 무시간적으로 작동되고 있다는 것을 의미하기도 한다. 그만큼 무의식에 존재하는 유아적 기억과 감정은 막강한 힘을 갖고 성인기에 영향을 끼친다.

　이것은 마음의 문제를 다루는 것이 얼마나 어려운 일인지를 보여 준다. 내담자들은 흔히 무엇이 바른 인식이며 적절하게 상황을 판단하는 것인지는 알겠지만, 자신의 감정을 조절하기는 어렵다고 호소한다. 그들은, 아니 우리 모두는 알면서도 당하는 것이다. 발표만 생각하면 공포와 두려움에 사로잡힌다. 교수와 친구들이 자신을 비웃지 않을 것이라는 점을 알지만, 그래도 공포감에 압도당한다. 수도꼭지가 잠겨 있다는 것을 알지만 몇 번을 확인해야 한다. 내가 괜찮은 사람이라는 것은 알겠지만 스스로가 너무 한탄스럽다. 사람들이 나를 비웃지 않을 것이라고 분명히 인식하지만, 조롱과 비웃음에 압도되어 밖을 나가기 어렵다. 사람들이 나를 공격하지 않을 것임을 의식적으로는 알지만, 누군가 나를 해하려고 한다고 느낀다. 이렇듯 인지와 감정은 서로 구별되어 있다. 그렇기에 내담자 G와 H에게 이렇게 말하는 것은 큰 도움이 되지 못한다. "제가 왜 비난하겠어요. 저는 당신의 이야기를 지루해하지 않아요. 그것은 왜곡된 생각일 뿐이에요."

　우리는 상담 과정을 인지적으로 다루려고 한다. 물론 추후에 다루겠지만 인지적인 접근이 무의미하다고 이야기하는 것이 아니다. 현실을 검증해 주고, 인지를 수정하는 것은 상담의 큰 틀에서 보면 필요한 시기가 있다. 상담자가 인지에 대해 다루는 일은 중요하다. 왜곡된 신념이나 인지적인 오류에 대해 언급하고 다루는 일은 효과적이다. 하지만 여기서 필자가 이야기하고 싶은 것은 그것이 큰 틀의 치료 전략에서만 그렇다는 사실이다. 여기서 큰 틀은 내담자의 대상관계이다. 인지적인 오류를 다루는 것은 내담자에게 비합리적인 신념을 수정할 것을 요구하는 것이기도 하지만, 동시에 새로운 대상관계의 제공이라는 측면에서 이해된다. 예를 들어, 누군가 자신을 지도하거나 이끌어 준 적이 없는 내담자라면 상담자의 이런 기능이 내담자에게는 새로운 대상관계로 경험된다. 이에 대해서는 상담개입을 소개하는 제10장에서 자세하게 다룰 것이다.

4. 애도과정과 정신분석

정신분석에서 다루는 것은 바로 내면화된 대상관계이다. 알면서도 당할 수밖에 없도록 만드는 무의식적 경험과 감정이 바로 정신분석에서 다루어야 하는 영역들이다. 대상관계이론에서는 그것을 내적 대상관계라는 개념으로 이해했고, 이에 대해 어떻게 개입되어야 하는지를 세밀하게 연구해 왔다. 그것은 프로이트의 「애도와 우울증」에 대해 설명할 때 언급했던 애도과정에 비유할 수 있다. 곧, 내면화된 대상, 한때 실존했던 대상, 특정한 성향과 태도를 갖고 있다고 여겼던 그 대상, 하지만 이제는 내 마음에서 나를 구속하고 제약하는 그 대상에 대한 애도과정이라고 볼 수 있다. 그 대상을 애도하고 자아가 자유롭게 되었을 때에 새롭고 건강한 방식으로 대상들과 관계할 수 있다(Kavaler-Adler, 2003).

그렇기에 정신분석으로 상담한다는 것은 애도상담에서 요구되는 상담 과정과 유사하며, 그 과정이 확장되는 것이라 말할 수 있다. 정신분석으로 상담하는 것은 결국 내적인 대상을 떠나보내도록 도움을 주는 것이다. 내적 대상과 얽혀 있던 감정적 관계를 끊어내어, 더 이상 그 안에서 빚어내는 감정에 영향받지 않도록 도움을 주어야 한다. 이를 위해 무엇보다 다양한 기억과 경험의 흔적을 떠올리고, 그때 느꼈던 감정들을 상담에서 진솔하게 이야기하는 과정이 필요하다. 한편, 현재 타인과의 관계에서든, 지금-여기의 상담자와의 관계에서든 내담자가 경험하는 감정들이나 인식들이 어떻게 내적 대상관계를 재현시키는 것인지를 드러내는 통찰의 과정이 필요하다. 그리고 지금-여기의 상담관계에서 상담자를 다르게 인식하고 발견하는 위로의 과정이 동반되어야 한다. 곧, 분리와 위로라는 애도의 작업이 상담에서 필요하다.

하지만 정신분석에서 다루는 것이 내면화된 내적 대상관계임이 분명하다면, 이런 애도과정에서 필수적으로 요구되는 것이 있다. 그것은 바로 지금-여기에서 상담자와의 상담관계에 대한 주도면밀한 이해이다. 애도과정이 일어나는 것은 상담관계에서이다. 이는 이전에 자신의 내면화된 내적 대상으로 이해되었던 상담자가 애도과정을 통해 새로운 대상으로 이해하기 시작한다는 것을 의미한다. 상담관계가 일종의 시험대이다.

윌프레드 비온(Wilfred R. Bion)은 상담관계에서 정서적 진실에 마주해야 한다고 이야기한다(Bion, 1962). 그것은 무슨 의미를 갖는가? 그것은 지금-여기에서의 분석관계에 구현되어 나타나는 정서적인 진실을 마주하고 다루는 것이다. 내담자의 내면화된 대상관계는 분명 지금-여기의 상담관계에서도 재현되어 나타날 것이라고 이해할 수 있다. 그것은 의식통제 아래 있지 않기에 어렵지 않게 상담관계에 전이되어 나타난다. 이렇게 상담관계 속에 나타나고 있는 내담자의 내적 대상세계와 그 안에서 빚어내고 있는 정서적 진실이 지금-여기의 상담관계에 있는 상담자와 내담자가 함께 보고 다루는 과정 안에서 애도과정이 일어나는 것이다.

앞의 상담 사례에서 내담자 G의 예시를 통해 보면, 비난하고 평가하는 대상(표상)과 이로 인해 상대에게 비난받지 않기 위해 방어적으로 행동하는 내담자 자신에 대한 부분(표상)이 지금-여기의 상담관계에서 다루어야 한다. 내담자 H의 경우에는 자신을 지루하고 따분하게 생각할 것이라는 대상(표상)과 이로 인해 즐겁게 해 주기 위해 노력하는 나 자신에 대한 부분(표상)이 지금-여기의 상담관계에서 다루어져야 한다. 상담과 분석의 관계는 내담자가 맺는 다양한 인간관계가 펼쳐지는 한 공간이 되며, 거기에는 내담자의 내적 대상세계가 전이되어 나타난다. 정신분석 상담자는 내담자의 내적 세계가 전이되는 이 상담관계 속에서 내담자의 내적 대상과 이에 반응하는 내적 자아의 관계 그리고 그 안에서 일어나는 정서적 진실을 함께 경험하고 발견하며 다루어 간다.

그렇기에 정신분석 상담자는 두 가지를 상담관계에서 염두에 두어야 한다. 먼저, 상담자는 내담자의 이야기를 존중하는 자세로 경청해야 한다. 거기에 판단과 평가의 자세가 아니라 공감적 이해의 태도로 내담자의 이야기를 경청해야 한다. 그리고 이야기 속에 숨겨진 무의식적 의미와 갈등에 주목할 필요가 있다. 한편, 상담자는 내담자가 상담관계에서 펼쳐 보이는 역동을 참여자인 동시에 관찰자의 입장에서 바라보아야 한다. 내담자가 상담실에서 보이는 행동과 이야기하는 방식 및 태도, 상담자에게 감정을 불러일으키는 다양한 역동에 주목해야 한다. 그렇게 주고받는 관계에 주목할 때 내담자의 내적 대상세계가 상담자에게 포착된다. 그렇기에 상담자는 상담관계에 한편으로 깊이 참여하면서도 동시에 그 상담관계에 거리를 둔 관찰자의 입장에 있어야 한다. 다음의 사례를 보자.

> 공황장애를 겪고 있는 내담자 E는 아무런 연락도 하지 않은 채 주말 이후 월요일에 있는 상담에 나오지 않았다. 다음 회기에서 E는 주말 내내 몸이 아팠으며 상담자에게 연락하려 했지만 못했다고 이야기했다. 하지만 이후에도 아무런 언급 없이 상담에 나오지 않는 일이 생겨났고 상담자의 마음은 점점 불편해져 갔다. 어느 회기에 상담자는 내담자에게 일반적으로 회기에 나오지 않게 되면 미리 연락을 해야 하는 것이라고 이야기를 했다. 그 순간 상담자는 내담자가 공포에 휩싸인 채 얼어 버린 듯한 인상을 받게 되었다.

다른 인간관계도 그렇지만 친밀함을 전제로 하는 상담관계에서도 최소한의 약속을 지켜야 한다. 내담자는 정해진 상담 시간에 상담실에 와서 상담에 임해야 한다. 혹 몸이 갑자기 아프다거나 사정상 상담에 오지 못하면 상담자에게 미리 연락해야 한다. 하지만 E는 무슨 일인지 상담에 오지 못하는 것을 상담자에게 미리 통보하지 않고 상담에 오지 않았다. 이런 관계에서 상담자는 불편감을 경험하는 것이 당연하다. 그리고 결국에는 이런 일이 몇 번 반복되자 상담자는 미리 연락해 줄 것을 이야기했다. 물론 그 말 속에는 약간의 짜증과 불편함이 묻어 있을지 모르고, 또 내담자를 가르치려는 듯한 느낌이 있을지도 모른다. 그렇다고 그것이 기분 나쁘거나 공포감을 주는 말은 아니었다. 하지만 E는 그 순간 공포에 질린다.

　이런 순간에 지금-여기의 상담관계에서 어떤 일이 일어나고 있다는 것을 정신분석 상담자는 감지해야 한다. 지금-여기의 상담관계에서 내담자는 어떤 태도로 상담에 임하고 있으며, 상담자에게는 어떤 감정을 불러일으키는지 상담자는 관찰해야 한다. 무엇보다 내담자가 상담자와의 관계에서 경험하는 내담자의 공포는 내담자의 공황장애가 어디에서 비롯되는 것인지 예상할 수 있도록 돕는다. 아주 사소한 지적에도 불구하고 E는 마치 그것을 두렵고 무서운 꾸지람으로 경험하고 있다. 내담자의 내적 대상세계에는 무시무시하게 혼을 내고 있는 내적 대상이 존재하고 있는 것으로 보인다. 그리고 거기에 두려움과 공포의 감정을 동반하고 위축되고 얼어 버리는 자아도 존재한다. 이를 통해 E가 경험하는 공포는 유아적인 두려움이며, 유년시절 양육자와의 대상관계에서 경험했던 정서들임을 감지할 수 있다. 아주 사소한 타인의 평가와 지적에도 E는 그 유아적 두려움과 공포로 반응하게 될 것이다. E가 연락 없이 상담에 빠질 수밖에 없었던 것도 아마 이런 두려움과 공포에 압도되었기 때문이었을 것이라고 추정할 수 있다. 곧, 상담자에게 연락하는 것조차 E에게는 공포와 두려움을 일으키는 요인이 될 수 있다. 상담자는 이에 대해 함께 다룰 준비가 되어 있어야 한다. 그런

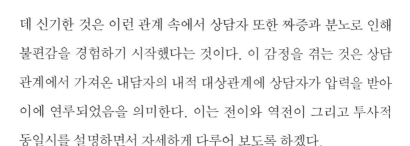

데 신기한 것은 이런 관계 속에서 상담자 또한 짜증과 분노로 인해 불편감을 경험하기 시작했다는 것이다. 이 감정을 겪는 것은 상담 관계에서 가져온 내담자의 내적 대상관계에 상담자가 압력을 받아 이에 연루되었음을 의미한다. 이는 전이와 역전이 그리고 투사적 동일시를 설명하면서 자세하게 다루어 보도록 하겠다.

정신분석 상담자는 지금-여기에서 경험되는 정서적 진실에 대해 다루어야 한다. 유년기 이후 한번도 다루어 보지 못해 유아적인 상태로 머물러 있는 정서에 대해 상담자는 다룰 준비가 되어 있어야 한다. 그것이 내담자에게는 얼마나 현실적인 것인지를 이해하고 존중해야 한다. 하지만 상담관계에서 내담자의 정서적 진실을 다루는 것은 몇 가지 이유에서 대단히 어려운 일이다.

먼저, 정서적 진실을 다루는 것은 내담자에게 커다란 두려움을 주기 때문이다. 자신이 착한 아이로 살아야만 한다고 경험하는 사람의 예를 들어 보자. 그 혹은 그녀에게 인간이 된다는 것은 분노의 감정을 느끼고 이를 표현하는 것이라고 말했을 때, 그 사람은 이를 의식적으로 받아들일지 모르지만, 무의식적 내적 대상세계는 결코 이를 수용할 준비가 되어 있지 않다. 왜냐하면 착하지 않다는 것은 커다란 불안이나 두려움의 감정과 결부되어 있을 것이기 때문이다.

두 번째, 상담자는 내담자의 성격구조에 따른 역동에 말려들어 갈 수밖에 없다. 상담자는 지금-여기에서 오고 가는 역동을 관찰하기에 어려움이 따른다. 왜냐하면 내담자의 무의식적 압력에 의해 경험되는 상담자의 감정으로 인해 상담자 자신이 내담자에게 반응하기 때문이다. 이것은 무의식적으로 일어나는 일이다. 이를 정신분석학자들은 '분석관계 내 행동화'라 불렀다. 훈련받은 상담자도 이런 역동에 휘말려 들게 된다. 거기에 상담자의 해결되지 못한 성격의 역동까지 무의식적으로 작동되면, 결국 지금-여기의 상담관계를 관찰하는 일은 어려운 일이 될 것이다. 앞의 상담 예시에서 상담자가 통보 없이 상담실에 오지 않는 내담자로 인해 불편감을 느껴 결국 한마디하게 되는 것처럼 상담자는 내담자에게 불가피한 영향을 받게 된다.

세 번째, 내담자나 상담자나 서로 너무 친밀하고 좋은 관계가 형성되면서 무의식적으로 불편한 진실들을 언급하려고 하지 않게 된다. 상담은 친밀함을 전제로 하지만, 항상 좋은 이야기로 시작해서 칭찬하고 격려하는 것으로 마무리되는 것이 아니다. 내담자와 상담자는 상담관계의 오고 가는 역동 속에서 두렵고 떨리는 정서적 진실에 마주해야 한다. 상담에서 전제하는 친밀함은 다름 아닌 이 정서적 진실을 함께 마주하기 위한 준비운동이다. 그렇기에 상담자는 미리 교육해야 한다. 상담이란 무의식에 숨겨진 이야기를 찾는 것이며, 마주하기 어려운 것들을 보는 것임을 초기부터 알려야 한다. 또한 상담자와 상담에 대한 어떤 느낌과 감정도 숨김없이 이야기해야 할 것도 내담자에게 교육해야 한다. 이것이 잘 교육되지 않으면 좋은 만남에서 시작되어 좋은 만남으로 끝나는 상담이 된다. 결국 정서적 진실은 한번도 다루어 보지 못한 채 오히려 내담자의 역동만 강화되는 상담관계가 되는 것이다.

더 읽을거리

윤희기, 박찬부 공역(2010). 슬픔과 우울증, 자아와 이드. 정신분석학의 근본
개념. 지그문트 프로이트 저. 서울: 열린책들.

이재훈 역(1999). 정신분석적 대상관계이론. 제이 그린버그, 스테판 밋첼 공
저. 서울: 한국심리치료연구소.

제4장
부분대상관계와 전체대상관계

　정신분석 상담은 상담자와 내담자 사이에 일어나고 있는 지금-여기의 관계양상에 주목하기 위해 전이와 역전이라는 개념을 발전시켰다. 상담자를 경험하는 내담자의 독특한 느낌과 감정을 '전이'라 부를 수 있고, 반대로 내담자를 경험하는 상담자의 느낌과 감정을 '역전이'라고 부를 수 있다.

　내담자는 상담자를 만날 때 일정한 기대와 반응을 예상한다. 또한 상담자의 태도나 말하는 방식에 의해 상담자에 대해 어떤 느낌을 받고 생각을 할 수 있다. 이것은 많은 부분 전이에 의해 일어난다. 한편, 상담자 또한 내담자에 대해 어떤 기대와 반응을 예상하고 내담자에 대해 다양한 느낌을 가질 수 있다. 이것을 정신분석에서는 역전이라 불렀다. 중요한 것은 이렇듯 전이와 역전이의 구조 안에는 숨겨진 무의식의 이야기들이 드러나고 나타난다는 점이다. 훈련받은 상담자는 이 숨겨진 이야기들을 드러내고 마주하도록 하여 내담자를 돕게 된다. 그 숨겨진 이야기 속에 있는 내담자의 무의식적 기대와 소원 그리고 환상이 드러날 수 있도록 상담자가 돕는다. 이를 통해 내담자는 전체로서의 자기 자신의 이해에 도달한다. 그렇기에 정신분석 상담이론은 지금-여기에서 오고 가는 상담자와 내담자의 관계양상에 주목한다는 점에서 본질적으로 대상관계의 성격을 가질 수밖에 없다.

　한 사람의 성격은 개인의 유전적 기질과 외부 대상과의 상호작용이 영향을 끼치게 된다. 성격에 강한 영향력을 끼치는 외부 대상은 아마도 초기 양육자라고 볼 수 있다. 한 사람은 초기 양육자와

의 상호작용, 곧 외적인 대상관계를 통해 성격을 형성해 간다. 그것
은 제3장에서도 확인했듯이, 내면화와 동일시라는 과정을 통해 설
명할 수 있다. 외적 대상관계는 내면화와 동일시의 과정을 통해 내
적 대상관계로 변형된다. 이렇게 변형된 내적 대상관계는 한 사람
의 성격으로 자리 잡게 되어 이후의 외부 대상관계를 맺는 기초적
인 틀과 형식이 된다. 그리고 그 내적 대상관계는 상담관계 속에서
표현되어 나타난다. 상담자는 지금-여기의 상담관계를 관찰하면
서 내담자의 내적 대상관계를 파악하며, 그 안에 스며 있는 무의식
적 소원과 두려움을 발견한다.

결국 대상관계는 타인과의 상호작용을 의미하는 말이기도 하며,
한 사람의 내적 대상관계를 의미하는 말이 되기도 한다. 내적 대상
관계는 타인과의 상호작용을 해석하고 경험하는 틀이 되어 영향을
끼치며, 외적 대상관계는 다시금 내적 대상관계에 영향을 끼친다.

프로이트 이후에 이런 대상관계의 성격에 대해 자세히 묘사하기
시작한 사람은 멜라니 클라인이었다. 그녀는 정신분석 역사에 뚜
렷한 발자취를 남긴 분석가 중 한 명이다. 필자가 미국에서 아동 분
석 수련을 받을 당시, 클라인과 그 이론에 대한 분석가들의 각별한
애정을 볼 수 있었다. 실제로 아동들이 놀이에서 보이는 내적 환상
을 경험하게 된다면, 클라인이 인간의 무의식과 그 환상들을 얼마
나 정확하게 묘사하고 있는지를 확인할 수 있다. 정신분석이 대상
관계의 성격으로 발전하는 데 있어 그리고 정신분석의 임상이 지
금-여기의 전이와 역전이 구조에 기반한 개입으로 발전하는 데 있
어 클라인이 끼친 영향력은 크다. 이 장에서는 부분대상관계와 전

체대상관계에 초점을 맞춰 그녀의 대상관계이론을 살펴보면서, 제3장에 이어 대상관계에 대한 이해를 심화시키고자 한다.

1. 사랑과 미움의 통합

클라인의 정신분석이론이 다양한 국면을 통해 발전해 온 것은 사실이지만, 그녀의 정신분석을 관통하는 주제는 사랑과 미움의 통합이라고 볼 수 있다. 인간의 성숙과 발달은 사랑과 미움이라는 서로 다른 두 정신 상태의 통합에 달려 있다. 이것은 본질적으로 대상관계의 성격을 갖고 있다. 사랑과 미움은 대상을 향한 인간 마음의 작용이다. 하지만 사랑과 미움의 적절한 통합이 누군가에는 대단히 어려운 것으로 보일 때가 많다. 사랑과 미움을 통합하지 못한 결과, 인간은 감정통제력을 잃게 되고, 대상에 대한 통제나 전능감, 자신에 대한 고갈과 결핍을 만들게 된다. 상담자는 그들이 만나는 내담자들 중에서 이렇게 사랑과 미움을 제대로 통합하지 못해 어려움을 겪고 있는 경우를 많이 본다. 물론 이는 상담관계에서도 동일하게 드러나게 된다. 다음의 사례를 살펴보자.

> 자살과 자해충동이 심해 상담을 의뢰한 40대 초반의 여성 내담자 T는 상담 초기부터 상담자에 대한 이상화와 평가절하를 반복하기 시작했다. 내담자는 상담자의 눈을 바라보며 이렇게 이야기했다. "선생님의 눈빛만 보고 있어도 치료가 일어날 것 같아요." 하지만 내담자는 언제 그랬냐는 듯이 다음

회기에는 나의 피곤함을 비난했다. 내담자는 나의 피곤한 눈을 보며 이렇게 말했다. "그렇게 다크서클이 코밑까지 내려왔는데 어떻게 상담을 하신다는 거죠? 상담자로서 준비가 안 되신 것 같아요." 상담자의 겉으로 보이는 피곤함은 T에게 나쁜 대상으로 비춰지기에 충분했다. 이는 상담자의 마음에 부담을 주었다. 상담자는 T를 만나기 전에 피곤한 흔적도 보이면 안 되고, 완벽하게 준비해야 할 것 같은 강한 압박을 받았다. 상담자에 대한 T의 평가 절하와 공격은 계속 이어졌고, 결국 그것은 한밤중에 갑작스런 전화로 절정에 이르렀다. 상담회기가 있었던 어느 날, T는 저녁 무렵 상담자에게 전화를 해서 이렇게 이야기했다. "선생님이 오늘 상담을 제대로 못해 주셨기에 전 오늘밤에 죽을 거예요. 선생님은 다음 날 아침 저의 죽음을 보고 평생 죄책감을 가지고 살게 될 거예요." T의 이런 말은 상담자로 하여금 자기 자신에 대한 부적절감, 그녀가 죽을지도 모른다는 불안과 두려움, 내담자의 갑작스런 위협적인 말에 의한 무기력감, 평화로운 마음을 깨트린 것에 대한 분노 등 좋지 못한 감정을 종합선물로 받은 듯한 느낌을 갖게 하였다.

앞의 상담 예시에서 볼 수 있듯이, 내담자 T는 상담자에 대해 각별한 애정을 보이다가도, 어느 순간에는 상담자의 마음을 휘저으며 강한 비난을 쏟아 낸다. 상담자에 대한 사랑과 미움을 반복적으로 보인다. 이는 T가 상담자에 대한 일관적인 관점을 갖기 어렵다는 것을 시사한다. 상담자가 자신을 만족시켜 줄 때에는 좋은 대상이 되었다가도, 아주 사소한 부분에서 자신을 채워 주지 못할 것이라고 느껴지면 기대가 들자 상담자를 나쁜 대상으로 경험한다. 이는 T가 상담자에 대해 통합된 대상관계를 맺지 못하고 있음을 보여 준다. 이는 상담자를 현실적으로 이해했다기보다 자신의 내적 대상관계를 근거로 이해하고 있음을 보여 준다. 곧, T에게 통합되지 못한 내적 대상관계가 존재하고 이것이 상담자에 대해 인식하고 관계 맺는 데 영향을 주고 있다고 가정할 수 있다.

통합되지 못한 내적 대상관계는 감정의 널뛰기를 가져온다. 때로는 지나치게 사람들을 의존하거나 이상화시키다가도, 다른 경우에는 동일한 사람들에게 크게 실망하여 그들을 비난하기도 한다. 그렇다면 이렇게 미통합된 대상관계는 어떻게 묘사할 수 있는가? 그것은 어떤 과정에서 생겨나는가? 무엇 때문에 그것은 극단적인 방식으로 사람들과 관계를 맺게 하는가? 멜라니 클라인의 대상관계이론은 이 질문들을 명료하게 설명해 준다.

클라인은 한 인간이 사랑과 미움을 어떻게 통합해 가는지를 묘사하기 위해 편집분열자리와 우울자리라는 초기 유아기 발달의 노정을 묘사했다. 이 발달 과정에 대한 이해는 정신분석적 임상에 유익하게 적용될 수 있기에 정신분석 상담자들은 그녀가 어떻게 유아의 사랑과 미움이란 정신적 상태를 다루어 가는지, 그리고 그 고통스런 분투에서 유아가 사용하는 방어기제는 무엇인지에 초점을 두고 이해할 필요가 있다.

2. 편집분열자리

1) 편집불안의 기원

편집분열자리에서 편집은 외부에 악의에 찬 대상에 의해 자신이 박해받고 손상당할지 모른다는 공포와 두려움을 의미한다. 실제 내담자들의 주요 호소들이 이런 편집적인 두려움과 관련이 있다는 것을 빈번하게 발견한다. 30대 초반의 한 남성 내담자는 탁월한 미적 감각을 가진 디자이너로 회사에서 뚜렷한 성과를 드러냈다. 하지만 그는 가끔씩 회사에 출근하기 어려웠는데, 왜냐하면 집 밖을 나서는 것조차 힘들었기 때문이다. 출근하며 마주치는 사람들이 자신을 조롱하고 있거나 해하려 한다는 생각이 들었다. 어떤 날은 문을 열자 저승사자와 같은 검은 물체가 보여 문을 닫아 버리고 말았다. 이처럼 박해에 대한 환상과 느낌은 편집성 공포와 깊은 관련이 있다. 이는 배우자를 지나치게 의심해서 카메라를 설치하려고 했던 남편, 학교를 전쟁터로 묘사하고 등교할 때 총과 같은 무기를 갖고 가야 한다고 이야기하는 청소년 그리고 상담자를 정보부에서 감시하기 위해 보냈다고 믿는 내담자에게서 모두 볼 수 있는 두려움이다.

클라인에게 있어 이런 편집의 공포는 인간에 뿌리 깊게 존재하는 파괴적 공격성에 기인한다. 아동을 관찰하며 이론을 정립한 클라인은 이런 파괴적 공격성과 환상을 아동에게서 발견할 수 있었다. 그리고 클라인은 이 파괴적 공격성을 프로이트가 도입한 죽음의 본능에서 유래한 것으로 이해했다. 죽음의 본능은 그것과 함께 공존하는 생명의 본능으로 인해 초기 유아의 정신적 갈등의 핵심이 되며, 사랑과 미움의 정신적 상태를 만들어 내는 근원이다. 이 죽음의 본능은 스스로에 대한 자기 해체와 파괴를 의미하기에, 유아들은 이를 방어적으로 다루기 위해 투사의 방어를 사용한다. 곧, 내가 나 자신을 파괴하는 것이 아니라 외부의 타인이 나를 공격하는 것으로 이해하는 것이다. 이는 유아가 자기 자신에 대한 파괴와 파멸이 외부에서 자신에게로 향하는 보복과 공격에 대한 환상으로 경험한다는 것을 의미한다. 이처럼 죽음의 본능은 자신을 파괴하고 파멸시키는 내적 대상관계로 경험되고 외부에 투사되어 타인과의 상호작용에 영향을 끼치게 된다(Klein, 1959).

> 대기업에서 사장으로 근무하다 은퇴한 내담자 B는 누군가가 자신을 살해할 것이라는 공포가 커지는 바람에 출타가 어렵게 되어 상담자를 찾아왔다. 상담 또한 아들이 함께해 줘야 올 수 있었다. 친구도, 의사도, 심지어 아내와 자녀도 그런 자신의 공포를 이해하지 못한다고 불평을 호소했던 B는 상담실 위층에서 들리는 소리에 깜짝 놀라며, 자신을 죽이려는 누군가가 자신이 상담받게 된 것을 알게 된 것 같다고 이야기했다.

앞의 내담자는 실제로 거의 일어날 확률이 없는 일에 대한 공포를 갖고 있다. 누군가가 자신을 공격하고 보복할 것이라는 두려움을 갖고 있는데, 이는 내적인 대상관계에서 비롯되었다고 볼 수 있

다. 그 대상관계는 편집적인 색채를 띠며, 유아기의 편집분열자리
에서 경험하는 것과 일치한다. 이처럼 성인기에도 편집성 불안을
심하게 경험할 수 있는데, 이것은 초기 발달상에 해결되지 않은 유
아기의 흔적이며 마음의 작용으로 이해할 수 있다. 한편, 편집분열
자리에서의 과제를 잘 성취했다고 해도, 성인기에 만약 일시적으
로 큰 외상을 경험하거나, 타인에 대해 강렬한 증오를 경험하게 된
다면, 편집적인 두려움과 공포가 작동될 수 있다. 왜냐하면 대상에
대한 전체적인 인식과 신뢰가 이런 경험들을 통해 다시금 깨어지
기 때문이다.

2) 분열

심하게 보복당할 것이라는 박해와 공격에 대한 환상을 가진 편
집분열자리의 유아들은 분열(splitting)이라는 방어기제를 통해 이
불안과 환상을 다루려고 한다. 외부 대상에 의해 자신이 훼손되고
공격받고 있다고 두려워하는 유아는 나쁜 대상과 좋은 대상을 분
열시킨다. 분열은 좋은 것을 비축하고 유지하기 위한 유아적인 방
법이다. 분열을 통해 좋은 대상을 나쁜 대상으로부터 분리시켜, 좋
은 대상이 나쁜 대상에 의해 파괴되거나, 손상당하지 않도록 하는
것이다. 이는 유아들의 내적인 환상에서 벌어지는 일이다. 분열의
방어과정을 통해 환상 속에서 나쁜 대상을 공격하여 파괴하고 좋
은 대상을 보호한다. 이는 외부의 공격과 박해를 방해하는 원초적
이고 유아적인 방어 수단이다.

여기서 좋은 대상은 자신의 욕구를 만족시키고 채워 주는 대상이며, 나쁜 대상은 좌절시키고 채워 주지 않는 대상을 의미한다. 유아들의 관점에서 보면 신체에서 경험하는 따뜻함, 배고픔과 갈증을 채워 주는 우유와 물, 친절하고 부드러운 목소리 등과 같은 환경은 좋은 대상으로 경험되지만, 반면에 어른에게는 사소해 보일지 모르지만 만족스럽지 못한 수유, 날카로운 소리와 고성, 차갑고 까끌까끌한 신체의 느낌은 나쁜 대상으로 경험된다. 그 나쁜 대상들은 자신을 파괴하고 공격하는 것으로 이해되기에 유아는 이를 공포로 경험한다. 유아는 자신의 환상 속에서 그 나쁜 대상을 파괴시키고 좋은 대상을 분열시켜 보호하고 훼손을 막으려 한다. 이것이 초기 유아의 대상관계의 성격을 이루게 된다.

그런데 유아는 그 좋은 대상과 나쁜 대상에 대한 느낌을 동일한 양육자에게서 모두 경험한다. 자신을 만족시켜 줄 때 양육자는 좋은 대상으로 경험한다. 하지만 양육자는 완벽하게 만족을 제공하기 어렵다. 양육자 스스로 인식하지 못하는 사이에 사소한 부분에서 유아에게 실망감을 줄 수 있다. 그렇기에 유아는 동일한 양육자에 대해 한편으로는 좋은 대상으로, 또 다른 한편으로는 나쁜 대상으로 경험하고 이에 대해 명확한 구분을 하지 못한다. 이렇듯 대상에 대한 통합적인 이해에 도달하지 못한 상태에서 보이는 편집분열자리에서의 대상관계의 성격을 전체대상관계와 구분해 부분대상관계라고 부른다.

3) 부분대상관계

앞에서 언급했듯이 인간의 첫 대상관계는 죽음의 본능에서 기인한 가혹하고 파괴적인 공격성으로 인해 형성된다. 현실세계와 실제 외부 대상에게 자신의 파괴적 공격성을 투사시켜 부분대상관계가 만들어진다. 이 지점에서 양육자의 태도와 외부 환경의 중요성이 강조된다. 아이는 편집성 공포로 외부 세계를 투사시켜 이해하는데, 양육자가 이를 적절하게 수용하면서 사랑의 태도로 받아 준다면 아이가 가진 편집성의 공포는 누그러지고 수정된다. 이런 과정으로 선천적인 파괴성과 이로 인해 탄생하는 가혹하고 파괴적인 대상세계는 완화되기 시작한다. 하지만 무관심하고 우울한 양육자가 아이의 파괴적인 환상을 수용하지 못하면, 아이는 외부 대상에 대한 자신의 예상과 기대가 옳았음을 다시금 확인하게 된다. 그런 결과로 편집적인 내적 대상관계의 성격은 더욱 강화되고 고착된다.

놀이치료 현장에서, 자녀들이 지나치게 떼를 쓰고 고함을 지른다고 호소하며 상담자를 찾는 부모들이 많다. 이런 자녀들을 돌봐야 하는 부모의 양육 스트레스는 이루 말할 수 없을 것이다. 그들이 떼를 쓰고 울부짖는 것은 부모와의 관계에서 좌절을 경험했을 때이다. 부모가 이에 무관심하고 오히려 화를 내기 시작하면, 마치 이제 곧 부모가 자신을 떠나 버릴 것이라고 생각하며 더 울부짖는다. 자녀들이 떼를 쓰고 고함을 지르는 것을 파괴적 공격성의 투사로 볼 수 있다. 자신을 가혹하게 대하고 파괴시키는 대상을 외부로 돌리는 것이다. 이때 부모가 이를 견디지 못하거나 오히려 자녀의 이런 태도에 벌을 주게 되면, 자녀들은 편집적 공포가 강화될 수 있다. 이로써 자신의 예상과 기대가 옳음을 무의식적으로 경험한다.

이렇게 고착된 편집적인 내적 대상세계가 성숙하지 못하고 성인기에 유지된다면, 동일하게 부분대상관계를 외부의 타인과 맺게 되는 결과가 발생한다. 사람을 신뢰하지 못하고 타인의 말과 행동의 진짜 의도가 무엇인지 늘 의심하게 된다. 실제로 신뢰하기 어려운 사람도 있기는 하지만, 이런 내적인 부분대상관계의 성격이 항상 밖으로 옮겨진다면, 어려움을 겪게 되리라는 것은 쉽게 이해할 수 있다. 또한 편집성의 공포로 인해 분열이라는 방어기제가 불가피하게 사용된다. 분열 방어기제를 성인기에도 사용하는 사람은 타인의 좋은 측면과 나쁜 측면을 통합할 수 있는 능력이 부족하기에 한 사람을 지나치게 이상화했다가도 보통의 사람은 감지하지 못하는 사소한 부분에서 실망을 경험하면 크게 좌절한다. 좋고 나쁨의 통합이 미비하면, 결국 감정의 널뛰기를 경험할 수밖에 없게 된다. 또한 자신이 속한 공동체를 아군과 적군으로 분열시켜 자신의 편을 만들고 좋은 것을 보호하려고 한다. 그렇게 해야 공격받고 박해받는다는 환상에서 자신을 보호할 수 있게 된다.

이런 분열기제를 사용하게 되면 손쉽게 자신을 안전하게 보호한다는 느낌을 얻을 수 있을지 모르지만, 결국 현실검증의 측면에서 보면 이는 현실세계에 대한 부인이며 부정이라고 볼 수 있다. 편집분열자리에 고착되어 있다면 결국 세상은 전쟁터로 인식될 수밖에 없으며, 늘 누군가로부터 박해받고 손상당한다고 경험할 수밖에 없어 자신을 보호해야만 한다. 이렇게 좋은 것을 비축하려는 시도는 대상을 향해서 그리고 자기 자신을 향해서도 이루어지게 된다. 대상의 좋은 것을 비축하려는 시도와 함께 자기 자신의 좋은 것을 유지하려는 시도로 강력한 통제의 방법을 사용하지 않을 수 없게 된다. 그리고 그것은 곧잘 임상장면에서 상담자에 대한 이상화와 평가절하로 나타나게 된다. 곧, 상담자를 이상화시켜 상담자를 좋은 대상으로 유지시키려 하거나, 반대로 상담자를 평가절하하면서 자신을 보호하려고 한다.

편집분열자리에서 경험되는 불안이나 이로 인해 작동되는 방어들이 보다 적절하고 건강하게 성숙하기 위해 필요한 것은 대상에 대한 전체적인 인식이다. 편집분열자리에서 유아는 분열이라는 방어기제를 사용하기 때문에 대상을 통합하여 이해하기 어렵다. 대상은 좋거나 나쁘거나 할 뿐이다. 한 대상을 향해서도 좋은 측면과 나쁜 측면으로 분열시켜 이해하기에 대상관계에서 감정의 커다란 기복을 경험할 수밖에 없다. 자신에게 주목하고 세심하게 돌보는 대상에 대해서 이상화하고 따르지만, 사소한 실수가 나타나면 극심한 분노에 대상에 대한 복수심을 키운다. 흥미로운 것은 자기 자신(자아)의 측면 또한 이런 부분대상관계 속에서 분열된다는 점이다. 곧 대상들이 좋거나 나쁜 측면으로 분열됨에 따라 이에 반응하는 자아 또한 좋거나 나쁜 측면으로 분열된다. 자기 자신에 대한 통합이 어렵게 되면서, 때로는 자신이 고갈되었다고 느끼거나, 때로는 자신에 대해 비현실적인 전능감에 빠지기도 한다. 이것이 감정조율을 어렵게 하는 이유가 된다. 이 분열을 극복하기 위해서는 대상에 대한 그리고 자기 자신에 대한 통합적이고 현실적인 이해가 필요하다. 만약 나쁜 것과 좋은 것을 적절하게 통합해 갈 수 있는 능력을 갖게 된다면 이런 편집분열자리의 방어들은 불필요해진다. 그러므로 사랑과 미움이 적절하게 통합되어야 한다.

3. 우울자리

1) 전체대상관계와 우울불안

사랑과 미움의 통합이 이루어 가는 발달적 성취는 클라인이 '우울자리'라고 부른 발달지점에서 일어난다. 그녀에 따르면, 생후 첫 4개월이 지나면서 유아는 전체대상을 내면화시키는 발달적 성취를 이루기 시작한다고 보았으며, 이를 '우울자리'라고 불렀다(Klein, 1935: 256). 이런 발달적 성취를 통해 유아는 분열된 대상 인식을 극복하고 전체적인 대상 이미지를 갖게 되어 전체대상관계가 가능해진다. 하지만 우울자리에 도착했다고 해서 문제가 완벽하게 해결되는 것은 아니다. 이 우울자리에서 사랑과 미움의 통합은 또 다른 불안을 야기하게 되는데, 그것은 전체대상을 파괴했다는 우울불안이다. 대상에 대해 좋은 것과 나쁜 것을 통합적으로 이해하게 되면, 그 대상을 향해 가졌던 증오나 미움은 죄책감으로 돌아오기 마련이다. 사랑하는 대상을 향해 가졌던 증오는 대상을 행여나 손상시키지 않았나 하는 죄책감과 불안으로 돌아온다. 편집분열자리에서의 불안은 대상이 자신을 손상하게 할지 모른다는 편집불안이라면, 우

울자리에서의 불안은 자아가 대상을 손상시켰을지 모른다는 우울
불안이다.

이 발달 과정에서 유아는 사랑하는 대상을 공격했다는 사실에 죄
책감을 느끼게 된다. 사랑과 미움이 통합되었을 때, 자아는 동일한
대상에게 두 가지 상반된 감정을 가졌다는 것에 대한 죄책감을 느낀
다. 우울자리에서 이 죄책감을 견디지 못하거나 다루지 못하게 되
면, 결국 다시금 손쉬운 편집분열자리에서의 분열방어로 돌아가거
나, 아니면 조증상태에서 전능감을 느끼면서 대상을 손상시켰음을
부정하려고 한다. 이 우울자리에서의 핵심 과제는 결국 죄책감을
다루는 것이다. 이는 누군가를 향한 자신의 마음속 파괴적인 공격
성이 적절하게 수용되는 것을 경험해야 한다. 이를 기반으로 우울
자리에서 죄책감을 잘 다루기 위해서는, ① 자신의 파괴적 공격성이
인간적이고 자연스러운 일임을 경험하고, ② 대상을 회복시키는 능
력이 자신에게 있음을 확신해야 한다. 다음의 사례를 살펴보자.

> 심한 빈뇨 증세로 아동 분석에 의뢰된 내담자 R은 초등학교 2학년 아동이
> 었다. R은 상담자와 관계가 친밀해지면서, 상담자에게 자신의 불안을 이야
> 기하기 시작했다. R은 동생이 혼났으면 좋겠다고 빌었기에 동생이 아빠에
> 게 심하게 혼나게 되었고, 부모님이 죽었으면 하는 생각을 했기에 엄마 아
> 빠가 심하게 싸우게 된다고 이야기해 주었다.

이 내담아동 R은 대상을 파괴했을지 모른다는 우울불안을 상
담자에게 이야기하고 있다. 우울자리에 있는 R은 이런 대상 파괴

의 환상을 자주 경험하게 되며, 그렇기에 심한 죄책감을 경험한다. R은 외부에서 벌어지는 불행한 일이 모두 자신의 잘못 때문이며, 부모의 갈등이 자신의 마음속 파괴성의 대가라고 인식하는 우울불안을 경험하고 있다. 이 우울자리에서 다루지 못한 죄책감이나 우울불안의 긴장이 아마도 R의 빈뇨증세와 관련이 있을 것이라고 추정해 볼 수 있다. 우울자리에서의 문제해결력이 빈약해진다면, 성인이 되어서도 자신이 사랑받을 자격이 없는 사람으로 경험하며, 타인과 사랑을 주고받는 능력에 있어 큰 어려움을 겪게 된다. 중요한 외부 대상과 혹 조그만 갈등이 생겨나면 그 갈등이 자신 때문이라고 자책하고, 자신의 사소한 말과 행동이 행여나 상대방에게 큰 상처를 주지는 않았을까 불안을 느낀다. 상대방은 전혀 관심 없지만, 그 대상에 대해 큰 책임감을 느껴 무엇인가를 해 줘야 할 것처럼 경험한다. 어려움을 겪고 있는 친구에게 위로의 한마디를 건네지 못한 자신을 심히 자책하며 인정머리도 없는 인간으로 경험하기도 한다. 이는 이 우울자리에서 죄책감을 다루는 능력이 부재하다는 것을 보여 준다.

앞의 내담아동 R은 자신의 마음속 파괴적 공격성인 인간적이고 자연스러운 것임을 경험하면서 자신의 공격성을 수용해야 한다. 인간에게는 누구나 미움과 증오의 감정을 느낀다. 그것은 자연스러운 일이다. 편집분열자리에서 그것은 투사되어 자신이 공격받는다고 경험한다. 하지만 실제 수용적이고 친절한 환경 속에서 그 투사된 공격성은 완화된 형태로 투사한 사람에게 돌아온다. 이것을 내사라고 부른다. 그리하여 그 마음의 미움과 증오는 점차 견딜 만한 것으로 수정된다. 수용적인 외부 환경의 도움은 내적 대상세계를 변화시키기 위해 필수적이다. 이를 통해 자신의 공격성을 통합하고 수용한다. R은 자신의 적의에도 불구하고 이를 견디고 수용하는 대상과의 관계에서 지금의 어려움을 이겨 낼 수 있다.

2) 사랑할 수 있는 능력

R은 자신 안에 사랑의 능력이 존재하며 그것이 신뢰할 만한 것임을 경험할 수 있어야 한다. 클라인은 사람에게 선천적인 공격성뿐만 아니라 사랑으로 회복하려는 선천적인 따뜻함이 존재한다고 믿었다. 그런 능력이 표현되었을 때 이를 알아봐 주고 확인시켜 주는 외부 대상이 존재해야 한다. 이로 인해 사랑의 능력이 전반적으로 우세한 가운데 미움과 증오는 내적 대상관계에서 통합된다. 다음의 상담 예시에서 상담자가 겪고 있는 어려움을 통해 이를 살펴보자.

> 100회기 이상 상담을 받았던 내담자가 최근 3개월간 상담을 연기하자 상담자 Q는 짜증이 일기 시작했다. 내담자는 다음 주에 만나고 싶다고 하면서 한 주 한 주 상담을 연기했고, 그렇게 3개월의 시간이 흘렀다. 상담을 그만두겠다고 말하지는 않았지만, Q는 마치 내담자가 자신의 무능함으로 상담을 연기하는 것이라고 느꼈고, 이럴 바에야 차라리 상담을 종료하고 싶다고 생각했다. 상담을 미루는 내담자는 시간 변경을 요구하지도 않았고, Q 또한 적극적으로 상담 시간 변경에 대해 이야기하거나 내담자의 상담 연기에 대해 개입하지 않았다.

　앞의 사례에서 어떤 이유인지 모르지만 내담자는 3개월 간 상담을 연기했다. 이는 내담자의 저항일 수도 있지만 100회기가 넘은 시점에서 일어난 일이기에 상담자의 돌봄에 대한 일종의 테스트일 수도 있다. 곧, 상담자가 자신을 주목하고 있는지, 혹은 자신에게 관심을 보이고 있는지에 대해 무의식적으로 상담자를 시험해 보는 것이다. 한 내담자는 이제 상담을 종결해도 될 것 같다고 내게 이야기했고, 이에 내가 동의하자 심하게 화를 내기도 했다. 내게 자신이 기대하던 답변이 아니라고 하면서 어떻게 상담자가 말리지도 않느냐고 이야기해 주었다. 이렇듯 어떤 내담자는 상담자가 자신에 대해 각별한 마음을 갖고 있는지 여러 가지 방식으로 확인하려고 한다. 그렇기에 앞의 사례에서 상담자 Q는 내담자에게 더 적극적인 자세로 개입할 필요가 있었는지도 모른다.

　이 사례에서 Q는 내담자가 상담회기에 나오지 않는 상황을 자신의 무능함과 연결시켰다. 자신의 상담에 별다른 효과가 없기에 내담자가 상담을 연기하게 된 것이라고 생각하고 한편으로 죄책감을 느끼면서 다른 한편으로는 짜증을 느낀다. 내담자를 향한 사랑과 미움의 감정을 경험하면서 우울자리의 갈등을 경험하자 상담자는 차라리 상담을 종료해야겠다고 생각한다. 여기서 상담자는 내담자를 향한 죄책감을 잘 다루지 못하는 것으로 평가할 수 있다. Q는 자신에게 회복하고 사랑할 만한 능력을 확신하지 못하고 있다고 말할 수 있다. 이것이 3개월 동안 상담자 Q가 아무런 개입도 하지 않은 이유였을 것이다. 차라리 상담을 종료하는 게 낫겠다고 생각하면서 이 갈등을 회피하려고 했다. 어쩌면 내담자는 이런 상담자의 태도에 무심하다고 느낄지 모른다. 자신에게 별다른 관심이 없을 것이라고 경험할 수도 있다. 그럼에도 Q는 자신의 무능함에 집중한 나머지 이 관계를 회피하려고 하고 있다. 여기서 상담자 Q가 회복시켜야 하는 부분은 사랑할 수 있는 능력이다. 자신의 상담과 돌봄에 대해 깊이 확신하는 태도가 배양되어야 한다. 이것이 우울자리의 불안과 갈등을 극복할 수 있는 중요한 방법이다.

반면, 이 우울자리에서 죄책감을 다루지 못하고 괴로워하거나 대상을 공격했다거나 손상시켰을 것이라고 강하게 느끼는 내담자가 상담을 받으면, 내담자는 그 갈등을 피하기 위해 착한 내담자의 역할을 맡으려 할 것이다. 행여나 상담자를 손상시키는 것은 아닐까 걱정하며 상담관계에서 상담자를 맞춰 주고 즐겁게 하는 역할을 할 수 있다. 이런 내담자에게 필요한 것은 자신의 공격성이 얼마나 파괴적인 것으로 경험되어 마음 한켠에 분리되어 숨겨져 왔는지 보는 것이고, 그것이 사실은 인간적이고 자연스러운 것임을 경험하는 것이다. 이는 자신의 마음과 증오가 대상을 파괴하지 않을 것임을 깨닫는 것이다. 상담자는 지금-여기의 상담관계를 적절하게 이용하여 그런 내적 대상관계의 근원이 어디에 있는지 통찰하도록 도와야 한다. 나아가 자신에게 있는 사랑과 회복 능력에 대해 깊이 확신할 수 있도록 도와야 한다.

3) 환경의 영향

클라인의 입장에서 보면 우울자리는 전 생애에 걸쳐 미해결 과제로 남게 된다. 다만 초기 양육자가 아동이 보이는 사랑과 돌봄의 시도를 공감적으로 반영한다면, 아동은 대상에 대한 사랑과 회복 능력에 대해 확신이 생겨 우울자리의 갈등을 손쉽게 다루게 된다. 한편, 아동이 양육자가 자신을 돌봐 준 것에 대해 깊은 감사의 태도를 형성하여, 대상의 악의나 증오를 수용하고 용서할 수 있게 된다면, 우울자리를 비교적 잘 견뎌 낼 수 있다. 우울자리에서 대상을 손상시켰다는 죄책감에 아동은 회복을 시도한다. 이때 부모가 이를 공감하여 받아들이고 충분히 알아봐 준다면, 우울자리를 보다 더 잘 극복할 수 있다. 그런 자신의 파괴적 공격성에도 자신을 아낌없이 돌봐 주고 사랑해 준 부모에 대한 감사는 이 우울자리를 다루는 적절한 감정적 상태이다. 자아를 향했던 대상의 증오와 악의는 이런 과정을 통해 적절하게 수용할 만한 것이 되어 자아를 크게 동요시키지 않게 된다. 결국 부모가 우울자리에 있는 아동에게 어떻게 반응하느냐가 중요한 과제이다. 양육자의 태도를 통해 아동은 평생 자신에게 살인마와 같은 파괴적인 공격성이 존재하기에 이를 억압하며 살아야 한다고 믿거나, 늘 반성하고 회개해야 할 죄인으로 경험해야 하는지, 혹은 관계를 회복할 만한 사랑의 능력을 갖고 있다고 믿게 될 것인지가 결정된다.

자신의 마음속 증오가 대상을 회복시키는 자신의 사랑보다 더 강하다고 체험하거나, 외부 대상이 자신을 향하는 태도에 사랑보다는 강한 적의를 지속적으로 경험하게 된다면, 우울자리에서의 갈등과 불안은 누그러들지 않는다. 그렇게 되면 편집분열자리와 우울자리를 오고 가면서 유아적 방어기제를 더 견고하게 만드는 결과를 가져오게 된다.

4. 클라인의 공헌

편집분열자리와 우울자리에 대한 클라인의 논의는 부분대상관계와 전체대상관계의 성격이 무엇인지를 알려 준다. 이것은 정신분석 상담을 하는 상담자라면 내담자들과의 관계에서 빈번하게 경험하는 주제라는 것을 알게 된다는 점에서 반드시 그 성격과 관계 양상, 그리고 개입방법에 대해 짚고 넘어가야 한다. 편집분열자리와 우울자리에서 경험되는 불안과 갈등은 지금-여기에서의 상담관계에서 또한 재현되기 마련이다. 부분대상관계와 전체대상관계는 상담관계 안에서도 전이되어 나타날 것이라는 점은 명백하다. 그런 점에서 클라인의 대상관계이론은 이후의 정신분석 발전에서 핵심적인 개념적 주제들을 제공했다.

1) 서로 다른 두 정신기능

먼저, 클라인의 대상관계이론은 정신분석 진단에서 경계선 정신기능과 신경증 정신기능에 대한 이해를 심화시키는 데 공헌했다. 경계선 성격의 주요 특징은 감정의 조율이 되지 않고 감정의 심한 기복을 보이며, 대상을 이상화하고 평가절하하는 혼란스런 관계 양상을 보인다는 것이다. 이는 대상과 자기 자신에 대한 통합적인 인식이 어려운 편집분열자리의 불안과 방어를 보여 주는 것으로 볼 수 있다. 반면, 신경증 정신기능은 우울자리에의 불안과 갈등에서 나타나는 통합적인 대상관계를 전제로 한다. 대상에 대한 사랑과 미움이 통합되면서 내적 갈등이 증가할 수밖에 없다. 대상을 온전히 사랑하기도 미워하기도 어려운 우울자리 상태가 내적 갈등을 증가시키는데, 이는 신경증 정신기능의 갈등을 설명해 준다(경계선과 신경증 정신기능에 대해서는 제9장을 참조하라). 이런 점에서 볼 때 클라인의 대상관계이론은 경계선과 신경증 정신기능을 보다 구체적으로 이해하고 그 불안과 방어의 성격을 파악하도록 하는 데 도움을 준다.

2) 방어기제 이해의 심화

클라인의 대상관계이론은 방어기제에 대한 이해도 심화시켰다. 프로이트가 신경증 정신기능을 가진 내담자의 방어기제를 억압 중심으로 설명했다면 클라인은 분열이라는 보다 원시적이고 유아적인 방어기제를 중심으로 사람의 마음작용을 설명했다. 분열은 보다 대상관계의 성격에 맞춰진 방어기제로 대상과 자기 자신에 대한 경계가 희미한 편집분열자리에서 사용되는 주요 방어기제이다. 대상과 이에 반응하는 자기 자신의 측면을 각각 분열시킴으로써 좋은 것을 비축하고 유지하려는 시도가 분열이다. 반면, 억압은 대상에 대해 전반적으로 통합된 인식에 도달했을 때 사용할 수 있는 방어기제로 분열보다는 성숙한 인격의 측면을 반영한다. 그렇기에 전반적으로 다양한 방어기제는 분열계열의 방어기제와 억압계열의 방어기제로 나누어 설명할 수 있다.

3) 상담개입의 변화

마지막으로 클라인의 대상관계이론은 상담개입의 측면에서도 커다란 공헌을 했다. 물론 클라인 자신은 해석을 정신분석에서 가장 중요한 개입방법으로 생각했고, 이런 상담개입의 변화에 주목하지 않았다. 하지만 앞에서 살펴보았듯이, 지금-여기의 상담관계에서 분열계열의 방어기제, 곧 부분대상관계를 보이는 내담자와 억압계열의 방어기제, 곧 통합된 대상관계를 보이는 내담자를 대하는 상담의 개입방법은 차이를 보인다. 다음의 두 상담 예시를 통해 이를 살펴보자.

> 회사에서 동료들과의 갈등으로 어려움을 겪고 있었던 30대 남성 내담자 N은 한 주에 두 번씩 상담자를 만나고 있었다. 회사 동료들이 자신을 헐뜯고 무시한다고 호소하는 N에게 상담자는 동료들의 의도가 과연 그러한지 구체적으로 이야기해 보자고 제안했다. 이후에 갑자기 N은 하루에도 수십 개의 메일과 문자를 상담자에게 보내며 자신을 조롱한 것에 대해 사과할 것을 요구했다. 제대로 된 상담자가 맞는지 의심스럽다며 상담자의 자격을 증명할 것을 요청했다. 그러다가 며칠이 지나 내담자는 자신이 너무한 것 같다며 사과했다.

무기력과 우울증을 호소하며 상담을 받던 내담자 J는 어느 회기에 은행직원에게 내뱉은 불평의 말 한마디로 기분이 대단히 저조해져 상담실을 찾았다. J는 은행에서 번호표를 뽑고 자신의 차례를 기다렸다. 자신의 차례가 되었지만, 누군가 새치기를 한 탓에 화가 치밀어 올랐던 J는 은행 직원에게 번호표를 확인해야 하지 않느냐며 비교적 정당한 이의제기를 했다. 직원은 불편을 드린 점에 대해 사과했고 별다른 문제없이 은행 일을 마쳤다. 하지만 J는 은행 직원에게 자신이 너무 심한 말을 했다고 생각하며 며칠 동안 괴로워했다.

앞의 상담 예시들에서 N은 편집분열자리의 불안을 느끼고 있다. 곧, 누군가가 자신을 공격하고 박해하고 있다는 불안을 느끼고 이를 방어하려고 한다. 회사에서 무슨 일이 일어나고 있는지 모르지만, 지금-여기의 상담관계에서 동일한 불안을 경험하고 있음이 확인된다. 동료들이 어떤 의도가 있는지 찬찬히 살펴보자는 말에 심한 모욕감을 느낀 N은 자신의 분노를 제어하지 못하고 상담자를 공격하고 있다. 설사 회사에서 무슨 일이 일어나고 있는지 상담자가 볼 수 없다고 해도, N과의 관계에서 상담자가 직접 경험하는 관계의 교류 양상은 내담자의 어려움이 비교적 편집분열적인 경험에 의한 것임을 알 수 있게 된다. 이런 경우 내담자는 자신을 위하는 좋은 대상과 그렇지 않은 나쁜 대상으로 세상을 분열하고 그 분열에 맞춰 대상에게 반응하는 자아 역시 극명하게 분열된다. 이는 상담관계에서 극명하게 나타나고 있다. 상담자가 자신을 위할 때는 좋은 대상이 되지만 아주 사소한 부분에서 자신을 만족시키지 않을 때 상담자는 나쁜 대상이 된다. 이에 따라 상담자가 좋은 대상으로 경험될 때는 상담자를 이상화시키고, 그 반대의 경우에는 상담자를 비난하고 평가절하한다.

반면, J는 우울자리의 불안을 느끼고 있다. 곧, 다른 사람을 행여나 공격하거나 손상시켰을까 봐 불안해한다. 은행에서 누군가가 자신의 차례를 새치기한 것은 누구에게나 짜증과 화를 불러일으킨다. J는 이 분노를 번호표를 확인하지 않고 손님을 응대한 직원에게로 돌렸다. 직원이 번호표를 확인하지 않은 것이기에 일정 부분 불평의 대상이 될 수 있고, 또한 내담자는 은행직원에게 과하지 않은 정도의 이의제기를 한 것으로 보인다. 그럼에도 J는 며칠 동안 자신의 언행이 그 직원에게 큰 상처를 주었을 것이라 생각하고 불안해한다. 그렇기에 J는 갈등의 상황에서도 싫은 소리, 불평의 소리, 자신의 감정을 당당하게 드러내는 표현을 할 수 없게 된다. 차라리 자신이 참고 말지라는 희생과 포기의 마음이 강화된다. 그리하여 분노하고 불평하고 짜증내는 자아의 부분을 억압한다.

앞의 두 사례에서 N은 경계선 수준의 정신기능을 가졌으며, 또한 분열 중심의 방어를 하고 있음이 드러난다. 자기 자신과 대상에 대한 경계가 J에 비해 희미하고 뚜렷하지 않다. 이런 상황에서 투사와 투사적 동일시 그리고 내사와 같은 유아적이고 원시적인 방어기제가 사용될 가능성이 높다. 반면에 J는 신경증 수준의 정신기능을 가졌으며, 억압 중심의 방어를 하고 있다. 자기 자신과 대상에 대해 N보다 더 명확한 경계하는 느낌을 갖고 있다. 우울불안이 강한 탓에 감정의 격리나 억압과 같은 방어기제를 사용하게 될 가능성이 높다.

앞의 비교가 중요한 것은, 내담자 J에게 필요한 상담적 개입과 N에게 필요한 개입이 상당히 다르기 때문이다. N에게 마음의 작용에 대해 설명하거나 해석하는 일은 비교적 무의미한 것으로 판명된다. 대상에 대한 경계가 희미한 탓에 좌절을 견디기 어렵기 때문이다. 오히려 J에게 필요한 상담개입은 지지하기가 어울린다. 여기서 지지하기는 약화된 자아를 상담자가 대신하여 강화시켜 주는 개입방법을 의미한다. 내담자의 자아는 부서지기 쉬운 유리그릇 같기에 스스로 위로하거나 격려하는 기능 그리고 현실을 제대로 인식하고 파악하는 현실검증의 능력이 약화되어 있다. 그렇기에 상담자는 지지하기 기법을 통해 약화된 자아의 기능을 대리한다.

하지만 J에게 지지하기 기법은 N에 비해 덜 사용된다. 상담에서 내담자의 약화된 강도를 지지해서 도움을 주는 것은 누구에게나 유효하다. 다만 자아에 어느 정도 강도를 가진 내담자에게 지나친 지지하기는 오히려 지나치게 어린아이처럼 취급할 가능성이 있어 반감을 줄 수 있다. 연민을 느끼며 공감할 수 있는 능력을 갖추고 있는 J는 N에 비해 자아의 강도가 있으며 현실을 충분히 검증할 수 있는 능력도 있다. 그렇기에 J에게는 마음의 작용을 설명하고 해석하는 과정이 더 유익하다. 그런 불안을 경험하게 된 배경과 그것이 지금-여기의 상담관계에서 어떻게 작용하고 있는지를 볼 수 있도록 도움을 준다면 J의 우울불안은 경감되고, 더불어 상담에서 큰 유익을 얻게 된다.

편집분열자리에서의 불안을 경험하고 이에 따라 분열의 방어기제를 형성한 내담자에게 필요한 것은 대상이 자신에게 보복하고 공격할 것이라는 공포심이 완화되는 것이다. 반면, 우울자리의 불안과 방어를 가진 내담자는 자신이 대상을 회복하도록 할 수 있다고 확신하여 죄책감을 다루는 것이 필요하다. 이런 과제들은 지금-여기의 분석관계에서 오고 가는 관계를 통해 드러나고 이해되며 경험되는 것을 통해 효과적으로 그리고 강력하게 개입될 수 있다. 그렇기에 상담자는 내담자가 상담관계에서 보이는 관계양상과 그리고 상담관계 밖에서 다른 인간관계 양상을 비교하여 그 대상관계를 적절하게 파악해야 한다. 나아가 이것을 어린 시절 양육배경과 연결시켜 이해할 수 있어야 한다. 결국 정신분석 상담자는 이세 가지 대상관계의 양상에 대해 주목해야 한다. 그것은, ① 지금-여기의 상담관계에서 보이는 대상관계 양상, ② 상담관계 밖에서 보이는 대상관계 양상, ③ 어린 시절 양육자와의 대상관계 양상이다. 이 세 가지 대상관계 양상을 주목하고 연결시키는 과제가 정신분석 상담에서 핵심적이다.

5. 상담자를 향한 공격성의 의미

이번 장을 마치기 전에 한 가지 중요한 것을 언급하고자 한다. 앞의 N의 사례에서 N은 상담자에게 분노를 쏟아 내며 공격성을 보였다. 편집분열자리에서 경험되는 감정으로 인해 상담자를 향한 이런 공격성은 상담자를 자주 힘들게 하고 지치게 하는 요인이 된다.

하지만 거의 모든 내담자가 상담자에 대해 분노를 경험하고 공격성을 직접적으로든 우회적으로든 아니면 자신을 향하게 하는 방식으로든 표현한다. 그 공격성을 이해하고 다루는 것이 정신분석 상담자에게는 중요한 부분이 된다. 하지만 여기에서 정신분석 상담자가 알아야 할 중요한 한 가지 사실은 상담자를 향한 공격성이 갖고 있는 무의식적인 의도이다. 상담자에게 공격성을 보이는 것은 실제 현실세계의 대상자들로부터 안정적인 지지와 돌봄을 받고 싶어 한다는 무의식적 소망이 숨겨져 있는 것이다(Klein, 1964). 상담자의 좋은 측면을 유지하고 나쁜 측면을 제거하려는 유아적 의도가 그 공격성 가운데 숨어 있다. 이는 달리 말해 상담자의 안정적인 지지와 돌봄을 통해 자신의 내적 세계를 변형시키기를 원하고 있다는 것을 상담자에게 무의식적으로 호소하는 것이다. 다음의 상담 예시를 보자.

살고 싶지 않다는 생각을 자주 반복했던 내담자 S에게 상담자는 그것이 부모를 향한 우회적이고 돌이킬 수 없는 보복이 될 수 있다며 이에 대해 탐색해 보자고 제안했다. 그 후로 S는 몇 주 연속으로 아무런 연락 없이 상담에 나타나지 않았다. 상담자의 연락도 받지 않았기에 그동안 상담자는 혹시나 자신의 해석으로 S에게 불길한 일이 일어난 것은 아닌가 싶어 걱정되기도 했지만, 아무 연락도 하지 않는 그의 행동에 짜증과 분노가 일기 시작했다.

내담자 S와 상담자의 관계 속에는 보이지 않는 보복 행동이 오고 가고 있다고 볼 수 있다. 계속적으로 살고 싶지 않다고 말하는 내담자 S의 말은 아무리 상담자라고 해도 짜증이 나기 마련이다. 이런 경우 상담자는 해석이나 직면을 통해 우회적으로 내담자에게 짜증을 나타낼 수 있다. 하지만 앞의 사례에서 S는 상담자의 해석을 자신을 가혹하게 공격하는 것으로 받아들였고 연락 없이 상담에 나타나지 않음으로 상담자의 마음을 불편하게 만들었다. 이런 경우 상담자는 불길한 상상에 사로잡혀 삶의 일상에 큰 영향을 받을 수 있다. 그리고 이런 불편감을 준 내담자에 대한 분노를 경험한다.

그런데 이렇게 S가 지속적으로 살고 싶지 않다고 말하는 것과 또한 상담에 나오지 않아 상담자를 공격하는 행동의 숨겨진 의미가 있다. 그것은 상담자의 지지와 돌봄을 받기 위함이다. 그 지지와 돌봄을 자원 삼아 자신의 내적 세계를 변형시키기 원한다는 것이 내담자의 공격성에 숨겨진 무의식적 의도이다. 상담자에게 다시금 보복당할 것이라는 박해의 불안과 내적 기대가 현실세계에서 깨어지게 되면 내담자의 내적 세계는 변화되기 시작한다. 따라서 대상이 자신을 가혹하게 대하는 것만은 아니라는 사실을 경험하는 것이 중요하다. 만약 상담자에게 불편감이 커져 결국 상담관계를 종료시키거나, 내담자에게 회복될 것을 강요하면서 통제한다면 그것은 보복 행위가 될 것이고, 결국 내담자의 편집적인 내적 대상관계는 더욱 강화될 것이다.

더 읽을거리

이재훈 역(2006). 임상적 클라인: 이론과 실제. 힌셜우드 저. 서울: 한국심리
　　치료연구소.

최영민(2010). 쉽게 쓴 정신분석이론: 대상관계이론을 중심으로. 서울: 학지사.

홍준기 역(2020). 클라인 정신분석 입문. 한나 시걸 저. 서울: 눈.

한 사람이 일생을 시작하면서 어떻게 자기 자신을 이해하고 타자를 이해할 것인지는 초기 양육자와의 대상관계에 달려 있다. 양육자가 나를 어떻게 바라보고 이해하는가에 따라 그 시각과 관점이 일종의 거울의 역할이 되어 나 자신을 이해하고 바라보는 시각과 관점으로 마음에 깊이 자리 잡게 될 것이다. 특별히 언어 이전의 관계에서 경험되는 부드러움과 따뜻함의 느낌과 이를 전달해 주는 목소리와 촉감은 자기 자신과 타자에 대한 이해에 근원적인 경험으로 작용하게 되어, 평생에 걸쳐 다른 사람과의 관계를 인식하고 평가하는 데 무의식적으로 강력한 영향력을 끼치게 된다.

제4장에서 살펴봤던 클라인의 대상관계이론에 따르면, 인간의 본능에 선험적으로 대상의 정보가 포함되어 있으며, 그렇기에 그 본능은 내적 대상관계로 이해되고 번역될 수 있다. 예를 들어, 죽음의 본능은 누군가가 나를 미워하고 증오하는 대상관계 이미지와 환상으로 이해될 수 있다. 이 대상관계는 양육자에게 투사되어 양육자와의 관계를 이해하는 틀 혹은 구성단위가 된다. 곧, 이것이 투사되면 양육자가 자신을 박해하고 핍박하는 나쁜 대상으로 인식되어 양육자에게 공격성을 보이게 된다. 하지만 양육자가 공감적적으로 반영하면서 이를 수용하고 받아 주게 되면, 점차적으로 아동의 내적 대상세계는 수정되고 변화된다. 반면, 양육자가 아동의 공격성에 대해 이해 못하고 보복을 하게 되면, 박해받고 공격하는 대상세계의 성격은 더욱 견고해진다. 그런 점에서 환경은 중요한 역할을 하며, 인간의 성격구조는 본능과 환경의 상호적인 영향 속에

서 형성되어 가는 것이라고 말할 수 있다.

한편, 삶의 본능 또한 누군가가 나를 사랑해 주고 채워 주고 만
족시켜 주는 대상관계의 이미지와 환상으로 번역할 수 있다. 이것
이 양육자에게 투사되면, 양육자는 자신을 사랑하고 만족시켜 주
는 좋은 대상으로 경험된다. 하지만 양육자가 이렇게 사랑받고 싶
고 관심받고 싶은 아이의 욕구에 적절히 공감해 주지 않는다면, 아
동은 자신이 사랑받기에 무엇인가 부족하다고 인식하며, 나아가
사람들과의 관계에서 자신의 사랑을 확신할 수 없게 되어 위축된
다. 아동은 자신에 대해 사람들에게 사랑받기에도 그리고 사람을
사랑하기에도 부족하다고 스스로를 인식할 것이고, 사람들이 자신
을 차갑게 비난하고 거절할 것이라는 암울한 예상이 짙게 드리워
진다. 여기에서 살펴볼 수 있듯이, 대상관계는 자기 자신과 대상,
사랑과 미움의 감정 그리고 사랑과 미움의 변형된 정서적 색채들
(안정감, 따뜻함, 부드러움, 분노, 거절감, 부적절감과 같은)로 이루어져
있는 것을 볼 수 있다. 내담자의 자기 자신과 대상에 대한 이해의
틀과 이런 정서적 색채는 상담관계에도 표현되어 나타날 것이라고
예상할 수 있다.

1. 내적 대상관계의 구성단위

내적 대상관계를 구성하는 단위에 대해서 살펴보기 위해 한 가
지 상담 사례를 살펴보자.

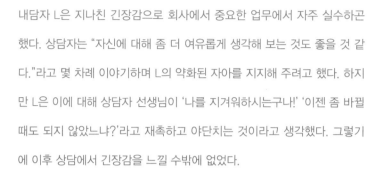

> 내담자 L은 지나친 긴장감으로 회사에서 중요한 업무에서 자주 실수하곤 했다. 상담자는 "자신에 대해 좀 더 여유롭게 생각해 보는 것도 좋을 것 같다."라고 몇 차례 이야기하며 L의 약화된 자아를 지지해 주려고 했다. 하지만 L은 이에 대해 상담자 선생님이 '나를 지겨워하시는구나!' '이젠 좀 바뀔 때도 되지 않았느냐?'라고 재촉하고 야단치는 것이라고 생각했다. 그렇기에 이후 상담에서 긴장감을 느낄 수밖에 없었다.

앞의 사례에서 내담자 L은 따뜻한 지지를 의도했던 상담자의 말을 자신을 비난하고 재촉하는 목소리로 받아들이고 긴장감으로 경험한다. 이것은 L의 내적 대상관계를 반영한다. 이 내적 대상관계의 구성단위는 다음과 같이 이해해 볼 수 있다. ① 서두르고 재촉하는 대상에 대한 이미지와 개념, 환상, ② 위로조차 수용하지 못하고 무엇인가 잘못하고 있다고 느끼는 자기 자신에 대한 이미지와 개념, 환상, ③ 이에 따라 쉽게 경험되는 긴장감과 거절감의 정서적 색채 등으로 설명할 수 있다. 지금-여기의 상담관계에서 관찰할 수 있는 이런 대상관계와 그 구성단위들은 일반 관계에서도 지대한 영향력을 끼치고 있으리라 어렵지 않게 예상해 볼 수 있다. 회사에서의 지나친 긴장감과 이로 인한 빈번한 실수는 L의 이런 내적 대상관계에서 비롯된 것이라고 분석할 수 있다.

이번 장에서는 외부 사람들과의 대인관계를 이해하고 평가하는 내적 대상관계의 구성단위에 대해 살펴보고자 한다. 모든 정신분석이론은 초기 유년시절 발달상의 다양한 경험이 심리내적 구조를 형성하는 데 지대한 영향을 끼치는 것으로 이해한다는 점에서 공통적이다. 특별히 정신분석적 대상관계이론은 초기 양육자와의 대상관계가 무의식적 갈등, 심리구조의 형성과 발달에 큰 영향을 끼치는 것으로 이해한다는 점에서 공통적이다.[1] 나아가 어린 시절에 내면화된 내적 대상관계가 지금-여기의 상담 상황에서 다시금 재현되고 등장한다는 전이구조를 강조한다는 점에서 또한 공통적이다. 곧, 내면화된 심리구조와 그것이 상담관계에 재현되는 전이 구조를 대상관계이론들은 공통적으로 강조한다.

그렇다면 내면화되는 것은 무엇인가? 내면화되는 것은 대상관계이다. 이를 보다 구체적으로 설명하면, 아동이 내면화하는 것은 초기 양육자의 이미지나 표상이 아니다. 중요한 양육자와의 상호작용에서 아동이 내면화하는 것은 자기와 타자 사이의 관계이다. 외부의 대상과 상호적으로 관계를 맺고 있는 자기 자신에 대한 이미지와 형태로 그 관계를 마음에 내면화한다. 그렇기에 실제 외부 대상과의 관계가 실제 그대로 내면화된다기보다는 자기 자신이 경험하는 대상과의 관계가 내면화된다.

> 내담자 H는 자신의 부모가 지나치게 동생만을 아끼는 바람에 자신은 제대로 된 돌봄을 받지 못했다고 상담자에게 이야기했다. 그렇다 보니 자신은 늘 동생을 위해 많은 것을 포기해야만 했고, 동생이 하는 학업과 취업에 도

---

2) 좁은 의미에서 대상관계이론은 클라인, 페어베언(Ronald Fairbairn), 위니컷(Donald Winnicott)의 작업을 중심으로 이루어진 영국학파를 의미하지만, 넓은 의미에서 대상관계이론은 그들의 영향을 받은 영국학파를 포함하여 상호주관성과 관계정신분석, 대인관계이론을 포함하는 것으로 이해된다. 상호주관인 접근은 제7장에서 다시금 다룰 것이다.

움을 주어야만 했다고 불평했다. 더욱 H를 힘들게 했던 것은 현재 H의 부모는 이런 H의 불평에 대해 전혀 인정하지 않는다는 것이었다. 동생에 비해 H를 차별 대우한 적이 없다고 부모는 이야기했다.

내담자 H는 부모가 자신을 제대로 돌봐 주지 않은 것으로 경험했다. 이것은 대상에 대한 이미지로 내면화되었고, 결국 이에 동반하여 동생을 위해 희생하고 돌봐 줘야 하는 자기 자신에 대한 이미지를 마음에 형성했다. 하지만 부모는 실제로 그런 적이 없다고 말한다. 누구의 말을 믿어야 할지 모르겠지만, 분명한 것은 H가 초기 유년시절에 자신과 부모 그리고 자신과 동생과의 관계를 특정한 자기와 대상의 관계의 이미지로 내면화시켰다는 점이다. 이것은 H가 유년시절의 관계 상황을 사실 관계 유무를 떠나 그렇게 느꼈고 이해했다는 것을 의미한다. 그렇기에 초기 유년시절에 내면화되는 대상관계는 실제의 측면을 반영하기도 하겠지만, 내면화시키는 자기 자신의 주관적인 공상에 의해 영향을 받기도 한다.

1) 자기표상과 대상표상

앞에서 살펴보았듯이, 내면화로 형성되는 심리구조는 중요한 대상의 이미지와 상호작용하고 있는 자기 자신에 대한 이미지로 이루어진다. 그렇기에 그 내면화된 대상관계를 구성하는 기본적인 단위 중 하나는 자기 자신에 대한 이미지와 개념 그리고 환상인데, 이를 자기표상이라고 부를 수 있다. 그것은 자기 자신과 관련된 다양한 이미지, 기억 조각, 환상을 포함하는 것으로 주 양육자와의 관계 경험을 통해 큰 영향을 받게 된다. 다른 하나는 대상에 대한 이미지와 개념 그리고 환상인데, 이를 대상표상이라고 부를 수 있다. 이 자기표상과 대상표상은 따로 떨어져 존재하는 것이 아니라 내적 대상관계 안에 얽혀 있다. 그리고 이 내적 대상관계 안에서 다양한 정서적 색채가 일어나게 된다. 정신분석적 대상관계이론에서는 마음의 문제를 일으키는 원인을 자기표상과 대상표상으로 이루어져 있는 내적 대상관계와 그 안에서 빚어지는 정서적 색채에 있다고 이해한다.

초기 유년시절 내면화된 대상관계는 한 사람의 성격구조를 이루고 성인기에 외부 대상과의 관계에 큰 영향을 끼치게 된다. 그것은 성인기에 이르러 자신이 누구인지와 타인이 누구인지에 대한 무의식적인 인식과 평가 그리고 감정 표현의 틀이 되어 대인관계의 형태와 성격을 구성하게 된다. 상담자를 찾아오는 내담자의 내적 대상관계는 현재 타인과의 관계에서든, 지금-여기에서의 상담자와의 관계에서든 반복되고 재현된다. 이 재현을 정신분석에서는 전이와 역전이로 이론화시켰다. 이 부분은 제6장에서 다시 살펴볼 것이다. 여기서 이해하고 넘어가야 할 부분은 한 사람의 내적 대상관계는 자기와 대상 표상으로 이루어져 있으며, 이것이 외부 현실과 대상을 이해하는 근거가 되며, 외부 대인관계의 성격을 결정하는 역할을 한다는 점이다. 또한 내적 대상관계와 외부 대인관계의 주고받는 역동의 과정을 묘사하는 데 자기와 대상 표상의 개념은 유익하다. 관계에서 오고 가는 역동을 묘사할 때, 자기표상 혹은 대상

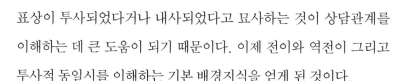

표상이 투사되었다거나 내사되었다고 묘사하는 것이 상담관계를 이해하는 데 큰 도움이 되기 때문이다. 이제 전이와 역전이 그리고 투사적 동일시를 이해하는 기본 배경지식을 얻게 된 것이다.

자기와 대상 표상은 초기 유년시절 양육자와의 대상관계를 통해 대상을 인식하고 경험하는 방식과 함께 그 대상에 반응하는 자기 자신에 대한 태도와 시각을 형성하게 된다는 것을 설명해 주는 개념이다. 학대하는 아버지와 유년시절을 보낸 아이의 예를 들어 보자. 그 아동은 매몰차게 학대하고 파괴하는 아버지(대상)에 대한 시각과 태도를 대상표상으로 내면화시킨다. 더불어 그 학대하는 아버지 대상에 반응하는 자기 자신에 대한 느낌과 이미지를 자기표상으로 내면화시킨다. 그렇게 대상표상과 자기표상은 짝을 이루어 내적 대상관계를 형성하게 되고 이후 외부 대상관계를 평가하고 경험하는 성격의 구조물로 자리 잡게 된다.

학대의 결과로 형성된 내적 대상관계는, 결과적으로 성인기의 외부 대상관계에 두 가지 측면에서 영향을 끼치게 된다. ① 대상에 대한 느낌의 측면에서 보면 학대하는 대상표상을 형성한 아동은 성인기에 자주 대상에 대해 두려움과 공포를 경험하게 된다. 특별히 권위자와의 관계에서 그러할 것이라고 예상해 볼 수 있다. ② 자기 자신에 대해 좋지 못한 느낌을 갖게 된다. 학대하는 대상과의 관계에 아동이 반응하는 방식은 여러 가지가 있을 것이다. 아동은 대상에 대해 분노하거나, 혹은 자기 자신이 뭔가 잘못했다고 자신에게 학대의 원인을 돌릴 수 있다. 후자는 학대하는 대상과의 관계를 유지하기 위해 필요한 자기 자신의 반응 양식이 될 것이다. 이런 경우 자기 자신에 대해 좋은 느낌을 유지하기 어렵고, 이 결핍으로 인해 타인과의 관계에서 쉽게 거절감과 분노감에 사로잡히거나, 혹은 자기 자신을 심히 비난할 수 있다.

2) 정서적 색채

자기표상과 대상표상으로 이루어진 내적 대상관계는 감정과 정서를 동반하게 된다. 앞의 예시에서 보면, 학대하는 아버지에 대해 아이는 유아적 분노와 두려움 그리고 공포의 느낌을 갖게 될 것이다. 이때의 분노와 두려움은 성숙한 자아가 동일한 상황을 경험할 때와는 질적으로 달라서, 강도 면에서도 클 뿐만 아니라, 질적 측면에서도 유아적인 감정이라고 말할 수 있다. 이는 성인기에 아버지와 같은 존재와 관계를 맺을 때 곧잘 나타나는 유아적인 분노나 공포를 설명해 준다. 다음 사례를 살펴보자.

대기업에 근무하던 내담자 R은 업무를 완벽하게 처리하는 것으로 회사에서 인정받았지만, 사소한 실수에 지나치게 자신을 자책했다. 상담에서 자신의 이야기를 좀처럼 하지 못했던 R은 자주 침묵했고, "어떤 기분이세요?"라고 묻는 상담자의 질문에 얼어붙고 위축되는 인상을 줬다. R은 상담자에게 "선생님께서 제게 구체적인 질문들을 해 주셨으면 해요."라고 자주 요청했다. 상담자는 누군가에게 자신의 이야기를 하는 것이 처음엔 힘들 수 있지만, 자신의 이야기를 여기서 풀어 갈 수 있다면 도움이 될 것이라고 이야기하며, 질문을 하지 않는 상담자가 어떻게 느껴지는지 물었다. 그러자 R은 상담자가 '그래 어디 한번 떠들어 보시지.'라고 이야기하는 것 같아 차갑고 무관심하게 느껴진다고 말했다. 이후 R은 비교적 우수한 학업 성적에도 이 정도로 무엇이 될 수 있느냐며 차갑게 반응한 아버지를 어떻게 만족시키려 했는지 이야기했다.

앞의 사례에서 볼 수 있듯이, 내담자 R은 상담자에 대해 유아적 인 두려움을 경험하고 있다. R은 자신의 이야기를 상담에서 풀어 가도록 배려하는 상담자를 '그래 어디 한번 떠들어 보시지.'라고 이 야기하는 냉랭하고 무관심한 사람으로 경험한다. 이는 이후의 연 상에서도 나타나듯이, R의 내적 대상관계에서 비롯된 것이다. 곧, R의 내적 대상관계는 차갑게 비난하고 평가하는 대상과 이에 얼어 붙고 위축되는 자기 자신에 대한 표상으로 이루어져 있다. 그렇기 에 상담자의 친절함이나 부드러움과 같은 실제 측면과는 다르게 유아적 두려움으로 상담자를 경험한다. 아마도 R의 내적 대상관계 와 거기서 비롯된 두려움이 한편으로 비난받지 않기 위해 회사에 서 최선을 다하게 했을 것이며, 동시에 사소한 실수에 심하게 자신 을 비난하도록 만들었을 것이다.

우리 모든 사람은 나름의 내적 대상관계를 갖고 있다. 그것이 우 리 자신의 성격 일부가 되어 우리의 외부 대인관계를 인식하고 평 가하는 틀이나 관점이 되고, 나아가 그 대인관계를 경험하는 감정 과 느낌의 이유가 된다. 이는 R이 상담자를 무관심하고 차갑게 경 험했던 것에서 볼 수 있다. 그런데 여기서 언급되어야 할 아주 중요 한 사실은, 그렇게 내적 대상관계에서 비롯된 정서적 색채는 유아

적인 강도와 속성을 갖고 있으며, 또한 그것을 느끼는 것이 무의식
적으로 처리된다는 점이다.

물론 초기 유년시절 경험하는 대상관계의 성격이나 내용은 다르
기에 거기서 비롯되는 불안과 두려움의 정도나 성격은 상당히 다르
다. 정신분석은 이를 묘사하기 위해 노력해 왔다. 하지만 분명한 것
은 유아기의 내면화된 대상관계는 무의식에 억압되거나 분열되어
존재한다는 것이다. 그것은 무시간성이라는 특징을 가진 탓에 유아
기에 경험한 모양 그대로 변형되지 않은 채 유지되어 있다. 그렇기
에 성인기가 되어서도 강력한 영향력을 발휘하게 되는 것이다.

2. 페어베언과 내적 대상관계

정신분석 대상관계이론들은 자기와 대상 표상으로 이루어진 심
리내적 세계가 어떤 내면화 과정을 통해 형성되는지 그리고 그 표
상의 내용과 성격은 어떤지 그리고 그것이 실제 외부 대상과의 관
계에 어떤 영향과 역동을 불러일으키는지에 초점을 맞추어 이론을
전개한다. 각각의 정신분석이론이 자기와 대상 세계를 어떻게 묘
사하고 있는지에 주목한다면, 복잡하고 혼란스러운 정신분석을 이
해하는 데 유익하다. 특별히 이번 장에서는 한 가지 예시로 페어베
언(Ronald Fairbairn)이라는 대상관계이론 학자가 설명하는 자기와
대상의 세계에 대해 설명하고자 한다.

페어베언에 따르면 성격은 자아와 대상 사이의 관계에 의해서

형성된다(Fairbairn, 1949). 정신분석 문헌에서는 자아와 자기에 대한 개념이 자주 등장하지만, 그 개념에 대한 이해는 학자마다 다르기에 읽는 독자들에게 혼란을 주고는 한다. 프로이트가 자아란 개념을 사용했을 때, 그것은 심리내적인 요구와 현실의 요구를 조율하고 타협하는 심리적인 기구로 이해할 수 있다. 하지만 페어베언이 이야기한 자아는 사실상 앞에서 필자가 자기와 대상 세계에 대해 언급했을 때 사용한 자기의 개념과 더 가깝다. 곧, 대상관계를 구성하는 한 단위로, 특정한 대상 이미지에 반응하는 자기 자신에 대한 이미지로 이해될 수 있다.

1) 인간의 기본 동기와 좌절

페어베언은 인간의 기본적 동기가 신체적 욕구의 만족이 아니라 관계의 만족에 있다고 주장했다. 인간은 처음부터 타자들을 지향하고, 유아는 생물학적 생존을 위해 관계를 지향한다고 보았다. 그는 인간이 성적인 욕구의 만족을 추구한다는 프로이트의 생각에 반대했다. 성적인 욕구의 만족이란 것도 진정한 의미에서 대상들과의 만족스러운 관계 형성을 위한 것이라는 생각이었다. 곧, 인간의 근본적인 동기는 타자와 관계를 맺고 그 관계를 유지하려는 데 있으며 성적인 욕구는 대상을 향해 가도록 만드는 부수적인 역할을 한다는 것이다(Fairbairn, 1952a, 1952b, 1952c, 1952d).

이렇듯 유아의 기본적인 요구는 대상과의 만족스러운 관계에 있다. 유아는 관계를 추구하고 그 관계에서 만족을 추구한다. 한 인격체의 사람으로 다른 사람과 관계를 맺고자 하는 이런 유아의 욕구가 공감적인 반응으로 만족되지 않을 때, 유아는 다른 형태의 대체 만족에 눈을 돌리게 된다. 그렇기에 프로이트가 인간심리의 기본 전제로 제시하는 쾌락원칙, 곧 인간은 즉각적인 쾌락을 통해 신체의 긴장을 낮추려고 한다는 기본 성향은 페어베언에게는 부차적인 의미를 지닌다. 이는 관계에서 만족되지 않았을 때, 그 불만족을 대체하는 이차적인 결과물이다. 그렇기에 그는 공격성이나 성적인 쾌락 추구를 인간의 기본 동기로 보지 않았다. 이런 그의 생각은 정신분석 역사에서 큰 영향을 끼치게 된다.

그런데 문제는 관계에서 만족을 추구하려는 인간의 욕구가 좌절되는 데에서 발생한다. 페어베언은 관계에서 불만족스러운 좌절상황을 가져오는 대상을 흥분시키는 대상과 거절하는 대상으로 설명한다. 여기서 흥분시킨다는 것은 사랑의 약속을 하고 그 약속을 지키지 않는 경우를 말한다. 사랑해 줄 것이라고 생각했는데, 그 기대를 저버리는 것이다. 이번 주말에는 놀이동산에 가겠다고 약속하고는 부모가 이를 지키지 않게 되면 부모는 괜히 아이의 마음만 흥분시키는 꼴이 되고 말 것이다. 한편, 거절하는 대상은 애초부터 사랑의 약속이란 없고 유아의 소망이나 기대를 거절하며 좌절을 주는 대상을 의미한다.

유아는 양육자와의 관계에서 사랑과 관심을 주고받으려 한다. 양육자는 한편으로 이런 관계의 욕구를 만족시켜 주지만, 또 다른 한편으로 양육자는 실제적인 한계에서든, 혹은 개인 역량의 한계에서든 이를 전적으로 만족시켜 주지는 못한다. 유아의 관계 욕구를 전적으로 채워 줄 수 있는 양육자는 존재하지 않는다. 늘 우리 삶에는 예기치 못한 일이 일어나기 마련이고, 능력에 한계가 있는 양육자는 유아에게 전적으로 만족스러운 관계를 제공하기 어렵다. 이 때문에 유아는 좌절을 경험하게 된다. 페어베언에게 있어 이런 좌절을 가져오는 대상은 흥분시키거나 거절하는 성격을 갖고 있는 것으로 경험된다.

유아에게 엄마와 아빠는 한편으로 욕망의 대상이란 점에서 희망을 대표하지만, 다른 한편으로 그 욕망을 전적으로 채워 줄 수 없다는 점에서 희망 없음을 의미하기도 한다. 이로 인해 유아는 그들을 욕망하지만, 다른 한편으로는 미워한다. 이런 이중적인 상황, 곧 자신을 사랑으로 채워 줄 수 있을 것 같지만, 실망스러운 좌절을 안겨 주기도 하는 양육자와의 관계에서 유아는 대상에 대한 애매모호함을 경험한다. 물론 이 애매모호함의 수준은 대상에 의해 경험된 실제적 좌절의 크기와 강도와 관련된다. 때로는 만족을 제공하지만, 또 다른 경우에는 만족을 주지 못하는 양육자와의 상호작용에 의해 그 애매모호함은 유발되는데, 불만족의 경험을 빈번하게 강한 강도로 경험한다면, 유아의 심리내적인 자기와 대상의 세계는 좌절과 결핍으로 특징지어지며 손상을 경험하게 된다.

2) 내면화

여기서 이런 질문이 든다. '좌절을 주는 대상은 실제로는 외부에 존재하는데, 어떻게 좌절 상황이 유아의 심리내적 세계의 손상으로 이어지는가?' 이를 설명하기 위해 페어베언은 내면화란 개념을 도입하는데 이를 통해 아동의 자기와 대상 세계가 형성된다. 이를 이해하는 것이 페어베언의 이론을 이해하는 핵심이 될 것이다. 전적으로 양육자에게 의존되어 있는 아동에게 양육자는 반드시 필요한 존재이기 때문에, 흥분시키면서 거절하는 양육자를 나쁜 대상으로 받아들이는 것을 허용할 수 없다. 양육자를 나쁜 대상으로 여기는 것은 애매모호함의 문제를 해결해 줄 수 있는 방법이지만, 아동에게는 자신이 의존하는 대상과 단절해야 하는 것이기에 엄청난 정신적 대가를 치러야 한다. 그렇기에 대상의 나쁜 측면을 자기 자신에게로 돌려 애매모호한 대상이 주는 좌절 상황을 다루려고 한다. 그것이 바로 내면화이다.

내면화를 통해 아동이 외부의 나쁜 대상을 선한 대상으로 만들고, 대신 그 나쁨을 자신에게 돌리게 되면, 자신의 내적 세계는 나쁜 대상들로 채워진다. 이렇게 하면 불만족스러운 대상을 유아의 통제에서 벗어나 있는 외부 현실에 두지 않고 자신의 마음 안으로 가지고 와 제어할 수 있게 된다. 페어베언은 이런 과정을 종교적 언어를 사용하여 이렇게 표현했다. "악마에 의해 지배되는 세상에 의인으로 살기보다, 선한 신에 의해 다스려지는 세상에 죄인으로 사는 것이 안전을 보장받게 된다(Fairbairn, 1943: 333)." 이렇듯 내면화가 일어나면 유아의 외부 세계는 안정적이고 신뢰할 만한 공간으로 유지되는 반면, 유아의 내적 세계는 결핍과 손상이 일어난다. 그것이 내면화의 결과이다. 다음의 사례를 통해 내면화를 이해해 보자.

극심한 우울증과 무기력으로 상담을 의뢰한 40대 중반 여성 내담자 F는 어린 시절 외갓집에 놀러 갔다가 외삼촌에게 성추행을 경험했다. F는 이후에 용기를 내어 엄마에게 이 사실을 이야기했지만 엄마의 반응은 기대하고는 달랐다. "네가 어떻게 행동하고 다녔기에 그런 일이 생기는 거야?"라는 말에 F는 위축되었고 자신이 무엇인가 결함이 있어 이런 일이 발생했다고 자신을 자책했다.

앞의 사례에서 분명하게 잘못을 저지른 사람은 외삼촌이다. 그는 어른으로서 조카를 돌봐야 했지만 오히려, 이 관계를 이용해 어린 조카를 성추행했다. 내담자 F는 엄마에게 이를 알려 주었다. 엄마의 중재와 돌봄을 동시에 바라는 것이었고, 또한 이 사건으로 인해 발생한 분노를 해결하려는 시도였다. 하지만 엄마는 오히려 F에게 이 사건의 책임을 돌리고 있다. 그 결과로 F는 자신이 문제가 있어 이런 일이 벌어진 것으로 이해하면서, 자신에게 결함이 있는 것으로 생각하기 시작했다. 이것은 페어베언이 이야기하는 내면화를 적절하게 이해할 수 있도록 돕는 예시이다. 외부 현실과 대상의 나쁨을, 관계의 유지를 위해 자신에게로 돌리는 것이다. 이는 분노를 외부 대상에게로 향하는 것이 아니라, 자기 자신에게로 향하는 것이 된다. 이로 인해 자기 자신의 심리세계는 손상을 겪게 된다. 내적인 비난구조가 형성되어 성격구조로 자리 잡는다. 그 결과 F는 성인기에 자주 우울증과 무기력을 경험할 수밖에 없는 내적 구조를 갖게 된다. 곧, 어린 시절 내면화 과정을 거쳐 형성된 자기와 대상 세계가 F의 우울증과 무기력을 가져오는 기본 토대가 된다.

3) 흥분시키는 대상과 리비도적 자아

초기 유년기 불만족스러운 관계가 내면화를 거치면서 어떻게 자기와 대상 세계가 만들어지는지 구체적인 설명이 필요하다. 앞에서 언급했듯이 관계에서의 불만족은 흥분시키는 대상과 거절하는 대상에 의해 만들어진다. 흥분시키는 대상은 사랑을 줄 듯 말 듯하며 박탈을 경험하게 하는 대상이다. 그는 사랑해 줄 것처럼 보이지만 결국에는 그 사랑을 주지 않는다. 이 대상과, 사랑과 미움으로 연결되어 있는 유아 자신의 측면을 페어베언은 리비도적 자아라고 불렀다(Fairbairn, 1944). 이 리비도적 자아는 흥분시키는 대상과 정서적으로 얽혀 있는 결과로 사랑에 대해 목마름을 갖고 있다. 대상의 사랑과 관심을 갈망한다. 하지만 그 리비도적 자아와 감정적으로 얽혀 있는 흥분시키는 대상은 사랑을 좀처럼 주지 않는 대상이다. 그렇기에 이 리비도적 자아는 자신이 좀 더 노력하면 결국에는 대상이 자신을 사랑해 줄 것이고, 관심 가져 줄 것이라는 강한 열망을 갖게 된다. 그러므로 리비도적 자아는 사랑과 관심을 받기 위해서는 자신이 부단히 노력해야 한다고 느낀다. 그렇지 않으면 대상으로부터 거절당할 것이라는 생각에 압도된다.

30대 중반의 남성 내담자 G는 장남이었고, 일찍 아버지를 여의고 어머니와 동생들과 함께 어린 시절을 보냈다. 직장과 가정의 일로 늘 고단했던 어머니는 G에게 동생들을 잘 돌볼 것을 요청했고, 그런 어머니를 실망시키지 않기 위해 동생 돌보는 일에 그는 열중했다. 자신도 아직 어린 나이였지만,

어머니가 직장에서 돌아오기를 기다리면서 설거지도 하고 집안 청소도 했다. 하지만 지친 어머니는 그런 G의 노력을 알아주는 것이 쉽지 않았다. G는 상담을 받기 시작한 이후에 자주 커피를 사 와 상담자에게 제공을 했으며, 어느 날은 상담실에 필요할 것 같다며 화초를 선물로 갖고 왔다.

앞의 내담자 G는 어린 시절 여러 악재가 겹치게 되면서 상대방의 사랑을 받기 위해 무엇인가를 해야 한다는 무의식적 신념을 형성했다. G의 어머니는 의도하지 않았지만 칭찬받기 위해 G가 노력한 점들을 알아주거나 확인해 주지 못했다. 이런 어머니와의 관계에서 G는 어머니를 흥분시키는 대상으로 경험했을 것이라고 이해할 수 있다. 자신에게 사랑을 제공해 줄 수 있는 사람이지만, 실제로 사랑을 받는 일이란 쉬운 일이 아니었다. 그렇기에 G는 그런 어머니를 흥분시키는 대상 이미지로 내면화시켰으며, 리비도적 자아가 정서적으로 엮이는 결과를 낳았다. G는 실제 상담 상황에서도 상담자를 흥분시키는 대상으로 경험한다. 상담자에게 관심과 사랑을 받기 위해 자신이 부단히 노력해야 할 것처럼 생각한 결과, 상담자를 위해 커피를 사 오거나 화초를 선물로 가져왔다. 이는 페어베언의 용어를 빌려 설명하면 리비도적 자아가 발달한 결과라고 말할 수 있다.

4) 거절하는 대상과 반리비도적 자아

거절하는 대상은 사랑과 관심의 요청을 거절하는 외부 대상의 이미지를 내적인 대상으로 내면화시켜 형성된다. 초기 유년기에 유아들의 관계 욕구를 완전히 거절하는 양육자가 혹 있다고 하더라도 많지 않을 것이다. 하지만 페어베언은 유아들의 입장에서 사랑을 주기도 하지만 때로는 거절하고 만족시키지 않는 대상은 한편으로는 흥분시키는 대상으로 내면화되는 동시에, 또 다른 한편으로 거절하는 대상으로도 쪼개져 내면화된다고 이해한다. 좌절시키는 애매모호한 양육자를 흥분시키는 대상과 거절하는 대상으로 분열시켜 내면화시키는 것이 훨씬 나쁜 대상을 다루기에 유리하기 때문이다. 흥분시키는 대상에게는 대상의 사랑과 관심에 희망을 갖는 리비도적 자아가 연결된다면, 거절하는 대상에게는 대상의 사랑에 희망을 접은 반리비도적 자아가 연결된다. 반리비도적 자아는 거절하는 내적 대상을 향해 분노와 미움으로 반응하는 자아의 측면이다. 혹은 통제와 압력을 행사하여 대상의 태도를 변화시켜 보려는 자아의 측면이기도 하다. 그렇기에 반리비도적 자아는 대상에 대해 사랑의 희망을 갖고 있는 자아의 측면, 곧 리비도적 자아를 조롱하고 비난한다(Fairbairn, 1944).

어린 시절 거절하는 대상 경험이 아동의 마음에서 압도적일수록 반리비도적 자아는 발달하게 되어 내적 세계를 분노의 감정으로 채색시키게 된다. 이는 결국 가혹하고 엄격한 내적 구조의 발달을 가져오게 된다. 예를 들어, 성인기에 직장에서 대수롭지 않은 상대방의 태도를 쉽게 자신을 거절하는 것으로 인식하고 파괴적인 분노감에 사로잡히는 이유도 바로 이 반리비도적 자아가 발달한 결과이다. 그런 대상을 싫어하고 미워할 뿐만 아니라, 파괴하고 싶은 환상을 갖게 된다. 이는 상대방이 내면화된 거절하는 대상과 무의식적으로 연결되었기 때문이다. 곧, 상대방은 거절했던 양육자로 이해되고, 본래 양육자를 향했던 증오와 미움이 상대방에게 옮겨진다. 결국 어린 시절 대상관계가 지금-여기에서도 반복된다.

> 성실하게 상담을 받아 오던 30대 중반의 여성 내담자 T에게 상담자는 몇 주 전부터 휴가 공지를 하며 상담을 한 주 쉬겠다고 이야기를 해 왔다. 상담자가 휴가를 가기 직전, 회기가 끝나고 문밖을 나가려던 T는 상담자를 뒤돌아보며 불평 섞인 말을 하며 나갔다. "선생님은 가족을 돌보셔야 하는 분이지요." 그 후로 T는 한 달가량 상담회기에 나오지 않았고, 상담자의 연락 또한 받지 않았다. 상담자는 자신이 이 사례를 다루기에 역부족이라 생각하고 종결해야겠다고 생각했다.

앞의 내담자 T는 비록 상담자가 휴가를 다녀올 것에 대해 몇 주 전부터 이야기를 했음에도 불구하고 막상 휴가로 인해 한 주 상담을 쉬게 되었을 때, 상담자에 대해 큰 거절감을 받았다. 상담자가 몇 주 전부터 휴가를 공지한 것을 보면 상담자 또한 내담자가 이로 인해 큰 좌절감을 겪게 될 것이라고 예상했던 것 같다. 하지만 T의 거절감을 끝내 막지는 못했다. 상담자에게도 휴가가 필요하고 가족들을 돌봐야 한다는 지극히 당연한 사실은 내담자 또한 알고 있다. 또한 대부분의 내담자는 기꺼이 이런 상황에서 혹 거절감이 있다고 하더라도 이를 수용할 수 있다. 그럼에도 T는 상담자의 휴가에 대한 큰 거절감과 함께 상담자에 대한 분노를 느꼈다. 이로 볼 때 반리비도적 자아가 T의 성격에 깊이 자리 잡고 있으며, 휴가를 공지한 상담자를 거절하는 대상으로 경험하면서 반리비도적 자아가 활성화되었다고 말할 수 있다.

이와 같이 반리비도적 자아가 심리내적으로 큰 영향을 끼치게 될 때, 사소한 타인의 말과 행동으로 쉽게 상처를 입게 되고 분노감에 사로잡힌다. 일상적으로 대수롭지 않게 넘어갈 수 있는 일들도 불편감을 느끼고 제어하기 어려운 분노를 경험하기도 한다. 자신을 심하게 거절했다고 느끼기 때문이다. 이는 어린 시절 양육자와의 관계에서 거절하는 대상을 내면화했기 때문이며, 내담자의 자아 중 일부가, 그 거절하는 대상에 분노와 증오로 반응하는 반리비도적 자아로 바뀌었기 때문이다. 결국 상담관계에서 나타나는 T의 반응 양식은 T의 내적 대상관계가 반영된 것으로 이해할 수 있다.

3. 내적 대상관계와 상담개입

T는 상담자와의 관계에서 자기와 대상으로 이루어진 자신의 내적 대상관계를 재현하고 있다. T는 돌보아야 할 다른 내담자들과 가족들이 있다는 상담자의 현실을 수용하지 못하고, 이 사실을 자신이 거절당하는 것으로 경험한다. 상담자는 T를 거절할 특별한 의도를 갖고 있지 않다. 오히려 그렇게 자신을 오인할까 싶어 몇 주 전부터도 상담의 연기를 공지했다. 그럼에도 T는 상담자에게서 거절감을 느끼고 있다. 이는 상담자에게서 거절하는 내적 대상을 무

의식적으로 경험하는 것이다. 이는 T의 실제 외부 대상관계가 어떠할지 그리고 그 안에서 어떤 심리적인 문제들이 빈번하게 일어날 수 있는지를 이해할 수 있도록 돕는다. 결국 T가 심리적인 안정감과 여유를 경험하기 위해서는 내적인 세계, 곧 자기와 대상으로 이루어진 이 내적 세계를 상담에서 다루어야 한다.

내적 세계를 다루는 것에 대해서는 상담개입을 설명하는 제10장에서 다시금 자세하게 언급할 것이다. 그런데 이 시점에서 결론적으로 이야기하면, 그것은 지금-여기의 상담관계에서의 경험을 내담자가 볼 수 있도록 도움을 주는 과정으로 이루어져 있다고 이야기할 수 있다. 지금-여기의 상담관계에서 무엇이 일어나는지를 상담자가 보게 하고, 그 안에 빚어지고 있는 내담자의 무의식적 소망과 두려움을 통찰하도록 안내하는 것이 정신분석 상담의 과정으로 이해할 수 있다. 이 과정을 상담자가 시의적절한 개입을 따라 수행한다면 참 어려운 일을 잘 완수한 것이라고 말할 수 있다. 만약 준비되지 않은 내담자에게 지금-여기에서 일어나는 일을 설명하면 내담자는 상처를 받을 수 있다. 예를 들어, 앞의 상담 예시에서 T가 지금-여기의 상담관계에서 경험한 거절감과 이것이 어떻게 어린 시절에서 비롯된 것인지를 연결 지어 상담자가 언급한다면 내담자에게 오히려 큰 고통을 줄 수 있다. 상담자에 대해 거절감을 느끼는 것은 내담자의 내면화된 자기와 대상 세계에서 비롯된 것임을 설명하려는 상담자의 시도는 동일하게 내담자에게 거절감으로 다가온다. T가 상담자에게 원하는 것은 초기 대상관계에서 부재된 관심과 돌봄이기 때문이다. 이것이 적절한 정도로 만족되지 않는다면 상담관계에 전이된 T의 내적 대상관계는 다루어지기 어렵다.

이를 리비도적 자아와 반리비도적 자아의 관계를 통해 설명해 보자. 리비도적 자아는 사랑을 베풀 것이라는 약속에 끌리며 희망을 갖고 있다. 동일하게 T는 상담자에게 그런 기대를 갖고 있다. 하지만 반리도적 자아는 사랑의 약속에 대해 희망을 갖고 있는 리비도적 자아를 언제든 조롱할 수 있다. 특별히 그 약속에 문제가 있는 것으로 드러나 실망감을 갖게 될 때, 반리비도적 자아는 성격을 지배하기 시작하고, 강력한 분노가 내적 세계에 드리워진다. 앞의 상담 예시에서 T는 상담자에 대해 품고 있었던 자신을 향한 사랑의 약속이 휴가로 인해 깨어지는 것을 경험하면서 좌절감을 느꼈다. 그리고 그 순간 반리비도적 자아가 마음을 지배하면서, 상담자를 공격했다.

이렇게 반리비도적 자아가 마음을 지배하는 순간 상담관계는 위태롭게 된다. 이때 내담자는 상담자를 공격할 뿐만 아니라, 상담에 대한 희망과 기대를 걸었던 자신에 대해서도 무의식적으로 조롱하고 비난한다. 그렇게 반리비도적 자아가 마음을 지배하기 시작하면, 희망을 걸고 기대하는 것은 아무런 소용이 없고, 대상을 파괴하고 공격하거나 그 대상에게 압력을 행사하여 태도의 변화를 요구하는 것이 더 우세한 방법이 된다. 이런 점에서 상담관계는 늘 위태로울 수밖에 없다. T가 상담을 몇 주간 아무런 소식 없이 빠진 데에는 T가 상담자를 거절하는 대상으로 경험하고 있는 것과 관련이 있을 것이라고 해석할 수 있다.

이렇듯 지금-여기에서 한 사람이 어떤 관계양상을 반복하고 타인에 대해 어떻게 경험하는지는 그 사람의 마음에 존재하는 자기 와 대상 세계의 영향을 받을 수 있다. 한 사람에게 내적 대상관계 는 전이라는 심리적 과정을 통해 외부 대상과 그 관계가 어떠한지 이해하고 평가하는 흔들림 없는 관점이 된다. 또한 투사적 동일시 라는 과정을 통해 내적인 세계를 집요하게 반복하고 실현시키려는 무의식적 경향성으로 나타난다(투사적 동일시는 제7장을 참조하라). 곧 내적인 자기와 대상 세계는 외부의 타인과 관계를 이해하는 틀 이 되기도 하지만, 이를 넘어 그 외부 관계를 내적 대상세계를 따라 변화시키려는 틀이 되기도 한다. 외부의 세계는 우리 자신의 내적 인 자기와 대상 세계에 영향을 받아 변화될 수 있다.

앞의 상담 예시를 통해 이를 설명해 보자. T의 어려움을 잘 알고 있기에 상담자는 T와의 관계에서 다른 내담자들과는 다르게 조심 스럽게 상담에 접근하고 있다. 몇 주 전부터 휴가를 공지하는 것에 서 이를 볼 수 있다. 이는 그동안 T와 만나면서 상담자가 일종의 무 의식적 압력을 받은 것이라고 볼 수 있다. 곧, '내담자를 거절해서 는 안 돼.'라고 하는 마음의 압력을 상담자는 경험했을 것이다. 이 압력은 내담자에게 강한 연민을 느끼는 방식으로 나타날 수 있지 만, 한편으로 강력한 통제감으로 인해 내담자에 대해 불편한 마음 을 갖게 되기도 한다. 상담자는 내담자의 이런 압력이 강해지면 강 해질수록 상담을 종결하고 싶은 마음이 들 수 있다. 또한 상담자는 자신이 다룰 수 있는 상담의 수준을 넘어선다고 판단하고 상담을 종결하려고 생각할 수 있다. 하지만 사실 그것은 내담자에게 경험 했던 통제받은 것에 대한 불편한 마음과 반감이 영향을 끼친 것이라 볼 수도 있다.

　내담자에 입장에서 보면, 이는 결국 자신이 그토록 두려워하던 외부 대상의 반응이 실제로 나타나는 것이라고 할 수 있다. 결국에는 상담자가 자신을 거절하는 일이 벌어진 것이다. 내담자는 행여나 상담자가 자신을 거절하게 될까 봐 불안해 상담자에게 집착하고 통제할 수 있다. 이렇게 내담자의 내적 대상세계가 상담관계에 옮겨지는 과정에 의해 상담자는 내담자에게 압력을 받게 된다. 이런 과정을 거치면서 상담자는 내담자가 두려워하는 거절하는 내적 대상이 되었다. 이렇듯 한 사람의 내적 대상관계는 사람들과의 관계에서 압력으로 작용하여 상대방의 마음에 파동을 일으키게 된다. 정신분석은 이를 전이와 역전이란 개념을 통해 설명했다. 이에 대해서는 제6장에서 더 구체적으로 설명하도록 하겠다.

더 읽을거리

김진숙, 김창대, 이지연 공역(2007). 대상관계 이론과 실제: 자기와 타자. 그레고리 해밀턴 저. 서울: 학지사.

이재훈 역(2003). 성격에 관한 정신분석적 연구. 로널드 페어베언 저. 서울: 한국심리치료연구소.

최영민(2010). 쉽게 쓴 정신분석이론: 대상관계이론을 중심으로. 서울: 학지사.

제6장

내적 대상관계의 재현: 전이와 역전이

정신분석은 내담자의 무의식적 환상과 갈등 그리고 내적 대상관계와 방어기제 등을 분석하여 심리내적 세계의 변화를 모색한다. 그것들은 무의식이라는 인간의 마음속 숨겨진 영역에 존재하고 있다. 우리는 의식하지 못하는 사이에 그 무의식 세계의 자동적이고 불가피한 작동에 의해 영향받는다. 그렇다면 무의식 세계는 어떻게 의식화할 수 있는가? 무의식을 의식화시키는 효과적인 방법은 무엇인가? 여기서 '효과적인'이란 표현은 재빨리 증상을 제거한다는 점에서가 아니라 마음의 진정한 변화를 가져온다는 점에서 사용되었다.

제1장에서 설명했듯이, 정신분석에서 무의식을 의식화한다는 것은 상담자와 내담자 사이에 오고 가는 관계의 역동, 양상, 패턴 속에서 구현되어 나타나는 내담자의 무의식적 갈등과 소원, 기대와 환상 그리고 욕구를 드러내 보여 준다는 것을 의미한다. 내담자의 무의식적 마음의 작용은 상담관계에 영향을 끼쳐 상담자로 하여금 특정한 생각과 느낌을 갖게 할 것이다. 상담자는 이런 영향력에 대해 관찰하면서 그 안에 숨겨져 있는 내담자의 무의식적 소망과 두려움을 드러낼 수 있다. 다시 말해, 내담자는 초기 유년시절 형성된 관계의 양상을 상담관계에 재현(전이)하게 될 것이고, 상담자는 이를 통해 내담자의 유아적 갈등과 환상을 드러낸다. 그런 의미에서 정신분석은 전이를 통한 치료라고 부를 수 있다.

이것이 정신분석과 일반 상담이론을 구분 짓는 가장 핵심적인 차이이다. 정신분석 상담자는 내담자와의 관계에서 오고 가는 관계의 역동을 진솔하게 나눌 준비가 되어 있어야 한다. 왜냐하면 이를 통해 내담자의 무의식과 그 마음의 작용이 드러나, 무의식의 의식화라는 정신분석의 목표에 도달할 수 있기 때문이다. 정신분석은 그렇게 상담자와 내담자의 관계 속에서 오고 가는 무의식적 마음의 작용을 설명하기 위해 전이와 역전이의 개념을 사용했다.

1. 전이의 이해와 분석

전이는 프로이트에 의해 처음 사용되었다. 프로이트는 분석관계에서 내담자가 자신의 심리내적 갈등을 재현한다는 것을 발견했다. 나아가, 그는 내담자의 마음에 내면화된 어린 시절 중요한 대상과의 관계가 분석관계에서 다시금 나타난다는 것을 발견했다. 물론 프로이트는 내담자가 변화에 저항하기 위해서 이 전이라는 수단을 선택한다는 것을 이해하면서도, 역설적이게도 이 전이야말로 환자의 무의식 세계를 이해하는 수단이자, 마음의 성장과 변화를 위한 중요한 방법임을 깨닫게 되었다. 그는 이 전이관계에 숨겨진 위험과 매력을 알게 되었지만 동시에, 이것 외에 달리 무의식적 역동을 변화시키는 치료적 수단이 없다는 것을 알게 되었다. 정신분석의 치료적 기법이 불안정하고 수수께끼 같아 보이는 것은, 정신분석이 전이라는 분석적 상황에 근거를 두고 있기 때문이다.

전이를 통한 치료를 깊이 이해하는 정신분석 상담자는 내담자가 상담자를 경험하는 느낌이 전이에 의한 것임을 알고 있다. 상담자

에 대한 깊은 관심과 사랑이, 곧 상담관계라는 특수한 상황에서 유
도된 전이 현상임을 알고 있다. 그렇기에 전이는 상담자의 자기애
적 환상을 깨트려 준다. 내담자가 상담자에 대해 특별한 애정과 사
랑을 보이는 이유는 상담자가 매력적이어서가 아니다. 내담자가
상담자를 사랑하는 듯 보이지만, 사실 내담자의 내적 세계에 있는
누군가를 전이 속에서 사랑하는 것이다. 이렇듯 돌봄 행위 속에서
전이를 이해하는 것은 필수적이다. 이를 이해하지 못하게 되면 상
담과 돌봄의 관계 속에서 다양한 윤리적 문제가 제기될 수 있다.

1) 전이란 무엇인가

정신분석의 다양한 흐름과 주요 학자들은 전이에 대해 조금씩
다른 정의를 하고 있다. 그렇기에 누구에게나 충분히 만족할 만한
전이에 대한 정의를 제공하는 일은 불가능하다. 또한 이번 장은 정
신분석 역사에서 전이의 개념이 어떻게 발전했는지를 이야기하지
않는다. 이번 장에서 관심을 갖고 있는 것은 정신분석 상담자가 전
이를 어떻게 이해하고 분석할 것인지, 전이가 어떻게 내담자의 무
의식 세계로 상담자를 안내하는지에 있다. 그런 임상적인 관심과
목표 아래 전이를 정의하면, 그것은 내담자가 상담자에 대해 경험
하는 생각과 감정 그리고 느낌이라고 말할 수 있다(cabaniss, 2011).
지금-여기에서 상담자에 대해 내담자가 경험하는 이런 생각과 감
정 그리고 느낌은 초기 아동기 시절의 경험에 기원을 두고 있다. 내
담자는 의식하지 못하지만, 초기 아동기나 그 이전 시기에 경험했

던 주요 양육자와의 관계가 상담 상황에 전이를 통해 재현되어 나타난다. 그 시기에 중요한 대상에게 향해졌던 욕동과 환상, 감정과 느낌은 지금-여기의 상담자에게로 향해진다. 정신분석의 목표는 이 전이를 통해 내담자가 자신의 무의식적 생각과 느낌을 인식하도록 도울 뿐만 아니라, 이러한 무의식적 생각과 느낌이 어떤 이유에서 발달하게 되었는지를 이해하도록 돕는 데 있다. 물론 이런 상담의 과정 자체는 단순하지 않다. 이에 대해서는 상담적 개입에서 다시 언급하게 될 것이다. 이번 장에서는 전이구조를 이해하고 상담자가 이를 통해 어떻게 내담자의 무의식으로 향해 갈 수 있는지를 익히는 데 있다.

앞의 단락에서 정의한 전이의 개념에 이의를 제기할 이들이 있을 수 있다. 어떻게 상담자에 대해 경험하는 내담자의 생각과 느낌이 모두 전이 현상이라고 볼 수 있는지 반문할 수 있다. 내담자가 상담자를 보고 경험한 생각과 느낌이 내담자의 주관적 세계가 아닌 상담자의 비교적 객관적이고 현실적인 측면에서 유발될 수 있기 때문이다. 예를 들어, 상담실에 들어온 내담자에게 미소를 짓고 차를 건네는 상담자를 따뜻하고 친절하다고 내담자가 경험하는 것은 반드시 내담자의 어린 시절 경험이 투영된 결과라고 말할 수만은 없다. 그것은 상담자의 실제적인 따뜻함에서 유발된 느낌이기 때문이다. 약속된 상담 시간에 연속해서 늦게 나타난 상담자에게 내담자가 분노를 느끼는 것은 상담자의 실제적인 소홀함에서 유발된 느낌이다.

하지만 전이를 상담자에 대해 경험하는 내담자의 생각과 느낌이라고 정의하는 것은 두 가지 이유에서 만족스럽다. 첫 번째, 상담자의 실제적인 측면에 의해 유발된 내담자의 느낌도 그 표현 방식, 그리고 강도와 수준에서 차이가 존재할 수 있는데 이는 내담자의 전이를 반영한다. 실제로 내담자가 상담자를 경험하는 방식은 상담자의 말하고 행동하는 방식과 외모 등에 의해 실제적으로 영향받을 수 있는 것이 사실이다. 그럼에도 분명하게 그 경험 속에서도 정도와 강도의 차이가 있을지언정 전이는 존재한다. 상담자가 연속해서 상담회기에 늦은 경우, 어떤 내담자는 오히려 상담자를 안쓰러워하며 자신 같은 사람을 상담하느라 얼마나 피곤하겠냐고 말할 수 있다. 이 경우 내담자가 상담자에 대해 경험하는 느낌은 비교적 전이와 깊이 관련되어 있다고 말할 수 있다. 회기에 계속 늦는 상담자에 대한 일반적인 반응은 분노일 것이기 때문이다. 반면, 동일한 경우에 상담자에 대한 분노를 표현할 때에도, 전이와 전혀 관련이 없는 것은 아니다. 그 분노는 어린 시절 자신에게 충분한 반응을 하지 않았던 부모를 반영할 수 있다. 이런 상황에서도 그 분노의 크기나 강도를 확인할 필요가 있으며, 그때의 느낌(전이)이 상담장면에서 다룰 가치가 있는지 없는지를 구분하는 것이 상담자에게는 중요하다.

두 번째 실제적인 상담 현장에서 내담자가 상담자를 어떻게 경험하고 있는지를 주목해야 한다는 점에서 앞의 전이에 대한 정의는 만족스럽다. 정신분석이 전이를 통한 치료라고 했을 때, 정신분석 상담자는 내담자가 상담자를 어떻게 경험하고 있는지를 늘 염두에 두고 있어야 한다. 그런 점에서 전이를 상담자를 경험하는 내담자의 생각과 느낌으로 정의하는 것은 실제 임상장면에 있는 상담자를 고려했을 때 유용하다.

2) 대상표상의 전이

전이의 구조를 분석해 보도록 하자. 먼저 대상표상이 상담자에게 전이되는 경우를 보겠다. 다음의 상담 사례를 살펴보자.

> 회사의 부하직원으로부터 심한 무시를 받는다고 호소하며 40대 중반의 남성 내담자 D는 상담자를 찾아왔다. 하지만 부하직원이 어떻게 자신을 무시했는지에 대해 D가 장황하게 설명하는 동안 상담자는 D가 무슨 말을 하는지 이해할 수 없었다. D의 입장에서 어떻게 무시를 받았는지 깊이 공감하려고 해도 D의 말을 이해할 수 없었기에 상담자는 그렇게 할 수 없었다. 오랜 회기가 지나서야 상담자는 D의 반복적인 이야기를 들으며 그가 어떤 무시를 받는지 조금씩 이해할 수 있게 되었다. 어린 시절 D에게 여동생이 있었는데, 자신을 귀찮게 하는 동생의 일로 아버지를 찾아가 몇 번 불평한 적이 있었다. 그때마다 아버지는 오히려 D를 혼내며 오빠가 되어서 어떻게 동생을 제대로 돌보지 못하느냐며 꾸중을 들었다.

앞의 사례에서 내담자 D가 상담자를 어떻게 경험하는지 직접적으로 확인할 수 있는 단서는 없다. 하지만 회사의 부하직원이 자신을 어떻게 무시했는지를 상담자에게 속 시원하게 이야기하지 못하는 D의 태도는 그가 특정한 방식으로 상담자를 경험하고 있음을 시사한다. 특별히 눈여겨볼 수 있는 대목은 어린 시절 D의 여동생이 자신을 괴롭힌 것에 대해 아버지에게 말했을 때마다 꾸중을 들었던 경험이 있다는 점이다. 아마도 D가 상담자에게 부하직원을 비난하는 이야기를 하는 것이 어려웠던 것은, 그가 아버지에게 여동생에 대해 불평했을 때 경험했던 어려움과 관련이 있을 것이라고 짐작해 볼 수 있다. D는 부하직원을 비난하는 이야기가 상담자를 불편하게 하고 오히려 상담자가 자신을 탓할 것이라고 무의식적으로 예상했을 수 있다. 나아가 그는 부하직원을 제대로 다루지 못하는 것에 대해 상담자가 비난하거나 꾸중할 것이라고 무의식적으로 느낄 수 있다. 바로 이렇게 상담자가 자신에 대해 어떻게 느끼고 대할 것인지에 대해 내담자가 무의식적으로 경험하는 것이 전이이다. 이런 전이 느낌으로 인해 D는 자신의 이야기를 분명하게 표현하지 못하고 이야기를 빙빙 돌리면서 최대한 우회적으로 이야기하려고 했던 것이다.

실제로 많은 내담자가, 상담자가 자신을 이상하게 생각할 것이라고, 그런 하찮고 우스운 문제로 힘들어하는 것에 대해 자신을 바보같이 생각할 것이라고 예상된다. 자신의 이야기를 상담자가 지루해하며 듣게 될 것이라고 기대하는 것을 상담장면에서 자주 목격한다. 어떤 내담자는 자신이 상담 시간에 할 이야기를 미리 준비해 오기도 한다. 이는 상담 시간에 무엇인가를 이야기해야 하고 그렇지 않으면 상담자가 불편해할 것이라고 경험하기 때문이기도 하다. 그런 이유로 상담을 자주 연기하거나 취소한다. 또 어떤 내담자는 이야기를 재밌게 한다. 내담자가 아픈 상처를 이야기할 때도

희화화시켜 전달하기에 상담자는 웃음을 참아야 하는 경우도 생긴
다. 이는 상담자가 자신의 이야기를 지루해하지는 않을까 두렵기
때문이기도 하다. 물론 동일한 말하기의 태도에도 다양한 무의식
적 이유가 존재하기에 앞의 예시들은 한 예에 불과함을 기억해야
한다. 하지만 분명한 것은 내담자가 상담자를 대할 때 전이의 느낌
이 존재한다는 사실이다.

제5장에서 배운 내적 세계, 곧 자기와 대상 표상으로 이루어진
내담자의 내적 대상관계를 통해 이런 전이구조를 분석해 볼 수 있
다. 앞의 사례에서 D는 어린 시절 아버지와의 관계에서 아버지(대
상)에 대해 경험했던 느낌으로 상담자를 대하고 있다. 그리고 유사
한 느낌으로 상담자를 경험하고 있다. 이는 어린 시절 아버지와의
관계가 D의 내면세계에 자기와 대상 표상으로 내면화되었으며, 상
담장면에서는 내적 대상세계를 구성하고는 단위 중에 대상표상이
상담자에게 전이되었다고 말할 수 있다. 대상표상이 전이되었기에
아버지에 대해 느꼈던 유아적인 두려움과 불안을 상담자에게서도
느끼게 되었다. 이를 통해 D의 무의식에 있는 유아적이고 무의식
적인 공상과 거기서 생겨나는 두려움을 상담자가 이해할 수 있고
볼 수 있게 된다. 이렇듯 자기와 대상 표상에 대한 이해는 상담 상
황에서 나타나는 전이구조를 분석하는 데 도움을 준다.

3) 자기표상의 전이

자기표상이 상담자에게 전이되는 경우도 있다. 다음의 상담 예

시를 살펴보자.

> 9회기를 만난 내담자 M은 10회기 때 상담자에게 그동안 상담을 받았지만 달라진 게 없고 오히려 상태가 악화되었다고 이야기하면서 상담자에게 그 동안 자신을 어떻게 파악했는지에 대해 듣고 싶다고 이야기했다. 한편, 상 담자의 자격 상황을 다시 한번 이야기해 달라고 말했다. 상담자는 수치심 과 불편함을 느끼면서, M의 어린 시절 부모가 M의 학업 상황을 일일이 점 검했던 것에 대해 떠올렸다.

짧은 기간의 상담을 통해 마음의 어떤 큰 변화를 경험하는 것은 어려운 일이다. 오히려 10회기 정도 상담을 진행했는데 너무 놀라운 변화를 상담자에게 보여 주는 사례가 있다면, 오히려 그것은 내담자 의 성격이나 관계역동과 어떤 관련이 있는지 충분히 살펴봐야 할 부 분이 된다. 예를 들어, 10회기 정도에 놀랄 만한 변화가 자신에게 있 었다고 보고하는 내담자는 지나치게 의존적인 성향이거나 상담에 저항하고 있을 가능성이 있다는 점에 대해 유념할 필요가 있다.

앞의 내담자 M은 열 번째 회기에 상담자에게 자신이 변화된 것 이 없고 오히려 자신의 마음 상태가 나빠졌다고 보고하며 상담에 서 불만을 토로하고 있다. 이런 경우 상담자는 상담자로서의 자기 자신에 대해 수치심과 부적절감을 느끼게 된다. 제대로 자신이 상 담을 하고 있는지 의심하게 되고, M을 위해서 무엇인가 열심히 준 비해야 할 것 같은 느낌에 사로잡힌다. 그렇다면 상담자의 이런 느 낌은 어디에서 기인한 것인가?

이 사례에서 M의 전이를 이해하면 상담자가 경험하는 압박을 이해할 수 있게 된다. M은 상담에서 놀라운 변화를 예상하고 있고 상담자가 이런 변화를 가져오게 할 수 있다고 기대하고 있다. 그러나 뜻대로 그런 변화를 경험하지 못하자 상담자의 실력을 의심하고 상담자가 무엇인가를 하지 못하고 있다고 생각한다. 이에 따라 M은 상담자가 제대로 작업을 수행하고 있는지 점검하고 확인하고 있다. 곧, 상담자를 점검하고 확인해야 할 대상으로 경험하고 있다. 상담자는 이로 인해 압력을 받으면서 M이 어린 시절 부모에게 받았던 압력을 떠올렸다.

상담자에게 떠올린 기억으로 보건대, M은 자신의 어린 시절 부모와의 경험을 상담 상황에 전이시킨 것으로 보인다. 학업 상황을 일일이 점검하며 자신을 통제하는 부모와의 관계에서 M은 부모를 만족시키기 위해 무엇인가를 해야 할 것 같은 느낌을 가졌을 것이다. 결국 어린 시절 부모와의 관계는 M의 내면에 강박적인 성격의 자기와 대상 세계를 형성했을 것이다. 무엇인가를 점검하고 확인하며 요구하는 대상에 대한 표상과 이에 반응하여 무엇인가를 해야 할 것처럼 조바심을 느끼고 그렇지 않으면 자신에 대해 수치심과 부적절감을 느끼는 자기에 대한 표상이 M의 내적 대상세계를 구성하는 단위가 될 것이다.

결과적으로 상담 상황에서 M은 자신의 자기표상을 상담자에게 위치(전이)시킨다. 어린 시절 부모의 의해 일일이 점검받고 확인받으며 통제받았던 M은 이로 인해 생긴, 무엇을 달성하기 위해 노력해야 하는 자기표상을 상담자에게 전이시킨 것이다. 이런 자기표상이 내적 세계에 존재할 때 사람은 쉽게 긴장감을 느끼고 하지 못한 일에 불안을 경험한다. 상담 또한 해야 할 어떤 과제처럼 느껴지고, 무엇인가를 성취해야 할 것처럼 느껴질 수 있다. 이렇게 내담자의 자기표상이 전이되었을 때 상담자 또한 이 상담에서 자신이 무엇을 해야 한다고 압박을 받게 된다. 이것은 내담자의 내적 대상관계가 상담관계로 옮겨지는 전이에 의해 상담자가 영향을 받게 되어 일정하게 반응하는 것으로 상담자의 역전이라고 부르게 된다.

4) 전이의 종류(양상)

역전이에 대해 설명하기에 앞서 전이의 종류에 대해 살펴보도록 하겠다. 전이는 다양한 종류가 있는데, 크게 부정적인 전이와 긍정적인 전이로 나누어 볼 수 있다. 부정적인 전이는 앞의 두 사례 예시에서처럼 상담자에 대해 부정적인 경험을 하게 되는 경우에 해당된다. D는 상담자가 자신을 비난하고 꾸중할 것이라 생각해 자신이 회사에서 경험한 불편한 이야기를 속시원히 하지 못한다. M은 상담자가 무엇인가를 제대로 하지 못하고 있다고 의심하고 있다. 이 두 경우 모두 부정적인 전이에 해당된다. 전이를 통해 내담자들의 무의식적 환상이나 소원, 두려움 등이 나타나기에 무의식을 살펴볼 수 있다는 점에서 유익하지만, 부정적인 전이의 경우에 상담자와 신뢰관계를 맺고 동맹을 이루어 가는 데 방해가 된다. 이는 상담에서 전이가 저항으로 작용하게 되기에, 상담자는 내담자와 이 전이 느낌을 다룰 필요가 있다.

반면, 많은 경우에 내담자는 상담자에 대해 긍정적인 전이를 형성한다. 상담자가 자신의 모든 문제에 대한 해결책을 갖고 있을 것이라고 생각하거나, 상담자의 존재로 인해 안정감을 느끼거나, 상담자를 깊이 존중하고 애정을 갖게 되는 경우가 이에 해당한다. 이런 긍정적인 전이가 형성되었을 때, 상담의 작업은 긍정적인 결과에 이를 수 있다. 그렇기에 상담자는 굳이 이런 긍정적인 전이를 부인하거나 극복하려고 하지 않아도 된다. 물론 상담자가 지나치게 자신의 친절이나 따뜻함으로 내담자를 의존시켜 결국 여기에서 벗어나지 못하게 하는 것은 오히려 상담에서 문제해결을 저해하기에 주의해야 한다. 왜냐하면 상담자의 이런 긍정적인 전이에 대한 반응으로 인해 내담자의 내적인 결핍이 고착될 수밖에 없기 때문이다. 결과적으로는 이런 긍정적인 전이 또한 점차적으로 사라져야 할 필요가 있다. 이를 통해 내담자가 상담자 없이도 내적으로 자신을 위로할 수 있고 문제를 해결할 수 있는 자아의 기능들이 향상되도록 해야 한다.

5) 역할과 반응

내담자는 전이를 통해 자신의 내적 세계의 자기표상과 대상표상을 상담자에게 위치시킨다. 이것은 상담자에게 일정한 역할과 반응을 기대한다는 것을 의미한다. 상담자가 이를 기억하는 것도 전이를 이해하고 분석하는 데 도움이 된다. 곧, "내담자는 나에게 어떤 역할과 반응을 기대하는가?"라고 상담자 스스로에게 질문한다

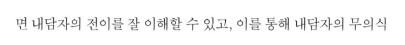

면 내담자의 전이를 잘 이해할 수 있고, 이를 통해 내담자의 무의식에 한층 더 가까이 갈 수 있게 된다.

앞에서 살펴본 전이의 구조를 표상, 양상, 기대의 측면에서 표로 정리하면 다음과 같다. 곧 표상, 양상, 기대에 따라 전이를 분석하고 그 구조를 이해할 수 있다.

〈표 1〉 **전이와 구조**

표상	대상표상과 자기표상
양상	긍정적인 전이와 부정적인 전이
기대	역할과 반응

2. 역전이의 이해와 분석

1) 역전이란 무엇인가

내담자가 상담자에 대해 일정한 느낌을 갖게 되어 전이를 형성하게 되는 것처럼, 상담자 또한 내담자에 대해 일정한 느낌을 갖게 된다. 상담자는 모든 내담자를 동일한 생각과 느낌으로 만나지 않는다. 상담자를 찾아오는 많은 내담자를 향해 상담자는 다른 감정과 정서, 사고와 생각을 경험하고 때로는 내담자와 관련해서 무의식적인 환상과 기대를 형성하게 된다. 정신분석은 이를 가리켜 역전이라고 불렀다. 역전이의 개념 또한 다양한 의미의 변이가 있기 때문에 누구에게나 만족할 만한 정의를 하기는 어렵다. 다만 실제 임상에서의 상담을 진행하는 상담자를 위해 편의상 역전이를 상담자가 내담자에 대해 경험하는 느낌과 생각이라고 정의할 수 있다.

2) 상담자에게 기인한 역전이

역전이는 크게 두 가지로 나누어서 이해해 볼 수 있다. 먼저, 상담자에게서 기인한 역전이이다. 이는 상담자 개인의 미해결된 무의식적 갈등과 발달상의 고착으로 인해 발생하는 역전이이다. 상담자 또한 아직 해결하지 못한 마음의 갈등과 문제를 갖고 있다. 이것이 무의식적인 마음의 작용을 통해 상담관계에 영향을 끼칠 수 있다. 다음의 상담 예시들을 살펴보자.

> 자신의 딸 또래의 대학생 내담자를 상담하기 시작한 상담자 W는 내담자가 남자 친구에게 질질 끌려가는 인상을 받게 되었다. 어느 날 상담자는 내담자에게 남자 친구와 헤어질 것을 요구했고 그래야 행복해질 수 있겠다고 이야기했다.

> 놀이치료사 G는 맞벌이를 하고 있는 부모에게 충분히 관심을 받지 못하는 아동에게 깊은 연민을 느꼈다. 어느 날 G는 부모면담 시간에 직장을 마치고 돌아온 부부에게 아이를 이렇게 방치하면 되겠느냐며 화를 냈다. 이후 G는 왜 이렇게 자신이 아동의 부모에게 화를 냈는지 돌아보았다. G는 자신의 어린 시절 맞벌이를 하며 자신을 방치했던 부모에게 극심한 분노를 느꼈던 것을 기억했다.

앞의 상담 예시들은 모두 상담자에게서 기인한 역전이를 보여 준다. 상담자 W는 내담자의 이야기를 경청하면서 내담자가 현재 남자 친구에게 끌려다니는 관계를 형성하게 된 무의식적 영향력을 살펴보아야 한다. 그럼에도 불구하고 W는 내담자가 남자 친구와 헤어질 것을 요구했다. 자신의 딸처럼 느껴지는 내담자가 남자 친구에게 이용당하지 않았으면 하는 W의 바람과 요구가 상담 상황에 영향을 끼친 것이라 볼 수 있다. 곧, W와 본인의 딸 사이의 관계에서 작용되는 마음의 역동이 내담자에게로 옮겨진 것이다. W의 섣부른 개입을 더 분석해 들어가면, 그 개입은 W의 어린 시절 자신의 어머니와의 관계에서 주입되고 형성된 가치관을 반영하는지도 모른다. 만약 그렇다면, 이는 W와 자신의 어머니 사이의 대상관계를 상담 상황에 전이시킨 것이라 볼 수 있다. 혹은 상담자의 지나친 억압의 결과일 수 있다. 성적 욕동에 대한 지나친 억압은 의식적으로 연애와 같은 성과 관련된 영역에서 지나친 보수성을 갖게 할 수 있다. 그것이 무엇이었든 상담자의 내적 대상세계가 상담 상황에 영향을 끼친 것으로, 이는 첫 번째 역전이 종류에 해당된다.

다음 예시에서도 첫 번째 역전이를 보여 준다. 놀이치료사 G는 자신이 만나는 아동에 대해서는 깊은 연민을 느꼈지만, 그 아동의 부모에 대해서는 분노감을 경험한다. 그렇다면 G가 아동의 부모에 대해 경험하는 분노의 감정은 어디에서 기인한 것인가? 놀이치료사가 놀이치료에 의뢰된 아동의 부모에게 때로는 분노의 감정을 경험한다. 하지만 놀이치료사는 부모를 치료의 동반자로 여기고 그들의 육아 스트레스를 다루며 그들이 함께 치료에 참여하도

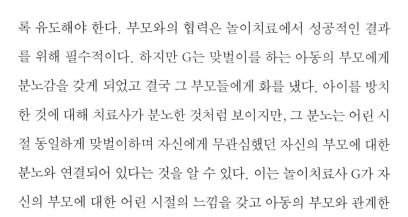

록 유도해야 한다. 부모와의 협력은 놀이치료에서 성공적인 결과를 위해 필수적이다. 하지만 G는 맞벌이를 하는 아동의 부모에게 분노감을 갖게 되었고 결국 그 부모들에게 화를 냈다. 아이를 방치한 것에 대해 치료사가 분노한 것처럼 보이지만, 그 분노는 어린 시절 동일하게 맞벌이하며 자신에게 무관심했던 자신의 부모에 대한 분노와 연결되어 있다는 것을 알 수 있다. 이는 놀이치료사 G가 자신의 부모에 대한 어린 시절의 느낌을 갖고 아동의 부모와 관계한 것이며 그렇기에 이는 상담자 쪽에서의 전이라 볼 수 있다.

이런 첫 번째 종류의 역전이 경우, 상담자는 자신의 해결되지 않은 심리내적 문제들에 대해 더 깊은 분석과 탐색이 필요하다. 상담자의 역전이가 자신의 해소되지 못한 내적 갈등이나 소원의 결과물이라고 했을 때, 상담자에게 요구되는 것은 꾸준한 분석과 슈퍼비전이라고 말할 수 있다. 상담자 자신이 지속적인 분석과 슈퍼비전을 통해 자신의 무의식에 대한 이해를 넓히고 확장해야 보다 더 성공적인 상담과 분석을 기대할 수 있다. 상담자의 미해결된 아동기의 과제가 상담 상황에 짙게 드리워질 때, 때로 상담은 가장 극단적인 결과를 낳기도 한다. 내담자와 성적, 사회적 혹은 사업적 관계를 통해 상담이 실패하는 경우가 오늘날 빈번하게 나타나는 것을 볼 때, 상담자의 지속적인 분석과 슈퍼비전이 요구된다.

3) 내담자에게 기인한 역전이

두 번째 역전이의 형태는, 내담자가 의식적으로나 무의식적으로 상담관계에 압력을 행사하여 상담자가 경험하게 되는 역전이이다. 이는 내담자가 맺고 있는 대인관계를 파악하고 내담자의 심리내적 세계를 이해하는 단서가 되기 때문에 대단히 유익하다. 정신분석 초창기부터 역전이의 유용성에 대한 많은 논의가 있어 왔다. 상담자가 내담자와의 관계에서 경험되는 여러 반응(역전이)이 내담자의 심리 안에서 무엇이 일어나고 있는지를 보여 주는 핵심적인 단서가 된다고 정신분석가들이 이해하기 시작했다. 이는 두 번째 종류의 역전이를 보여 주는 것으로 특정 내담자가 아니었더라면 경험하지 않았을 상담자의 다양한 반응과 감정이 이에 해당된다. 이 역전이를 통해 상담자는 내담자를 보다 더 잘 이해할 수 있게 되고, 내담자의 대인관계를 진단할 수 있는 중요한 정보를 얻게 된다. 다음의 상담 예시를 살펴보자.

> 자녀들과의 관계에서 큰 어려움을 겪고 있는 내담자가 상담자 B의 얼굴에서 볼 수 있는 피곤함을 매 회기 지적했다. "지금 선생님 얼굴은 무척 졸려 보이네요. 이렇게 피곤하신데 제 이야기를 제대로 들어 주실 수 있을까요?" 이런 지적이 반복되자, B는 이 내담자가 오기 전 날이면 일찍 잠들어야 한다는 생각이 들기 시작했고, 내담자와의 회기 전 거울에 비친 자신의 얼굴을 확인했다.

앞의 사례에서 상담자 B는 역전이를 경험하고 있다. 곧, 내담자와의 관계에서 일정한 생각과 감정을 느끼면서 반응하고 있다. 먼저, 상담자 B는 자신의 얼굴에서 피곤함을 보고 이에 대해 불평하는 내담자에게 불편함을 느낀다. 그래서 B는 그 내담자와의 상담 회기가 있는 전날에 일찍 잠들어서 피곤함이 묻어나지 않도록 각별히 신경 써야 할 것처럼 느끼고 있다. 이렇게 B가 경험하는 불편함과 통제받는 느낌은 상담자들이 특정한 내담자들과의 관계에서 자주 경험하는 역전이이다. 상담실 테이블을 매 회기 시작 전에 정리하는 내담자가 있다면 상담자는 그 내담자가 오기 전에 상담실을 정리해야 할 것처럼 느낀다. 내담자가 울 때 티슈를 건네주지 않은 것에 대해 매번 불평하는 내담자에게는 내담자 바로 앞에 있는 티슈를 또다시 손으로 건네줘야 할 것 같은 부담을 갖기도 한다. 그렇다면 이렇듯 상담자의 통제받는 느낌과 부담은 어디에서 오는 것인가?

앞의 첫 상담 사례에서 상담자 B가 경험한 통제받는다는 부담감과 충분히 잠을 자야겠다는 생각은 내담자와의 관계에서 비롯된 역전이이다. 다른 내담자였다면 경험하지 않았을 이런 역전이가 정신분석 상담에서는 어떤 의미를 지니는가? 이 역전이는 분명 내담자의 압력에 의해 발생한 것으로 상담자의 미해결된 내적 갈등에 의해 비롯된 역전이와는 비교된다. 이것은 무엇보다 내담자의 대인관계를 추정해 볼 수 있는 자료가 된다. 현재 자녀들과의 관계에서 갈등을 겪고 있는 내담자의 문제로 놓고 봤을 때, 자녀들과의 갈등은 상담자가 지금-여기에서 경험하고 있는 역전이(통제받는 느낌)와 깊은 관련이 있을 것이다. 이 내담자와의 관계에서 상담자 자신 또한 제한받고 통제받는다는 느낌에 사로잡힌다면, 아마도 이 내담자의 자녀들은 더욱 심한 통제감을 경험하고 있을 것이라고 추측해 볼 수 있다. 이로 인해 자녀들은 엄마의 통제에 반항했을 것이고, 이는 내담자의 마음에 더 깊은 갈등과 상처를 주게 될 것이라고 이해할 수 있다.

더 나아가 상담자 B의 역전이는 내담자의 내적 대상관계를 설명하는 중요한 진단적 자료가 되기도 한다. 내담자의 어린 시절을 파악할 수 있는 자료가 제시되지 않았음에도, 우리는 지금-여기에서의 B와 내담자의 관계를 통해 내담자의 어린 시절을 재구성해 볼 수 있다. 이는 어린 시절 중요한 대상과의 관계가 지금-여기의 상담 상황에서 반복되고 재현된다는 정신분석의 기본 전제에 근거해서 이루어진다. 상담자는 내담자의 어린 시절을 탐색하지 않아도, 전이를 통해 내담자의 무의식에 존재하는 어린 시절의 기억과 느낌을 찾아가는 고고학적 작업을 수행할 수 있다. B는 내담자와의 관계에서 통제받고 있다는 것을 경험한다. 이것은 내담자의 압력에 의해 일어났다. 곧, 내담자의 마음을 통제하고 통제받는 내적인 자기와 대상 세계로 가정해 볼 수 있다. 아마도 내담자는 유년시절 심한 통제와 제한을 받는 양육환경에서 자라났고 그 환경이 내담자의 자기와 대상 세계 안으로 내면화되었을 것이다.

4) 일치적 역전이와 상보적 역전이

내담자의 전이와 연관 지어 상담자 B의 역전이를 살펴보자. 내면화된 내적 대상세계를 구성하는 내담자의 자기표상이 지금-여기의 상담관계에서 B에게 떠넘겨졌다고 가정해 보자. 이것은 내담자 쪽에서 일어난 무의식적 마음의 작용(전이)이다. 이는 내담자가 어린 시절 자신이 부모에 의해 제한당하고 통제받았던 것처럼, 상담자를 제한하고 통제한 것이다. 곧, 자신의 유년시절에 부모님과의 관계에서 제한받고 통제받았던 자기 자신의 역할을 B에게 부여하고 있다. 이것은 앞에서 설명한 전이의 구조를 바탕으로 분석한 것이다. 그리고 이 전이의 영향으로 상담자는 압력을 받아 통제받는다는 느낌(역전이)을 갖게 된다. 이렇듯 내담자 본인이 어린 시절 중요한 대상과의 관계에서 경험한 유아적 느낌이 전이되어 상담자가 이를 유사하게 경험하게 되는 것을 일치적 역전이라고 부른다. 다시 말해, 상담관계에서 내담자의 자기표상이 전이되어 상담자가 내담자의 자기표상의 역할을 떠맡게 되는 경우 일치적 역전이에 해당된다(Racker, 1968).

하지만 아직 앞의 사례에서 상담자가 경험한 역전이를 일치적 역전이라고 단정 지을 수는 없다. 보다 정확한 분석을 위해 더 면밀하게 상담관계를 관찰해야 한다. 내담자의 자기표상이 아닌 대상표상이 지금-여기의 상담관계에서 B에게 떠넘겨진 경우도 충분히 가능하기 때문이다. 동일한 사례이지만 만약 대상표상이 전이된 경우에는 내담자의 내적 세계를 조금 다르게 그려 볼 수 있고, 이에 따라 내담자의 어린 시절도 조금 다르게 재구성된다. 내담자는 어린 시절, 자신에게 무관심한 부모를 통제하여 자신에게 더 세심한 돌봄과 관심을 제공해 줄 것을 요청했을 수 있다. 그리고 무관심하고 돌보지 않는 부모와의 관계에서 대상을 강력하게 통제하고자 하는 내적인 환상을 갖게 되었을지도 모른다. 만약 그렇게 통제되지 않았을 때 내담자는 깊은 좌절과 함께 대상을 잃을지 모르는 불안을 경험했을 것이다. 이런 가정환경을 내담자가 내면화했다면, 상담관계에서 돌봄의 역할을 맡은 상담자 B는 통제되어야만 내담자 자신에게 돌봄과 관심을 제공하는 대상처럼 느껴질 수 있다. 이렇게 내담자의 대상표상이 전이되었을 때, 상담자는 통제받는다고 느끼고 더 세심하게 돌봐 줘야 할 것 같은 느낌(역전이)을 갖게 될 수 있다. 이렇게 내담자의 대상표상이 상담자에게 전이된 결과로 상담자가 경험하게 되는 역전이를 상보적 역전이라 부른다. 이 경우에는 내담자의 어린 시절에 부모가 경험했을 느낌과 감정을 상담자 또한 유사하게 경험하는 경우로 볼 수 있다(Racker, 1968).

3. 역전이와 정신분석

1) 고고학적 자료로서의 역전이

자기표상이 전이된 경우인지, 아니면 대상표상이 전이된 경우인지를 파악하기 위해 상담자는 더 내담자를 관찰하면서 이에 대해 함께 이야기를 나누어야 할 것이다. 또한 그 안에서 내담자가 갖고 있는 무의식적 소원과 두려움을 드러낼 수 있어야 한다. 그것이 내담자의 삶에 어려움을 주고 있는지를 살필 수 있어야 한다. 이렇듯 상담자가 분석적인 추정을 하는 것은 내담자를 평가하거나 비난하기 위함이 아니라, 어떻게 상담의 방향을 정하고 내담자에게 도움을 줄 것인지를 미리 생각하여 사례를 개념화시키기 위함이다. 이에 대해서는 사례개념화에 대해 다루는 마지막 제11장에서 추가로 설명할 것이다. 지금 시점에서 중요한 사실은 앞에서 설명했듯이, 이 역전이가 내담자의 내적 대상세계와, 어린 시절 관계양상을 추정해 볼 수 있는 고고학적 자료가 된다는 것이다. 다음의 또 다른 상담 예시를 살펴보자.

> 주변에 친구가 없어 외로움을 느끼는 내담자가 상담 초기부터 봇물 터지듯 자신의 이야기를 쏟아 내기 시작했다. 빠른 속도로 자신의 이야기를 풀어 내는 내담자에게 상담자 C가 할 수 있는 유일한 개입은 듣는 것뿐이었다. 문제는 20회기 이상 상담이 진행되었음에도 이런 양상은 바뀌지 않는다는 것이었다. C는 자신이 마치 투명인간이 된 듯한 느낌이었다. 내담자가 이야기하는 동안 자신이 일어나 사라져도 될 정도로 상담실 안은 내담자 외에는 아무도 존재하지 않는 것처럼 느껴졌다.

앞의 사례에서 상담자 C 또한 내담자와의 관계에서 역전이를 경험하고 있다. C는 내담자와의 관계에서 자신이 투명인간이 된 것처럼 느꼈다. 상담실 안에 존재하는 사람이 내담자뿐이고 자신은 마치 그 관계에서 사라진 느낌을 받았다. 이는 상담자에게 틈을 주지 않고 자신의 이야기만 말하는 내담자의 태도에 의해 경험되었다. 내담자는 C가 개입할 여지를 주지 않은 채, 상담 시간을 자신의 이야기로 채웠다. 많은 상담자가 이와 같이 이야기하는 내담자들로 인해 어려움을 겪는다. 물론 반대로 어떤 이야기도 하지 않는 내담자들 또한 상담자에게 어려움을 주는 것은 사실이다. 하지만 상담자에게 말할 기회조차 주지 않고 자신의 이야기만 하고 상담실을 떠나는 내담자에 의해 상담자는 왠지 모를 불편한 느낌을 경험한다. 그 불편감은 아마도, 상담자가 상담관계에서 마치 자신의 존재 가치를 잃어버린 듯 느껴지기 때문일 것이다. 이 때문에 자신이 상담을 제대로 하고 있는 것인지, 자신이 해야 할 일은 그냥 듣기만 하는 것인지 고민하며 상담자로서의 존재감을 찾지 못하게 된다. 이런 결과로 상담자는 마치 자신이 투명인간이 된 것처럼 느끼게 된다.

이처럼 내담자의 일방적인 대화 방식은 상담자의 존재를 지워 버리게 된다. 대화는 대화의 참여자들이 서로 이야기를 주거니 받거니 하는 것이 일반적이다. 여기에서 한 사람이 대화를 지배하면서 상대방에게 일방적으로 들을 것을 요청하게 된다면, 둘 사이의 관계는 보이지 않는 주종관계가 형성되기 마련이다. 이는 상대의 개별성을 인정하지 않는 행위이기에 대화의 상대방은 피곤함과 무시당하는 느낌을 받게 된다. 이는 지나치게 자신에게만 몰두해 있는 자기애적인 사람들이 타인과의 대화에서 자주 보이는 대화 방식이다. 내담자의 이야기를 경청하는 상담관계에서도 상담자는 적절한 개입을 하며 이야기를 주고받는다. 하지만 일방적인 대화 방식으로 상담자가 개입을 전혀 할 수 없는 내담자와의 관계에서 상담자는 동일하게 자신의 개별성과 존재감이 사라지는 것을 경험한다.

앞의 사례에서 내담자는 상담자 C에게 자신의 이야기를 꼼짝 말고 듣고 있어야 하는 역할을 무의식적으로 부여한다. 그렇다면 이야기를 듣고만 있어야 하는 역할은 어디에서 비롯된 것인가? 그것은 내담자의 내적인 측면과 관련이 있다. 타인은 자신의 이야기를 듣고만 있어야 한다는 것은 대상에 대한 그런 무의식적 기대가 존재한다는 것을 보여 준다. 이는 내담자의 유년시절에 기인하는 것으로 추정해 볼 수 있다. 유년시절 양육자가 아동의 이야기를 일방적으로 들어 주면서 과잉 반응하게 되는 경우에, 아동은 대상에 대해 자신의 이야기를 일방적으로 들어야 하는 무의식적인 기대를 갖게 될 수 있다. 한편, 지나치게 자신의 이야기를 들어 주지 않고 무시하는 부모와의 관계에서도 이런 무의식적 기대가 생겨날 수 있다. 따뜻하고 친절한 누군가를 만났을 때, 이야기를 들어 주지 않던 부모 대상과는 정반대의 기대를 가질 수도 있다. 부모와 같은 대상이 자신의 이야기를 전적으로 듣게끔 통제할 수도 있다. 이 두 가지의 경우 모두에서 이런 일방적인 상담관계가 형성되었다면, 이것은 내담자의 대상표상(대상에 대한 느낌과 대상의 역할)이 상담자에게 전이된 것이라 이해할 수 있다.

반면, 부모가 지나치게 일방적으로 자신의 이야기를 하고, 자녀에게 이야기를 들도록 강요하는 경우도 생각해 볼 수 있다. 어린 시절부터 자녀들에게 자신의 이야기를 들도록 강요하거나 부모를 돌볼 것에 대해 무의식적으로 요구하게 되면, 자녀들은 돌봄을 제공해야 하는 대상에 대한 표상과 더불어 일방적으로 희생하고 돌봄을 제공해야 할 것처럼 경험하는 자기 자신에 대한 표상이 내적 세계에 만들어질 수 있다. 이런 내담자의 내적 대상세계가 상담관계에 전이되어 나타난다면, 상담자는 내담자 자신의 돌봄을 받아야 하는 존재가 되거나, 혹은 내담자 자신의 이야기를 일방적으로 들어야

하는 존재가 된다. 이 경우에는 자기표상(자기 자신에 대한 느낌과 자기 자신의 역할)이 전이되어 상담자에게 나타나는 역전이이다.

2) 역전이와 상담개입

앞의 상담 사례가 어떤 경우에 해당되든 상담자는 지금-여기의 상담관계에서 일어나는 일들을 내담자가 보고 자신에 대해 통찰하도록 안내하는 것이 중요하다. 하지만 이는 내담자에게 대단히 어려운 일이다. 상담자의 존재감을 사라지게 만들면서 자신의 이야기만 쏟아 내고 있는 내담자에게 지금-여기에서 일어나는 역동을 보게 하는 일은 큰 상처가 될 수 있다. 특별히 이런 자기와 대상 세계를 갖고 있는 경우에 내담자는 깊은 내적인 결핍을 갖고 있는 경우가 많다. 그렇기에 지금-여기의 상담 상황이 어떠한지 보게 하여 자신의 내적 세계를 이해하도록 하는 작업이 내담자에게는 큰 부담이 되고 자기애에 큰 상처를 줄 수 있다. 전이 양상에 따라서는 누군가가 자신의 이야기를 정성스럽게 듣는 경험을 하는 것이 앞의 사례의 내담자에게는 오히려 더욱 중요한 부분이 될 수 있다.

특별히 자신의 이야기를 듣지 않고, 무시하며, 공감적으로 그 감정을 수용하지 않는 양육을 제공받은 사람의 마음은 마치 깨어질 듯한 유리잔과 같아서 사소한 것에 큰 상처를 받게 된다. 이는 동일하게 상담관계에서도 마찬가지이다. 만약 상담관계에서 내담자가 상담자에게 틈을 주지 않고 말하는 방식에 숨겨진 결핍과 불안을 상담자가 해석하여 보여 준다면 내담자는 큰 상처를 받고 도망가게 될지도 모른다. 그렇다고 내담자가 전이 속에서 상담자에게 무의식적으로 기대하고 있는 대로, 전적으로 이야기를 들어 주는 역할을 수행하는 것 역시 상담자의 입장에서도 아주 고되고 힘든 일이 될 뿐만 아니라, 결국에는 내담자의 내적 대상관계를 강화하게 된다.

그렇기에 상담자가 부드러움과 친절함의 기조를 잃지 않고, 내담자가 지금-여기에서의 관계에 무의식적으로 드러내고 있는 자기와 대상 세계, 그리고 그 안에서 빚어지는 무의식적 갈등과 소원을 드러낼 수 있다면 상담자는 아주 어려운 일을 잘 수행한 것이다. 특별히 상담자 C의 역전이 사례에서처럼 내적 결핍이 많고, 관심과 사랑을 잃어버릴지 모른다는 깊은 불안이 존재한다. 그렇기에 대화의 상대를 통제해야 한다는 강렬한 무의식적 환상이 내담자의 자기와 대상 세계를 지배하게 된다면, 정신분석의 작업은 더욱 어려워질 수밖에 없다. 상담자는 내담자의 전이를 통해 무의식적 환상을 드러내야 할 뿐만 아니라, 내담자의 부정적이든 긍정적이든 그 전이 속에서 상담자에게 무의식적으로 기대하는 바를 적절하게 다루고 만족시켜야 하는 과제를 동시에 안게 된다. 이 상담개입에 대해서는 제10장에서 자세하게 설명할 것이다.

이렇듯 역전이를 통해 상담자는 내담자의 일반적인 대인관계를 이해하게 될 뿐만 아니라, 내담자의 내면세계에 대한 진단 정보를 얻게 된다. 나아가 내담자가 지금-여기의 상담자와의 관계에서 어떤 무의식적 갈등과 환상, 소원과 두려움을 갖고 있는지를 관찰할 수 있게 된다. 상담자가 내담자를 대하면서 경험하는 생각과 느낌은 이렇듯 내담자를 이해하고 내담자의 무의식의 세계로 안내하는 역할을 한다. 상담자는 내담자의 성격을 형성하도록 만든 어린 시절을 찾아 들어가는 고고학적 작업을 바로 이 역전이를 통해서 할 수 있게 된다. 그런 점에서 현대 정신분석에서 역전이는 대단히 핵심적인 위치를 점하게 된다.

3) 내담자 되기

역전이가 오늘날 정신분석에서 더욱 중요해진 이유는 그것이 내담자의 회복과 성장에 중요한 수단이 된다는 점에서 그러하다. 역전이 속에는 내담자의 내면화된 내적 세계의 대상관계의 정보가 숨겨져 있는데, 이것은 억압되거나 분열되어 마음 한켠에 저장되어 있는 정보이다. 내담자가 초기 유년시절에, 곧 아직 자아가 현실의 어려움과 좌절을 다루기 어려웠던 시절에, 부모와의 관계에서 경험되는 깊은 좌절과 상처는 다루어지지 못한 채 마음속에 분리되어 저장된다. 물론 그런 분리와 분열이 자아가 불편한 상황을 다루는 한 방법일 수 있지만, 문제는 그것이 성인기에도 전이와 투사 그리고 투사적 동일시의 과정을 통해 대인관계를 어렵게 한다는 점이다. 또한 일상에서 경험되는 공포나, 두려움 그리고 불안에도 큰 영향을 주는 내적 기반이 되기 때문이다.

그런데 소화되지 못해 억압되고 분열된 그 사고와 감정, 기억들을 투사시켜 상담자에게 전이시킨다는 것은 정신분석에서 큰 기회로 작용한다. 전이를 통해 내담자의 내적 대상관계가 상담 상황에 옮겨지면서, 내담자 본인 스스로는 다루기 어려웠던 사고와 감정,

기억들을 이제 상담자와 함께 다룰 수 있게 되었다. 전이의 과정 속에서 내담자의 마음에 존재하는 내적 대상세계는 외부의 상담관계에 옮겨지고, 이로 인해 상담자는 일종의 압력을 받게 된다. 이것은 상담자가 내담자의 내적 세계에 참여하게 되었음을 의미한다. 역전이가 아니었으면 가 보지 못했을 내담자의 깊은 마음의 세계를 상담자는 이론이나 관찰로서가 아닌 경험으로 다가가게 된다. 상담자는 내담자의 내적 세계의 한 부분이 되고, 이로 인해 내담자와 함께 내담자의 내적 세계를 다룰 수 있는 기회를 얻게 된다.

내담자의 전이는 상담자를 내담자의 내적 세계로 초청한다. 상담자가 이 초청에 반응하지 않는다면 상담은 이른 시기에 종료될 것이다(Gabbard, 2004). 혹 상담이 계속 이어져도 상담자는 내담자의 무의식 세계로 안내받지 못한다. 내담자의 초청에 상담자가 적절한 역전이 반응으로 응답하는 과정을 통해 내담자의 내적 세계는 더욱 활성화되고 다룰 수 있게 된다. 제7장에서는 이렇게 내담자의 내적 세계의 일부분으로 동일시되어 가는 과정을 묘사하는 투사적 동일시 개념과 함께, 역전이 개념의 발전이 가져온 상호주관성 개념에 대해 살펴볼 것이다.

더 읽을거리

장정은(2020). 누구에게나 숨겨진 마음이 있다. 서울: 꿈꾸는 인생.
한재현, 양미래 공역(2020). 역전이와 경계선 환자의 치료. 글렌 개버드 저.
    서울: 학지사.

1. 무의식적 교류현상

　지금까지 살펴보았듯이 정신분석 상담은 지금-여기에서 일어나고 있는 상담자와 내담자의 관계양상과 그리고 역동에 큰 의미를 부여한다. 내담자는 전이를 통해 상담자에게 의식적이든 무의식적이든 압력을 행사하여 상담자로 하여금 특정한 느낌이 들게 하고 특정한 행동을 하게 만든다. 이것은 비단 상담자와 내담자와의 관계에 한정되지 않는다. 우리 삶의 모든 관계에는 이런 상호 간에 주고받는 무의식적 영향력과 교류가 존재한다. 정신분석은 전이와 역전이라는 개념을 통해 이런 무의식적 교류현상에 주목하기 시작했다. 왜냐하면 앞에서 언급했듯이 그 무의식적인 교류 가운데 내담자의 무의식적 환상이나 소원 그리고 두려움 등이 표현되며, 나아가 무의식을 의식화시키는 정신분석의 목표를 달성할 수 있기 때문이다. 다음의 상담 예시를 보면 이것이 분명해진다.

　감정 통제가 어려워 상담을 의뢰한 20대 후반 여성 내담자 Z는 상담자와 30회기 가까운 상담을 진행했다. 초반 상담에서 Z는 상담자의 여러 가지 개입을 잘 따라가며 빠른 시간에 안정되어 갔고, 상담자는 이에 흐뭇한 마음이 들었다. 하지만 30회기 이후에 Z는 상담자의 일상사에 대해 많은 질문을 하기 시작했고 평일에는 상담자에게 메일과 카톡을 보내곤 했다. 이에 상담자는 침범당한다는 느낌이 들어 내담자에게 상담관계의 경계에 대해 이야기했고, 메일과 카톡 보내는 것을 자제시켰다. 그러자 Z는 큰 실망을 보였고, 급격하게 심리상태가 나빠져 자해를 하거나 과음과 과식을 하기 시작했다.

　　상담 초반에 내담자 Z는 상담자를 만나 마음이 빠르게 회복되어 가는 양상을 보여 줬다. 이렇게만 보면 상담이 좋은 결과를 가져왔다고 판단할 수 있다. 하지만 관계에서 주고받는 역동에 초점을 맞추는 정신분석 상담자는 이른 시기에 안정감을 찾아가는 이것이 내담자에게 어떤 의미인지를 관찰해야 한다. 내담자가 안정감을 찾았다고 상담을 종료하게 되면 정작 핵심적인 내담자의 문제를 건드려 보지도 못하고 내담자의 문제를 강화할 수 있다. 앞의 사례에서 30회기를 넘으면서 Z는 상담자의 사적인 삶에 관심을 갖기 시작했다. 상담자에게 개인적인 질문도 많이 하고 상담이 없는 날에는 메일과 카톡을 보냈다. 이는 상담자에게 큰 애정을 갖기 시작했음을 의미한다. 자신을 돌봐 주는 상담자가 특별한 사람이고, 또 자신도 상담자에게 특별한 사람이기를 바라는 이런 전이를 정신분석은 애정화 전이라고 부른다. 하지만 이에 대해 상담자는 침범당한다고 느껴 경계를 지어 주었고(역전이), 이로 인해 Z의 마음은 급격하게 나빠졌다. 그리고 Z의 일상은 엉망이 되기 시작했다.

　　지금-여기에서 일어나고 있는 관계양상에 초점을 두는 정신분석 상담자는 내담자의 자해와 과음 그리고 과식을 이해할 수 있다. 그것은 일종의 상담자를 통제하는 방식이다. 이는 상담자가 이전처럼 자신에게 거리를 두지 않고 관심과 사랑을 가져 달라는 의미이다. 이런 점에서 Z가 상담 초반에 급격하게 안정세를 보인 것 또한 상담자에게 사랑과 관심을 얻기 위한 통제 방식임이 드러나게 된다. Z는 자신에게 친절하고 관심을 보이는 사람을 지나치게 이상화하거나 집착하는 관계 양상을 지금－여기의 상담자에게 보여준다. 이는 좋은 대상을 잃어버리지 않고 그 관계에서 안정감을 지속하려는 유아적 시도이다. 이런 점에서, Z는 그렇게 자신에게 관심을 보이는 사람이 언제든 떠나 버릴지 모른다는 상실과 분리에 대한 두려움과 불안이 존재한다고 볼 수 있다. 이런 관계의 양상과 역동을 통해 정신분석 상담자는 내담자의 무의식과 내적 대상관계에 접근해 들어가며 나아가 내담자의 어린 시절에 무엇이 일어났는지를 관찰할 수 있는 고고학적 작업을 수행할 수 있다.

하지만 상담자가 지금－여기에서 일어나고 있는 무의식적 관계역동에 대해 고려하지 않게 된다면 내담자를 이해하는 핵심적인 자료를 잃게 되어 상담에서 효과적인 개입을 하기 어렵게 된다. 앞의 사례에서도 상담자는 내담자가 지나치게 집착한다는 느낌이 들어 내담자와 거리를 두기 시작했다. 상담자가 느끼는 불편함 역시 상담에서 내담자를 이해하는 중요한 자료가 된다는 것에 대해서는 제6장에서 살펴보았다. 내담자 Z가 건네주는 불편함은 Z의 대인관계를 이해함에 있어서나, 그녀의 내적 세계를 진단함에 있어 필수적인 자료가 된다. Z는 사람들과의 관계에 집착하여 관계를 어렵게 하고 상대방에게 불편함을 줄 수 있다. 이는 Z의 내적 세계에 존재하는 사랑하는 사람을 상실할지 모른다는 두려움과 분리되는 것에 대한 불안이 존재한다는 것을 보여 준다.

이렇듯 지금－여기에서 오고 가는 상담관계의 역동이 정신분석에서 중요해지면서, 상담자와 내담자 사이의 오고 가는 무의식적 교류현상을 묘사하는 다양한 개념이 나타나게 되었다. 이 개념들을 이해하는 것이 유익한 이유는 이를 통해 내담자의 무의식적 소원과 두려움에 접근할 수 있기 때문이다. 곧 정신분석의 목표, 무의식의 의식화에 도달하는 것에 이 개념들은 도움을 주게 된다. 특별히 제7장에서는 투사적 동일시, 역할반응성, 실연 그리고 상호주관성의 개념을 설명하고자 한다. 이 개념들은 정신분석 발전 과정에서 지금-여기의 분석관계를 이해하기 위해 등장했다. 특히 점차적으로 상담관계에서 내담자에 대한 상담자의 영향력을 고려하기 시작하면서 이 개념들이 등장했다. 다시 말해, 상담자 또한 상담관계에 참여하는 한 주체로 진지하게 고려하기 시작한 것이 이런 발전을 낳은 것이다. 이로 인해 정신분석은 상담자와 내담자 사이의 상호적인 영향력을 강조하기 시작했고, 한 사람 심리학에서 두 사람 심리학으로 발전할 수 있었다(Aron, 1996).

2. 상호주관적 영향력

이번 장에서는 네 가지 개념을 소개한다. 먼저, 각각의 개념을 설명하기 위해 사용될 상담 예시를 제시하고자 한다. 네 가지 개념으로 다음의 예시를 어떻게 이해할 수 있는지를 비교하면 보다 쉽게 이 개념들의 이해에 접근할 수 있을 것이다.

매 회기마다 상담자가 겪고 있는 고충과 어려움에 대해 깊은 연민과 위로를 표현하는 내담자 A에게 상담자는 큰 고마움을 느꼈다. 다양한 사람을 만나는 상담자의 일이 무척 고될 것 같다며 상담자를 공감해 주는 A에게 상담자는 각별한 애정을 느꼈다. A는 상담비를 낼 때에도 예쁜 봉투에 감사의 편지를 현금과 함께 넣어 상담자에게 건넸다. 상담자 자신도 부모에게 도움이 되고자 애썼던 경험이 있던 터라, 상담자는 A를 참 좋은 사람으로 느끼고 A에게 아낌없이 칭찬하고 위로를 건네주었다. A는 맏딸로 사업이 실패한 아버지의 병치레를 맡느라 지친 어머니에게 좋은 딸이 되고자 했었다.

1) 투사적 동일시

상담자와 내담자 사이에 오고 가는 관계역동에서 내담자의 무의식에 존재하는 환상이나 두려움을 찾아내는 정신분석에서 투사적 동일시(Projective Identification)가 갖는 위치는 중요하다. 투사적 동일시는 내담자가 상담관계에서 상담자에게 끼치는 무의식적 영향력과 압력에 대해 묘사하는 개념이다. 모든 인간관계에서 사람들은 상호 간에 영향력을 주고받는 것이 사실이다. 찌푸린 얼굴로 상대방의 이야기를 듣는 사람 앞에서, 우리는 우리 자신도 모르는 사이에 말하는 것을 주의하게 될지 모른다. 누군가 무엇인가 힘주어 이야기할 때, 우리는 그 이야기에 주목해야 할 것 같은 느낌이 든다.

정신분석에서는 분석과 상담 상황에서 행사되는 무의식적 압력을 오랜 시간 관찰해 왔다. 상담자에 대한 무의식적 영향력은 다양하게 묘사할 수 있다. 매 분석 시간에 커피를 사 오는 내담자에게 상담자는 커피를 기대하면서 내담자에게 친근하게 대해 줘야 할 것처럼 느낄 수 있다. 상담자의 이야기를 진지하게 듣고 이를 실천하는 내담자에게는 격려와 칭찬을 하고 싶은 느낌을 가질 수 있다. 매우 작은 목소리로 이야기하는 내담자에게는 상담자가 더 주의를 기울여야 한다고 느낄 수 있다. 이런 미세한 영향력이 내담자의 무의식 세계를 보여 준다는 것을 발견할 때 놀라움을 갖게 된다.

앞의 사례에서 내담자 A는 상담자를 위로해 주고 돌봄을 제공해야 하는 대상으로 경험하고 있다(전이). 이로 인해 상담자는 A를 참 좋은 사람으로 느끼고 아낌없이 칭찬하고 위로한다(역전이). 이런 관계역동은 내담자의 무의식적 압력에 의해 발생했다. 어린 시절부터 부모를 위로하고 돌봄을 제공하는 역할을 맡았던 A는 상담관계에서도 동일한 역할을 무의식적으로 수행하려고 한다. 상담자와의 관계에서 무의식적으로 좋은 사람으로 인정되고 확인받기를 바라는 것이며, 실제로 상담자는 내담자를 그렇게 인정해 주었다. A가 자신에 대해 좋은 느낌을 갖게 되는 것은 바로 다른 사람을 위로하고 돌봐 줄 때이다. 상담자는 어린 시절 착한 아이였던 A를 좋은 아이로 바라봐 주고 인정해 주던 어머니처럼 A에게 반응했다.

이처럼 내담자의 압력이 무의식적으로 행사되면, 상담자는 자신의 정체성을 일시적으로 상실하고 내담자의 내적 세계의 한 대상이 된다. 좀 더 구체적으로 설명하면, 앞의 사례에서 볼 수 있듯이, 내담자의 내적 대상관계에서 대상표상(연약하고 지쳐 있기에 위로해 주고 돌봄을 제공받아야 하는 대상)이 상담자에게 투사되었고, 상담자는 실제로 내담자의 압력에 의해 그런 대상이 되었다(동일시).

이렇게 투사적 동일시의 과정이 상담관계에서 일어나면, 상담자는 내담자의 내적 세계에 참여하게 된다. 이는 상담적으로 중요한 의미를 지닌다. 상담자는 단지 관찰을 통해 내담자의 문제에 접근하는 것이 아니라 실제 내담자의 마음에 존재하는 한 대상이 되어 이를 직접 경험함으로써 내담자의 문제를 다루게 된다.

앞의 사례에서 내담자 A는 늘 자신이 누군가를 돌봐야 하고 위로해야 하는 역할을 해 왔을 것이다. 지나치게 자신의 욕구를 희생하며 다른 사람의 필요를 채워 주는 데 익숙했을 것이다. 이것은 한편으로 A의 자존감을 유지하는 수단이 되기도 했을 것이다. 하지만 이런 관계의 역동 속에서 A는 다양한 심리적 어려움을 겪게 된다. 무엇인가 채워 주지 못한 죄책감이나 수치심, 지나친 자기비난과 평가절하로 인한 우울감, 분노와 같은 감정 처리의 미숙함 등이 A의 예상되는 심리적 어려움이다.

처음으로 투사적 동일시의 개념을 언급했던 정신분석학자는 제4장에서 살펴본 멜라니 클라인이다. 그녀는 유아가 자아의 나쁜 부분들을 축출하여 엄마에게 위치시키게 되는데, 이를 통해 유아는 엄마를 소유하고 통제한다는 환상을 갖게 된다고 보았다(Klein, 1946). 클라인의 개념을 보다 현대적인 감각으로 발전시킨 학자가 비온이었다. 비온에 의해서 투사적 동일시는 순전히 심리내적인 환상을 의미하는 것이 아니라, 투사가 향하는 대상에 대한 일정한 압력과 변화를 수반하는 개념으로 발전되었다. 비온은 담는 것-담기는 것(container-contained)이라는 그의 이론을 바탕으로 투사적 동일시를 이해한다(Bion, 1959). 유아는 자신이 다루기 어렵고 소화할 수 없는 감정들과 내적 상태들을 분리시켜 엄마에게 투사시켜 위치시킨다. 이때 담아 주는 역할을 하는 엄마에 의해 소화하기 어려운 내적 상태들은 독소가 제거되고 완화된다. 동일한 과정이 상담관계에서도 일어나게 된다. 내담자는 자신의 심리내적 환상 가운데 한 역할을 상담자에게 투사시킨다. 이로 인해 상담자는 압력을 받게 되어 내담자와의 관계에서 특정 감정을 경험하게 된다. 내담자로부터 투사된 것을 다루고 소화시키는 것은 상담자의 몫이 된다.

많은 정신분석가가 비온의 관점에서 투사적 동일시를 접근한다. 곧, 투사적 동일시로 인한 상담자의 감정은 내담자가 스스로 소화하지 못하는 감정을 상담자 안에서 불러일으켜 발생한 결과로 설명한다. 조셉(Betty Joseph)은 내담자가 상담자를 일정한 방식으로 느끼고 행동하도록 만드는 의사소통의 과정으로 투사적 동일시를 이해했다(Joseph, 1989). 그녀는 이런 내담자의 압력을 받았을 때, 상담자는 건네받은 내담자의 투사물에 약화된 방식으로 반응할 필요가 있다고 보았다. 그래야 그것이 어떤 것이며 내담자의 마음에서 어떤 일이 일어나는지를 볼 수 있게 된다. 옥덴(Thomas Ogden)도 상담자가 내담자에게서 건네받은 투사물을 처리하고 담아 주는 과정이 중요하다고 이해했다(Ogden, 1979). 상담자는 내담자가 다루지 못해 분열시킨 투사물을 처리해 담아 주는 과정에 의한 내담자의 투사물이 수정된 형태로 다시금 내담자에게 내사되는 결과를 가져온다. 결국 이 과정으로 내담자의 내적 세계는 수정된다.

앞에서 언급한 사례를 바탕으로 이런 내사의 과정을 이해해 보자. 지금-여기의 상담 상황에서 A는 상담자를 돌봐 주고 위로해 줘야 할 대상으로 이해한다. 그리고 실제로 상담자는 돌봄과 위로를 받는 그런 대상의 감정과 느낌을 경험한다. 만약 상담자가 A의 무의식적 압력에 굴복해 A의 바른 태도를 칭찬하고 인정만 해 준다면 A는 자신의 내적 세계를 다뤄 보지도 못하고 오히려 이를 강화하게 되는 결과를 낳게 된다. 물론 그렇다고 상담자가 A의 무의식적인 소원과 기대를 섣부른 해석으로 좌절시킨다면 상담은 내담자의 저항에 직면하게 될 것이다. 곧, '지금 당신은 어린 시절 당신이 돌봐 줘야 했던 부모처럼 저를 생각하시는 것 같습니다.'라고 성급하게 해석(전이해석)을 제공한다면, A는 상담자의 의도한 어떤 통찰과 깨달음을 얻지 못한다. 상담자는 A의 압력을 충분히 경험하고 이를 적절하고 약화된 방식으로 반응할 필요가 있다. 이를 전이의 적절한 만족이라고 볼 수 있다. 하지만 그것으로 끝나는 것이 아니라, 이런 상담자의 반응이 어디에서 유래하고 비롯되었는지를 염두에 두면서 역할에 대한 적절한 반응을 고려해야 한다(담아 주기). 이것이 A의 내적 세계의 재구성을 위한 기본 토대를 마련한다.

상담자에게 투사되어 동일시되는 것은 내담자의 심리내적 세계에서 소화되지 못하고 분리되어 존재하는 심리내적 세계의 자기 혹은 대상표상과 그 내적 관계에서 빚어지는 정서적 색채와 긴밀하게 관련되어 있다. 그렇기에 상담자는 역전이 감정을 통해 내담자의 무의식적인 내적 대상세계를 엿볼 수 있게 되며, 나아가 그 투사물을 대리적으로 다루는 과정을 통해 상담자는 내담자의 내적 세계의 치유를 도모할 수 있게 된다.

2) 역할반응성

상담 상황은 내담자의 어린 시절 주 양육자와의 관계에서 무엇이 일어났는지를 확인할 수 있는 고고학적인 자료가 된다. 전이와 역전이 현상을 통해 내담자의 내면화된 대상관계가 상담 상황에서도 펼쳐지게 될 것이라고 예상할 수 있기 때문이다. 물론 이런 고고학적 작업은 내담자의 기억에 의존하여 진행할 수 있다. 하지만 내담자의 기억은 언어 이전의 경험을 담기 어려울 뿐만 아니라, 기억을 떠올리는 동안 내담자의 저항을 피해 가기 어렵기도 하다. 또한 과거에 대한 집요한 탐색은 내담자들에게 자신의 과거를 파헤친다는 부정적인 느낌을 주게 되어 분석 작업을 중간에 그만두게 만들기도 한다. 하지만 전이와 역전이를 통해 드러나는 내담자의 내적 대상세계는 내담자의 언어 이전의 느낌도 짐작해 볼 수 있으며, 이를 살펴보는 것이 지나치게 내담자의 과거를 파헤친다는 느낌을 주지도 않게 된다. 또한 그것은 무의식적으로 지금-여기에서 드러나기에 피해 가는 것도 어렵다.

이렇듯 내담자의 과거는 전이를 통해 상담 상황으로 옮겨진다. 이런 전이는 내담자의 리비도와 공격 에너지가 과거의 대상에서 상담자에게로 옮겨진 것이라고 볼 수 있다. 하지만 대상관계의 관점에서 보면, 내담자는 전이를 통해서 심리내적 자기표상 혹은 대상표상을 상담자에게 옮겨 놓고 이를 실현시킨다. 내담자의 내적 세계가 이렇게 지금-여기에서 실현되는 과정은 일종의 상담관계에서 상담자에게 압력을 행사하는 것이다. 이런 과정에서 투사적

동일시가 발생한다.

이를 달리 표현해서 말하면, 실현 과정에서 내담자는 무의식적으로 자신의 심리내적 대상관계의 한 역할을 상담자에게 부과한다고 볼 수 있다. 그런 점에서 상담관계를 일종의 역할극으로 이해할 수 있다. 내담자는 전이의 실현 과정에서 상담자가 적극적으로 특정한 역할을 수행해 줄 것을 무의식적으로 요구한다. 그 역할은 내담자의 심리내적 대상세계와 깊은 관련을 맺고 있다. 투사적 동일시를 설명하며 언급했던 상담 사례로 돌아가 보자. 그 사례에서 A는 상담자를 자신이 돌봐 주고 위로해 줘야 할 내적 대상으로 보고 있다. 이는 어린 시절 A의 경험에서 볼 수 있듯 사업에 실패한 아버지의 병간호로 지친 어머니에게서 경험했던 느낌이 내적 세계에 대상표상으로 자리 잡은 것이다. 그리고 이 대상표상의 역할을 상담자에게 옮겨 놓고 상담자에게 이를 수행해 줄 것을 요구하는 것이다.

하지만 내담자가 상담자에게 건네준 무의식적 역할 부여는 상담자의 반응을 통해 실현된다. 곧 내담자의 전이는 상담자가 이에 어떻게 반응하는가에 의해 그 실현 여부가 결정된다. 내담자는 하나의 상호작용과 역할을 상담관계에 제안하여 상담관계를 통제하고 상담자에게 특정 역할을 불러일으키고 특정 감정을 유발시키려고 한다. 하지만 이런 역할극에 참여하는 상담자는 자신의 성향에 의해 그 역할에 순응하기도 하며 순응하지 않을 수도 있다. 또한 그 순응은 다양한 양상을 보일 수 있게 된다. 곧, 내담자가 상담자에게 무의식적으로 제안한 역할극은 상담자의 성향에 의해 다양한 변형이 가능해진다. 그렇기에 그 역할극의 실현은 상담자의 개인적인 성향이 반영된 일종의 타협형성으로 간주될 수 있다. 이렇듯 내담자가 상담관계에 가져오는 압력이 상담자의 개인 성향에 의해 다양한 실현 가능성을 갖게 된다는 점을 보여 주는 개념이 샌들러 (Joseph Sandler)에 의해 제안된 역할반응성(Role Responsiveness)이 다(Sandler, 1976: 45).

앞의 상담 예시를 통해 역할반응성을 설명할 수 있다. A는 상담 자에게 하나의 역할극을 부여한다. A는 상담자에게 어린 시절 자 신의 어머니처럼 돌봐 주고 위로해 줘야 할 대상의 역할을 제안한 다. 상담자는 또한 A를 착하고 좋은 사람으로 칭찬하고 인정해 줘 야 하는 대상의 역할을 A에게 받았다. 상담자는 이런 무의식적인 제안을 자신도 모르게 수용하여 A를 고맙게 생각하고 참 좋은 사 람으로 느끼기 시작한다. 하지만 이것은 상담자의 개인적인 성향 에 의해 얼마든지 다른 경우가 발생할 수 있다. 상담자가 상대방의 친절을 자주 의심하는 사람이라면 A의 이런 태도를 불편하게 느낄 수도 있다. 혹은 자기애적인 상담자라면 A의 따뜻함을 지극히 당 연한 것으로 받아들이고 A를 상담 상황에서 자기도 모르게 이용할 수도 있다. 곧, A가 상담자를 더 잘 돌보도록 조정할 수 있다. 한편, 따뜻함을 간절히 바라는 결핍이 존재하는 상담자는 A의 태도에 대 해 깊은 애정과 사랑을 느낄 수도 있다.

이처럼 상담자의 개인적인 성향이 이 역할극을 실현하는 데 중 요한 요소가 된다. 그렇기에 투사적 동일시에서 볼 수 있듯이, 상담 자는 내담자의 마음 안에 있는 것과 상담자의 마음속에서 일어나 는 반응을 일대일로 연결하는 것에 대해 조심스럽게 접근해야 한다. 상담자의 마음속에 일어나는 모든 감정이 내담자가 상담자에게 부과하거나 유발시킨 것이라고 보는 것은 역할반응성 개념에 비춰 볼 때 주의를 기울여야 한다. 왜냐하면 상담자의 개인적인 성향이 존재하기 때문이다. 하지만 이는 또한 상담자가 자신의 개인적인 성향을 잘 이해하고 있어야 한다는 것을 의미한다. 상담 상황에서 내담자가 제안하는 역할극과 그 가운데 존재하는 내담자의 무의식적 두려움과 소원을 드러내기 위해서 상담자는 자신의 개인적인 영향력에 대해 충분히 숙고할 수 있어야 한다.

더불어 상담자는 내담자가 무의식적으로 제안하는 역할극을 적절한 수준에서 만족시켜 줄 필요가 있다는 점도 강조해야 한다. 이에 대해 미국의 정신분석가 가바드(Glen Gabbard)는 '후크(hook)'라는 개념을 강조했다. 그는 투사적 동일시에서 후크의 개념을 강조하면서, 투사적 동일시가 보다 잘 작동하기 위해서는 이를 수신하는 이(상담자)가 투사를 받아내는 적절한 내적 성향을 가질 필요가 있음을 강조한다(Gabbard, 2004: 163). 다시 말해, 기존에 존재하는 상담자의 심리내적 방어와 갈등 그리고 내적 세계의 자기와 대상 세계와 그 정서가 내담자가 투사시키는 투사물과 좋은 짝이 될 수도 있고 그렇지 않을 수도 있다. 물론 상담자가 내담자가 건네는 투사물(자기표상 혹은 대상표상)에 지나친 반응을 보이는 것은 상담 관계를 파괴시키지만, 내담자의 내적 대상관계에 상담자가 충분히 협조할 필요가 있다. 그렇기에 옥덴은 투사적 동일시가 내담자가 자신의 내적 세계를 외적 대상에게 외재화하는 보편적 방식임을 주장하면서도, 가변적인 것은 외적 대상이 그 내적 대상관계의 외재화에 상담자가 참여하고 협조하는 정도라고 이야기했다.

이렇듯 역할반응성 개념은 상담관계에서 일어나는 상호작용에서 분석가의 개별성과 주체성을 이전보다 좀 더 고려하기 시작했다는 점에서 의의가 있고, 상담관계에서 일어나는 상담자와 내담자 사이의 교류현상을 묘사하는 보다 적절한 개념으로 이해할 수 있다.

3) 실연

투사적 동일시 개념이 보여 주는 상담자는 빈 스크린과 같다. 투사적 동일시는 상담자를 내담자가 무의식적으로 던지는 내적 세계의 투사물을 받아 내는 존재로 묘사한다. 반면, 역할반응성은 여기서 한 걸음 더 나아간다. 상담자의 개인적인 성향은 내담자가 상담관계에 부여하는 역할을 수행하는 방향과 정도를 결정하게 된다. 그렇기에 역할반응성 개념은 보다 더 현실적으로 상담자의 특성을 고려한 것으로 평가할 수 있다. 하지만 여기서 이런 질문을 던질 수 있다. 그렇다면 내담자의 전이, 곧 내적 대상세계의 한 역할을 상담자에게 부여하는 무의식적인 압력은 애초부터 상담자의 영향력을 받았을 가능성은 없는가? 바로 이런 질문으로 인해 역전이 실연이란 개념이 탄생되었다.

실연(Enactment)이라는 개념을 정신분석학에 도입한 학자는 제이콥스(Theodore Jacobs)였다. 그가 1986년 「역전이 실연(Countertransference Enactments)」 논문에서 이 개념을 처음 언급한 이후로 이 용어는 특별히 프로이트의 고전정신분석학 계열에서 정신분석을 발전시킨 상담자들에 의해 널리 받아들여지기 시작했다 (Jacobs, 1986). 여기서 실연이란, 마치 연극에서 한 배우가 어떤 역할을 맡게 되어 그 배역의 성격에 맞는 말과 행동을 하게 되는 것과 관련된다. 이처럼 상담 상황에서도 상담자와 내담자가 상호적인 관계 안에서 무의식적으로 수행하게 되는 다양한 역할과 그로 인해 일어나는 다양한 행동과 반응을 의미하는 것으로 실연을 이해할 수 있다.

제이콥스는 임상현장에서 경험한 그 자신의 신체적이고 정서적인 반응들뿐만 아니라, 내담자에게 관찰되는 비언어적 자료들에 주의하면서, 그는 상담자와 내담자 사이에서 일어나고 있는 상담관계의 상호적인 측면을 묘사할 수 있는 개념으로 실연을 사용했다. 그에 따르면 상담관계는 사실상 상담자와 내담자가 끊임없이 무의식적으로 의사소통하며 상호적으로 영향을 주고받는 양방향의 관계로 이해될 수 있다. 곧, 상담 과정은 상담자와 내담자의 심리내적 세계가 다양한 실연을 통해 상호적으로 얽히고설키는 공간으로 볼 수 있다. 그렇기에 정신분석 상담은 이러한 실연된 측면을 고려해야 하며, 이를 통해 내담자의 무의식을 의식화할 수 있다.

앞에서 제시된 상담 사례로 다시 돌아가 보자. 내담자 A는 상담자에게 자신의 위로와 돌봄을 받아 주고, 그 대가로 자신을 좋은 사람으로 인정해 주기를 바라는 역할을 부여한다(전이). 한편, 상담자는 A의 이런 역할 부여에 아낌없는 칭찬과 위로로 반응해 주고 있다. 이는 내담자 A의 내적 대상관계가 상담 상황에 영향을 끼친 것으로 이해할 수 있다. 하지만 여기서 감안하지 않은 것은 상담자가 본래 어떤 사람인지에 대한 점이다. A의 상담자는 어쩌면 많은 내담자를 만나는 가운데 지쳐 있고 힘들어했을 수 있다. 사람들을 돕고 싶은 마음으로 내담자들을 만나지만 계속 누적되는 피로로 인해 지친 모습을 내담자들에게 내비쳤을지도 모른다. 다른 내담자들에게는 모르겠지만, 이런 상담자의 피곤하고 지친 모습은 A에게는 어린 시절 삶에 찌든 부모의 모습처럼 비춰졌을지 모른다. 이는 A 자신의 내적 대상세계를 자극했고 상담자를 돌봐 줘야 하고 위로해 줘야 하는 무의식적인 압박으로 작용했을 수 있다. 곧, 내담자의 전이는 상담자의 무의식적인 실연과 그로 인한 상담자 쪽에서의 역할 부여가 영향을 끼쳐 생겨날 수 있다.

그렇기에 현대 정신분석가들은 상담관계와 그 안에서 나타나게 되는 다양한 이야기와 행동이 상담자와 내담자들 사이의 언어적인 동시에 비언어적인 영향력이 빚어낸 결과로 이해하게 되었다(Chused, 1991; McLaughlin, 1991). 단지 내담자들의 투사물을 상담자가 받아 내는 투사적 동일시의 측면에서 보면 마치 내담자만 유아적인 기원을 갖고 있고, 이에 반해 상담자는 성숙한 지혜와 과학적 객관성을 지닌 존재로 이해될 수 있다. 하지만 내담자만이 무의식의 실재, 유아적 소망과 전이를 가진 존재가 아니다. 상담자 또한 내담자처럼 유아적 소원과 전이를 수반하는 내적 갈등을 지닌 존재이다. 상담자의 심리세계와 내적 갈등은 불가피하게 상담 상황에 무의식적으로 표출될 수밖에 없다. 상담자는 내담자의 전이에서 분리된 과학적인 관찰자로 볼 수 없으며, 개별적인 내적 실재와 주관성을 갖고 분석관계에 참여하는 존재이다. 그렇기에 내담자의 심리내적 갈등과 내적 대상관계를 보다 더 잘 이해하기 위해서는,

상담관계에 있는 두 참여자가 실연시키는 내적 세계의 서로 맞물리는 영향력을 면밀하게 이해할 때 가능하다.

투사적 동일시에서 상담자는 사실상 비어 있는 존재이며 내담자가 투사시키는 것을 수용하고 담아 주는 존재로 그려진다. 역할반응성에서의 상담자는 내담자의 투사물에 대해 나름의 개인적 성향을 갖고 수용하고 담아 주는 존재로 그려진다. 그러므로 실연이란 개념에서 상담자는 내담자가 상담자에게 어떤 역할을 부여할지에 대한 영향을 줄 수 있는 존재로 그려진다. 이런 흐름에 비춰 볼 때 상담자는 보다 깊은 자기이해가 필요하다. 상담관계 자체는 상담자에게 내담자를 돌봐 줘야 하는 역할을 부여한다. 그렇기에 이미 내담자는 상담자가 자신에게 돌봄을 제공해 주고 일정한 방향과 해답을 제시할 것이라는 암묵적인 기대를 갖고 상담관계에 참여한다. 무엇보다 상담자는 자신의 내적 갈등과 성향이 이런 내담자의 기대에 어떤 영향을 줄 수 있는지 고려할 수 있어야 한다.

그런 점에서 실연이란 개념은 상담관계를 보다 폭넓은 관점에서 이해하도록 돕는다. 상담자의 행동과 태도가 내담자의 영향력에 의해 형성되듯, 실연은 내담자의 행동과 태도 역시 상담자의 영향력에 의해 형성될 수 있음을 우리에게 보여 준다. 곧, 상담자 자신도 인식하지 못하는 사이에 상담자는 그리고 그 또는 그녀의 내적인 자기표상과 대상표상은 내담자의 전이양상에 영향을 끼치게 된다. 이런 관점에서 보면 전이와 역전이는 상호적인 창조물로 간주될 수 있다. 이 실연 개념은 이후 정신분석에서 상호주관성이란 흐름으로 더욱 발전하게 되었다.

4) 상호주관성

분석과 상담관계에서의 상담자와 내담자의 상호적인 영향력이 강조되면서, 상호주관성(Intersubjectivity) 흐름이 발전하기 시작했다. 정신분석이 이렇게 관계 중심으로 변화되기 시작하면서, 정신분석학자들은 고전정신분석을 '한 사람 심리학(one-person psychology)'으로 이름 붙였고, 관계중심적이고 상호주관적인 관점을 '두 사람 심리학(two-person psychology)'으로 이름 붙여 구분하기 시작했다(Aron, 1996: x). 고전정신분석이 전이와 역전이를 한 방향으로의 영향력으로 인식하는 반면, 상호주관적 정신분석은 분석가와 피분석자 두 주체가 양방향에서 서로 영향을 끼치는 것으로 보고 이론과 치료적 개입을 전개한다.

1988년 뉴욕대학의 박사 후 정신분석 프로그램에 관계이론 트랙이 형성되면서 이런 발전은 더욱 가속되었다. 그곳에서 가르치며 상호주관성과 관계이론을 전개시킨 학자가 아론(Lewis Aron)이었다. 아론은 관계 정신분석이 분석관계의 다양한 상호관계의 측면을 강조한다는 점에서 매우 특징적이라고 말했다(Aron, 1996). 그는 그동안의 정신분석이 상담자와 내담자 사이의 일방향을 강조했지만, 두 사람의 상호적인 영향력은 불가피한 것이라고 주장했다. 그는 상담자를 상담관계에서 관찰자가 아닌 참여자로 인식하면서 상담자가 인식하든 못하든 내담자의 전이를 형성하는 데 깊은 영향력을 준다고 이야기했다. 다시 말해, 전이는 빈 스크린처럼 비어 있는 상담자에게 내담자가 자신의 내적 대상세계를 옮겨 놓은 것이 아니라 상담자와 내담자의 그것이 함께 창조하고 구성하는 결과물이다. 그렇기에 그는 내담자가 상담자의 주관성에 대해 어떻게 인식하고 느끼는지를 물어보고 그것이 상담자의 내적 대상세계와 어떤 관련이 있는지를 인식하는 것은 중요하다고 생각했다.

아론과 함께 상호주관성 이론에 기여한 정신분석학자가 벤자민(Jessica Benjamin)이다. 그녀는 고전정신분석과 대상관계이론이 모성에 대한 왜곡된 견해를 고착시켰다고 주장한다. 곧, 엄마는 아이에게 적절한 음식물과 공감을 제공하는 중요한 대상으로 이해하면서, 그동안의 정신분석이 주체로서의 엄마를 인식하는 데 실패했다고 주장했다(Benjamin, 1988). 그녀에 따르면 아동은 엄마가 그녀자신의 내적 세계와 욕망을 가진 분리된 주체로 인식할 수 있어야 함을 강조하면서, 이런 인식능력과 상호주관적인 관계성이 발달의 중요한 성취임을 주장했다. 곧, 그녀에게 상호주관성은 타자가 단지 자아의 필요나 욕동, 또는 인지와 지각의 대상이 아니라 분리되고 동등한 자기의 중심을 가지고 있음을 인식하는 경험과 이론의 영역을 가리킨다. 그녀는 이를 정신분석 상담의 상황에도 적용하면서, 상담관계는 상담자와 내담자의 두 주체가 상호적으로 창조해 가며, 그곳에서 내담자가 상담자의 주체성을 인식하는 것이 결국 정신분석상담의 목표가 된다고 주장했다.

현대정신분석학에서 상호주관적인 정신분석학자로 평가되는 스톨로로(Robert Stolorow)는 그의 동료들과 함께, 상호주관적인 초점을, 모든 경험을 만들어 내는 관계성의 구성적인 역할에 두었다(Stolorow et al., 2002). 이렇듯 그는 상호주관성을 보다 포괄적인 의미로 사용했다. 곧, 그 개념은 모든 경험이 형성되는 관계적 맥락을 가리킨다. 상호영향을 주고받는 경험적 세계들에 의해 구성되는 상호주관적 영역은 구체적인 경험을 창조해 주는 전제 조건으로 이해될 수 있다. 이는 주체성이 드러나는 것은 상호적인 관계의 장 안에서 가능하다는 것을 의미한다. 이를 상담관계에 적용해 보면 중립적이고 객관성을 담보한 상담자는 존재하지 않으며, 내담자와 맺게 되는 상담관계가 상담자의 특정 행동과 반응을 유발시키는 것으로 이해할 수 있다. 상담자와 내담자의 개별성과 주체성은 상담관계라는 맥락 안에서만 의미가 발생하는 것이다.

　앞의 상담 사례를 상호주관적인 관점에서 살펴보면, 내담자 A의 상담자에 대한 느낌은 어린 시절 내면화된 내적 세계의 대상표상과 관련이 있다. 지치고 힘든 삶을 살았던 부모, 특히 엄마를 향한 느낌이 상담자에게로 전이되었다. 실제 상담관계에서 상담자를 어린 시절의 부모처럼 경험하는 것은 일반적인 현상이다. 왜냐하면 상담관계에서 상담자는 내담자에게 돌봄과 관심을 제공하기 때문이다. 그렇기에 상담관계의 형성이 A에게 돌봐 줘야 할 것 같은 대상으로 상담자를 경험하는 맥락이 되었다. 또한 힘든 업무로 상담자의 지쳐 있는 모습이 A에게는 상담자가 더더욱 어린 시절 부모처럼 느껴지도록 만들었을 수 있다. 한편, 상담자 또한 자신의 어린 시절 부모에게 도움이 되는 존재가 되고자 노력했다. 그렇기에 상담자의 내적 대상세계의 자기표상과 A의 자기표상은 일치되는 측면을 갖고 있다. 그런 점에서 A와의 상담관계에서 상담자는 내담자가 마치 자신이 받지 못한 사랑과 관심을 받아야 하는 것처럼

A를 아낄 수 있다. 이는 상담자와 내담자를 의존적 관계에 묶어 두어 서로의 주체성을 발견하는 데 어려움을 초래한다.

하지만 상호주관성의 개념에 비춰 볼 때, 상담에서 중요한 것은 A가 상담자의 주체성과 개별성을 인식하여, 상담자의 진면목을 인식할 수 있어야 한다는 점이다. 어린 시절 자신의 부모를 경험하듯 상담자를 경험하는 것이 아니라 상담자의 개별성을 있는 그대로 바라보고 인식할 수 있어야 한다. 상담자와 A 자기 자신이 동등한 개별성과 주체성을 갖고 상호 간에 관계를 맺는 주체임을 상담 관계를 통해 통찰할 수 있도록 상담자가 안내하고 도움을 줘야 한다. 그렇기에 상담자는 내담자를 어떻게 경험하고 있는지 먼저 자신 스스로 질문을 제기하고 내담자의 진면목에 다가가도록 해야 한다. 혹 내담자를 경험하는 데 덧입혀진 자신의 편견과 선입견이 존재하는 것은 아닌지, 그것은 어디에서 비롯되는 것인지를 잘 분별할 수 있어야 한다. 결국 이런 과정을 통해 내담자는 자신의 무의식적 대상세계를 통찰하여 일상에서 겪고 있는 불안과 두려움을 극복할 수 있게 된다.

3. 사례분석

마지막으로 다음의 사례를 확인하며 앞에서 살펴본 내용을 정리해 보도록 하겠다.

　자신이 원하는 대로 사랑을 제공했던 아버지에 대한 사랑과 분노를 갖고 있었던 여성 내담자 B는 남성 상담자 뒤편에 놓여 있는 예수님 인형을 보면서 이렇게 말했다. 저는 "선생님께서 정신분석가이지만 동시에 예수님과 같은 성품을 지니고 있다고 생각되어서 마음이 놓여요." 예수님과 같다는 것이 어떤 느낌인지를 묻자 그녀는 이렇게 말했다. "저를 푸근하게 안아 주실 것 같아요. 저를 편견 없이 이해해 주실 것 같아요." 이후에 B는 상담실에 음료수와 간식거리를 곧잘 준비해 오곤 했다. 상담자는 다른 내담자들에게는 이런 음료와 간식에 대한 제한을 두었지만, B에게는 제한을 두기가 어렵다는 느낌을 받았다. 상담이 어느 정도 진행되었을 때, B는 상담자에게 이렇게 말했다. "저는 일주일을 기다리는 것이 너무 길게만 느껴져요. 시간만 허락된다면 저는 더 자주 오고 싶은데 어떠세요?" 현재의 상황을 설명하며, 상담자는 조심스럽게 B의 요구를 거절했지만, B에 대해 죄책감을 느꼈고, 이후에 회기 시간이 한 시간을 넘어섰지만 좀처럼 B의 이야기를 끊기 어려웠다. 일 년이 지난 시점에서 내담자는 불만을 토로하기 시작했다. "선생님을 만난 지 일 년이나 되었어요. 그런데 저는 어떻게 달라진 게 하나도 없죠? 오히려 저는 더 나빠졌어요. 잠도 못 자고 있어요. 어떻게 하실 거예요?" B의 이런 불만 섞인 말에 상담자는 수치심과 함께 분노를 느끼지 않을 수 없었다. 이후 상담회기들에서 상담자는 상담회기를 잊거나 심지어 B의 상담 시간에 다른 상담을 진행하여 B와 큰 갈등을 빚게 되었다.

이 사례에 등장하는 내담자의 내적 대상세계를 분석하면, 내담자는 자신의 뜻대로만 사랑해 주었던 아버지와의 관계에서 지배하고 통제하고 종속시키는 대상표상과 그 대상에 순응해야만 사랑과 인정을 받을 수 있다는 자기표상을 형성했다고 이해할 수 있다. 이런 자기와 대상 표상으로 구성된 내적 대상세계를 갖고 있었던 내담자는 지배하고 통제하며, 자신의 마음대로 사랑을 제공하는 대상에 대한 깊은 분노와 함께 사랑받기 위한 조건을 채우지 못해 경험하는 죄책감과 수치심의 정서를 마음에 형성했을 것이다. 한편, 이런 B의 내적 대상세계로 인해 자신을 편견 없이 이해하고 돌봐 주기를 바라는 대상에 대한 기대를 갖게 되는 것은 일반적이다. 이 대상 또한 내담자의 내적 환상에 존재하는 대상이다. 자신만을 바라봐 주고 관심 가져 주기를 바라는 대상에 대한 느낌이 B에게 존재할 수 있다. 사랑받지 못해 결핍이 많은 내담자는 상담자의 돌봄과 관심에 대해 큰 집착을 보이게 되는 이유가 바로 여기에 있다.

이런 B의 내적 대상세계는 상담관계에 그대로 전이되었다. B는 자신만을 사랑해 주고 만족시켜 주기를 바라는 대상의 느낌을 상담자에게 전이시켰다. 또한 상담자가 그런 내적 대상의 역할을 수행하도록 강력한 통제를 상담관계에서 보이고 있다. 내담자가 갖고 오는 음료와 간식이 바로 이런 통제의 한 수단이 된다. 상담자는 이를 허락하기 시작하면서 상담 시간도 조금씩 연장해 갔고, 점차적으로 내담자가 원하는 방식의 돌봄을 제공하게 되었다. 이런 상담의 과정은 내담자에 의해 상담자의 돌봄이 통제받고 지배를 받게 되는 것이라고 볼 수 있다. 상담자는 B의 무의식적 압력에 순응하게 되었다. 이는 온전히 자신의 편이 되어 관심을 제공해 줘야 하는 B의 내적 환상의 대상이 투사되어 동일시된 상보적 역전이로 설명할 수 있다. 지금까지의 사례분석은 투사적 동일시의 관점에서 분석한 것으로 한 방향의 영향력에 초점을 맞춘 고전적인 분석이다.

하지만 앞의 분석은 상담자의 주관성이나 개별성이 고려되지 않았다. 그것은 빈 스크린인 상담자에게 내담자의 내적 투사물이 어떻게 옮겨져 비춰지는지를 한 방향에서 묘사한다. 내담자의 전이나 상담자의 역전이는 오직 내담자의 내적 세계가 일방적으로 상담관계에 옮겨져 일어난 결과는 아니다. 상담관계의 전이와 역전이는 내담자와 짝을 이루고 있는 상담자의 개별성과 주관성을 충분히 고려하여 분석되어야 한다. 먼저, 역할반응성의 측면에서 보면 상담자는 A의 무의식적 압력에 크게 영향을 받고 있다고 말할 수 있다. 투사적 동일시의 과정을 통해 상담자는 A가 기대하는 역할을 수행하고 있다. 이는 상담자의 개인적인 성향이 한몫하고 있다. 내담자에게 제한을 두기 어렵다거나 내담자의 이야기를 끊기 어렵다는 표현에서 알 수 있듯이 상담자는 A의 전이에 허용적인 태도를 취하고 있다. 이를 통해 보건대 상담자는 타인의 곤란과 어려움을 그냥 지나치기 어렵고, 자신을 조금 희생하는 한이 있어도 상대방을 위해 기꺼이 맞춰 주고 순응하려는 내적인 성향을 갖고 있다고 볼 수 있다. 이런 내적 성향으로 인해 상담자는 A가 갖고 있는 내적 세계의 일부가 되는 것에 비교적 어려움 없이 협조하고 있다. 하지만 이것이 적절한 수준인지 혹은 상담관계를 손상할 수 있는 것인지는 개별적인 사례에서 점검할 필요가 있다.

앞의 단락에서 묘사하는 상담자의 개인적인 성향을 내적 대상세계의 관점에서 살펴볼 수 있다. 곧, 상담자는 기꺼이 자신을 희생하면서 따뜻한 돌봄을 제공하려는 대상표상을 갖고 있다. 상담관계에서 상담자가 기꺼이 만족을 제공하는 대상표상의 역할을 자발적으로 수행했을 때, 내담자는 자연스럽게 따뜻하고 온정적인 그 대상에게 의존하고 싶고, 사랑과 관심을 요구할 수 있다. 곧, A는 기꺼이 희생하고 만족을 제공하려는 상담자의 대상표상과 짝을 이루어 의존하고 희망을 기대하는 자기표상의 역할을 맡게 된다. 앞의 사례에서 자신의 방식대로 사랑과 관심을 제공해 줄 것이라고 상담자에게 기대하고 그 역할을 부여하려는 내담자의 전이는 처음부터 이런 상담자의 자기와 대상 표상 세계와 맞물려 상호주관적으로 구조화되고 창조될 수 있었다.

내담자의 전이가 점차적으로 활성화되면서 상담자는 음료와 간식을 가져오는 것에 대해 큰 제한을 두지 않았고, 회기의 빈도를 늘려 달라는 내담자의 요구를 거절한 것에 대해 죄책감을 느껴 회기의 시간을 연장해야 할 것 같은 압력을 받게 되었다. 이는 상담자가 자신의 편이 되어 자신에게 관심과 애정을 제공해 주기를 바라는 A의 대상표상 역할을 맡게 된 것으로 이해할 수 있다. 이것은 앞에서 살펴보았듯이 투사적 동일시에 의해 내담자의 내적 세계의 대상표상이 투사하여 동일시된 것으로 이해할 수 있다. 반면, 이 관계에서 사랑을 갈구하고 대상에게 의존하기를 바라는 내담자의 자기표상의 역할은 내담자의 몫이 되었다. 내담자의 내적 세계의 전이로 인해 발생하게 된 이러한 무의식적 역할 부여는 기꺼이 자신을 맞춰 주고 희생하려는 상담자의 자기와 대상 표상 세계와 마치 후크(hook)에 걸린 듯 맞물리게 되었다. 곧, 상담자의 기꺼이 희생하고 돌봄을 제공하는 자기와 대상 표상은 사랑과 관심을 깊이 갈망하는 A의 자기와 대상 표상 세계와 맞물려 일어났고, A의 심리내적 역할극을 촉진하도록 만들었다.

만약 A의 자기표상과 대상표상으로 이뤄진 관계세계에서 비롯된 역할극을 상담자가 떠맡으려고 하지 않는다면 상담관계는 촉진되기 어려울 것이다. A의 자기와 대상의 관계적 세계에 상담자가 참여하지 않고 저항하게 된다면 상담은 조기에 종결되거나 진척되지 못할 것이다. 하지만 그 역할극에 상담자는 약화된 방식으로 반응해야 한다. 돌봄을 제공하면서 상담자가 과도하게 자신을 희생하고, 내담자의 전이를 지나치게 만족시켜 주고자 한다면 상담관계는 크게 훼손되고, 내담자의 내적 대상세계는 고착되는 결과를 가져온다. 전이를 통해 상담관계에서 펼쳐지는 내담자의 내적 세계에 참여하지만, 정신분석 상담자는 이를 상담의 틀과 한계 내에서 만족시켜야 하는데, 이것이 상담자의 역전이 관리라 부를 수 있다. 정신분석 상담의 최종 목표는 내담자의 전이를 만족시키는 데 있는 것이 아니라, 그것이 어떤 것인지를 알게 하고 바라보게 하는 데 있기 때문이다. 전이관계 안에서 내담자가 자신의 무의식적 소망과 두려움을 통찰하는 것이 최종 목표이다. 그것은 지금-여기에서의 상담자의 진면목, 곧 상담자의 개별성과 주체성을 인식하는 것이다. 이러한 전이만족과 전이통찰의 관계에 대해서는 제10장에서 구체적으로 다루게 될 것이다.

그러나 전이만족에 대해 이 자리에서 짚고 넘어가야 할 부분이 있다. 기꺼이 내담자를 도우려 하고 보살피려고 하는 자기와 대상의 관계 세계를 가진 상담자는 그런 내적 경향으로 인해 통제하고 통제받는 자기와 대상의 세계를 가진 내담자들에게 지나친 공격성의 희생양이 될 수 있다는 점이다. 한편으로 그런 내적 대상세계를 가진 상담자는 내담자의 전이로 인해 펼쳐지는 역할극에 자발적으로 참여할 수 있어 전이관계를 촉진할 수 있게 되고, 이를 통해 신뢰하고 의지할 만한 상담관계를 형성할 수 있지만, 다른 한편으로 내담자의 가학적인 공격성에 희생이 될 수 있는 가능성을 갖고 있다. 이를 달리 표현하면, 내담자에게 어떻게든 희망을 제공하고 성장을 이룰 수 있도록 도움을 제공하기 위해 상담자는 자신의 부정적이고 공격적인 자기와 대상 표상을 상담관계에서 과도하게 분리시키거나 억압할 수 있으며, 이렇게 분리되고 억압된 상담자의 공격성은 투사되어 내담자의 것이 될 수 있다는 사실이다. 곧, 상담자 쪽에서의 투사적 동일시가 일어나 내담자로 하여금 공격하는 역할을 떠맡게 할 수 있다.

그럼에도 전이만족의 단계가 없다면 성공적인 상담 성과를 달성하기 어렵다. 그것이 정신분석 상담자를 어렵게 하는 일이 된다. 상담자의 한 발은 내담자의 내적 세계에 참여해야 한다. 단지 내담자의 내적 세계를 관찰하는 위치에 있는 것이 아니라, 그 내담자의 내적 세계의 한 일원이 되어 내적 대상의 역할을 수행해야 한다(전이만족). 앞의 사례에서 A가 치료적으로 아무런 성과가 없다는 말을 통해 상담자는 수치심을 경험할 수 있다. 이는 내담자의 자기표상이 투사되어 동일시된 결과로 상담자는 내담자의 깊은 수치심을 관찰이 아닌 경험으로 알게 된다. 곧, 상담자는 A의 수치심을 외부에 존재하는 형태로 관찰하게 될 뿐만 아니라, 실제로 그 수치심을 상담자 자신의 것으로 경험한다. 이런 과정에서 상담자는 내담자의 내적 세계의 소화되지 않은 측면을 견뎌 내고 담아낼 수 있게 된다.

　하지만 한편 상담자의 또 다른 한 발은 내담자의 전이세계 밖에 걸쳐져 있어야 한다. 내담자가 나아가야 할 길과 방향을 세심하게 관찰하려는 자세를 갖고 있어야 한다. 만약 내담자의 전이된 관계에 매몰되어 버린다면 결국 내담자의 내적 구조는 강화될 뿐이다. 상담자는 정신분석적 해석과 드러내기를 통해 내담자가 더욱 건강하고 행복한 삶을 누릴 수 있도록 준비되어 있어야 한다(전이통찰). 이렇듯 정신분석 상담자는 상담관계에서 마치 문지방에 서 있는 것으로 묘사할 수 있다. 내담자의 전이세계와 현실세계의 중간에서 상담자는 참여하기도 하고 관찰하기도 한다. 이는 프로이트가 정신분석을 전이라는 위태로운 위치 위에 세워 갔다고 말하는 정신분석의 주장이 무엇인지를 이해하도록 돕는다.

더 읽을거리

이재훈 역(2015). 그러나 동시에 또 다른 수준에서 1. 제임스 그롯슈타인 저. 서울: 한국심리치료연구소.

이재훈, 김유진 공역(2018). **상호주관적 과정과 무의식**. 로렌스 브라운 저. 서울: 한국심리치료연구소.

제8장
정신분석적 진단 1: 성격구조

1. 상담에서 진단의 의미
2. 성격구조 진단

1. 상담에서 진단의 의미

정신분석 심리상담에서 진단은 어떤 의미를 갖는가? 진단한다는 것은 무엇을 위한 것인가? 상담자가 내담자를 만날 때 전반적으로 상담 계획을 세우고 상담을 구조화하기 위해서는 내담자를 진단할 필요가 있다. 어떤 상담자들은 진단을 지나치게 부정적으로 생각하는 경향이 있다. 상담에서 진단이 내담자에 대해 고정 관념을 갖게 하고, 어떤 틀에 정형화시킨다는 이유에서이다. 또한 진단이 내담자 자신에게 지나치게 부정적인 느낌을 주게 될 것이라고 생각하기도 한다. 하지만 진단은 적절한 개입을 위해 상담에서 필수적인 과정으로 볼 수 있다.

1) 적합한 상담개입의 선택

정신분석 상담자는 내담자를 진단해야 한다. 본래 진단은 상담자가 적합한 치료 개입을 선택하기 위한 것이다. 내담자를 진단하지 않는다면 상담의 방향과 성격을 잡기 어려울 수 있다. 물론 상담자의 진단은 정신과 의사의 진단과는 다르다. 정신과 의사가 환자를 진단하는 것은 정확한 약물 처방을 위한 것이다. 하지만 상담자는 약물을 처방할 수 있는 능력을 갖고 있지 않다. 상담자가 진단한다는 것은 상담자의 유일한 치료 개입이라고 볼 수 있는 대화와 관계의 개입과 관련을 맺게 된다.

정신분석은 대화를 통한 치료로 알려져 있다. 정신분석은 인간 마음의 문제를 다루는 작업으로 전반적인 과정이 대화와 관계를 통해 이루어진다. 정신분석의 최종 목표인 무의식의 의식화는 상담자와 내담자 사이의 오고 가는 대화 그리고 관계의 역동을 통해서 이루어지게 된다. 지금까지의 설명을 통해 살펴보았듯이, 무의식을 의식화한다는 것은 단지 내담자의 무의식에 있는 소망과 두려움, 환상을 상담자가 설명해 주어서 가능한 것이 아니다. 상담자는 상담 상황에서 구현되어 나타나는 내담자의 무의식 세계에 공감적인 자세로 함께 참여해야 한다. 그리고 내담자의 전이로 드러나게 된 그 무의식 세계를 함께 보게 함으로써 내담자의 내적 자기와 대상 세계의 재구성 혹은 변형을 가져오게 할 수 있다.

2) 정신분석에 적절한 내담자

정신분석 상담자가 진단을 통해 먼저 다루어야 할 것은 지금 상담을 의뢰한 내담자가 무의식의 의식화라는 목표를 가진 정신분석적 개입에 적합한지의 여부이다. 그렇다면 우리를 찾아온 내담자가 정신분석 개입에 적합한지 아닌지를 어떻게 구분할 수 있는가? 정신분석이 전이를 통한 치료라는 사실을 감안했을 때, '전이가 일어날 수 있는가? 일어난다면 그 전이는 어떤 성격을 갖게 되는가?'가 정신분석 상담의 적합 여부를 묻는 핵심 질문이 될 것이다. 만약 내담자가 전이를 일으킬 수 없는 상황이라면 아무래도 정신분석적 접근이 어려울 것이다.

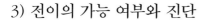

3) 전이의 가능 여부와 진단

프로이트는 전이의 가능 여부를 중심으로 인간의 정신을 두 가지 상태로 구분했다. '정신증'과 '신경증'이 그것이다. 프로이트에 따르면 신경증에서는 전이가 가능하지만 정신증 상태에서는 전이가 불가능하다. 왜냐하면 인간의 성적 에너지라 불리는 리비도가 정신증 상태에서는 대상을 향하지 못하고 자기 자신에게로 향하기 때문이다. 이를 프로이트는 자기애적인 상태로 보았으며, 이런 정신기능을 가진 사람들은 대화와 전이를 기반으로 하고 있는 정신분석 치료가 불가능하다.

그러므로 전이를 통한 치료라 불리는 정신분석 상담이 시작되기 위해서 전이의 가능 여부를 진단하는 것이 중요하다. 물론 이후의 정신분석 발전 과정에서 전이의 개념은 변화했고, 이에 따라 자기애적인 상태에 있는 내담자에게서 나타나는 전이를 개념화시킬 수 있었다. 이에 따라 정신분석 상담의 범위가 확장되었다. 그럼에도 '전이가 일어날 수 있는가?' '대상에 대한 인식과 경계가 가능한가?'와 같은 질문들이 초기 진단에서 중요한 의미를 갖는다. 이에 대해서는 정신기능과 관련된 진단으로 제9장에서 보다 구체적으로 살펴보게 될 것이다.

4) 전이 예상

정신분석 상담자가 상담 초기에 중요하게 진단해야 할 또 다른 영역은 과연 그 전이는 어떤 양상으로 전개될 것인지 예상할 수 있는 가와 관련되어 있다. 전이가 일어날 수 있다는 것이 충분히 예상 가능하지만 그 전이가 어떠할지를 미리 예상하는 것은 대단히 중요하다. 그 전이가 지나치게 강렬하여 상담자에게 부담스럽고 불편한 역전이가 일어날 것이 충분히 예상된다면, 상담 초기에 상담자는 이 상담을 진행할 수 있을지를 판단해야 한다. 혹 상담자 자신이 가정과 다른 업무에 있어 중요하게 다루어야 할 일들이 있다면 이렇게 강렬한 역전이를 유발시키는 내담자의 경우에는 상담을 진행하기 어려울 것이다. 사실 그 전이가 어떠할지 예상하기는 어렵다. 그렇다고 전혀 불가능한 것은 아니다. 만약 내담자가 이전에 다른 상담 경험에 대해 이야기할 때, 아니면 회사 동료와 친구들과의 관계에 대해 이야기할 때 어느 정도 전이를 예상할 수 있다. 만약 이전 상담자와 심한 갈등 속에서 상담을 종료했거나, 회사 동료와 친구들과 극단적인 대립 및 분쟁을 자주 보인다면, 아마 상담자는 지금-여기에서 일어나게 될 전이가 어떠할지 예상해 볼 수 있을 것이다.

하지만 전이의 성격을 예상해 보는 것은 상담자가 상담을 회피하기 위함이 아니다. 전이의 성격을 예상하는 것은 상담자로 하여금 더 적합하고 적절한 상담개입을 계획하기 위함이다. 그것은 지금-여기의 상담 상황에서 내담자가 보이게 될 전이가 어떠한지를 알게 되면 내담자에게 적합한 대화와 관계를 제공해 줄 수 있기 때문이다. 만약 어떤 내담자가 상담자는 자신을 교육시키고 무엇인가 요구할 것이라고 강하게 경험한다면(전이), 상담자는 내담자의 길을 안내해 주며 조언해 주고 싶은 강한 느낌(역전이)이 그 전이의 압력에 의해 생겨날 것이라고 예상할 수 있다. 이런 상황에서 전이 예상 없이 상담자가 내담자에게 무엇인가를 요구하게 된다면, 내담자는 이를 반드시 수행해야 할 것 같은 부담과 불안에 빠지게 되어 상담에 저항할 수 있다.

2. 성격구조 진단

이렇듯 전이의 성격을 예상하여, 과연 어떤 전이가 일어나고 이에 따라 상담관계가 어떻게 전개될 것인지를 미리 예상하는 것은 정신분석적 진단에서 핵심적인 과제라고 말할 수 있다. 이는 내담자의 성격구조에 대한 진단을 의미한다(McWilliams, 1994). 내담자의 성격이 어떻게 구조화되었는지를 살펴봄으로써, 상담자는 적절한 개입을 준비할 수 있다. 성격구조에 대한 진단은 이미 앞에서 공부한 내적 자기와 대상 세계의 개념을 통해 이루어지게 된다. 물론 검사지를 통해 성격구조를 진단해 볼 수 있을 것이다. 하지만 정신분석에서 특별히 내담자의 성격구조를 파악하기 위해 도입한 심리검사지는 존재하지 않는다. 정신분석은 상담자가 내담자를 만나 상담자가 무엇을 경험하고 느끼는가를 무엇보다 더 중요하게 생각한다. 어차피 내담자를 만나는 사람은 상담자이며, 상담자와 내담자는 함께 상호주관적인 장을 형성하기 때문이다. 그렇기에 관계에서 경험되는 오고 가는 다양한 역동의 관찰이 정신분석가에게는 심리검사보다 더 중요하다.

이 장에서는 다섯 가지 성격구조에 대해 소개한다. 강박성, 자기애성, 우울성, 분열성, 편집성이 그것이다. 이것들은 저자의 상담 경험에 비춰 볼 때 한국적인 임상 상황에서 자주 접하게 되는 성격구조이기도 하다. 이런 성격구조를 진단함에 있어 자기표상과 대상표상 그리고 방어기제 등이 중요하게 언급될 것이다. 한 사람의 마음이 어떤 성격구조로 형성되었다는 것은 그 내적 세계의 자기와 대상 세계를 분석하고 이해하는 것이 된다. 이에 따라 경험되는 다양한 정서적 색채와 방어기제를 또한 각 성격구조를 따라 묘사할 수 있을 것이다.

1) 강박성

강박성 성격은 한 개인의 삶이 특별한 순서와 절차를 따라야 하고 높은 행동 기준과 생활 원칙을 지켜야 한다는 기대와 요구로 구조화되어 있다. 그런 지켜야 할 질서와 원리가 내적으로 분명하고 뚜렷할수록 내적으로 긴장감과 불안이 높아질 수밖에 없고, 자기 자신이나 타인이 이에 미치지 못했을 때 본인에 대해서는 죄책감과 수치심을 경험하게 되고, 타인에 대해서는 심한 분노와 절망감을 경험할 수밖에 없게 된다.

미국에서 태어나 어린 시절을 보내다 한국 초등학교로 전학을 온 한 아동 내담자가 상담에 의뢰되었다. 그 아동은 한국의 초등학교에 적응하는 데 어려움을 겪고 있었다. 하루는 방학생활 계획표를 작성하는 데 있어 어려움을 호소했다. 둥그런 원에 시간을 쪼개는

데 익숙한 한국 초등학생들은 큰 어려움 없이 그 계획표를 작성해 오는데, 이 아동은 시간을 쪼개는 것이 무엇인지 이해할 수 없었다. 그 아동이 작성해 온 계획표를 보면서 한국에서 교육받은 상담자 또한 어처구니없다는 느낌이 순간적으로 스쳐 지나갔다. 그 아동의 계획표는, 예를 들어 오전 9시에서 11시 사이의 계획이 '일어나기' 로 되어 있었다.

한국인들의 삶에서는 지켜야 할 생활 질서, 따라야 할 규범과 규칙이 참으로 많이 존재한다. 빈약한 자원으로 한강의 기적을 이룩한 데에는 아무래도 한국인들이 갖고 있는 이런 강박적 성향이 크게 영향 끼쳤을 것이다. 사실 삶을 살아가는 데 적절한 기준과 원리를 갖고 있는 것은 삶에 안정감을 준다. 그리고 대개 이런 강박적인 사람들은 삶에서 진지한 태도를 갖고 있으며 성실하고 부지런한 자세로 환경에 무난하게 적응해 간다. 그런 기준과 원리가 없는 사람은 무절제하고 통제가 되지 않기에 오히려 더 큰 문제를 야기할 수 있으며 상담에서도 어려움을 겪는 것이 사실이다. 하지만 문제는 자기 자신에게 요구하는 내적 기준이 지나치게 터무니없거나 가혹할 때 발생한다.

자신은 하루에 4시간 이상 잔다면 성공하지 못할 것이라고 주장하는 대학생이나, 반드시 계획된 순서와 일정을 따라 살아야 하기에 쉴 때조차도 독서나 강의 청취 등 자기계발에 몰두하는 회사원이나, 기도와 예배 같은 종교적인 의례를 수행하지 않게 된다면 벌을 받게 될 것이라고 예상하는 종교인에게서 그런 터무니없고 가혹한 내적 기준과 요구를 볼 수 있게 된다. 강박성 성격구조를 가진 사람들은 이런 내적인 요구와 기대가 터무니없다는 사실을 잘 알고 있지만, 통제받지 않았을 때 경험되는 불안과 두려움이 강력하기에 이를 따르지 않을 수 없다. 강박성 성격은 그런 내적 요구와 기대로 구조화되어 있기 때문이다.

그렇기에 강박성 성격구조를 가진 사람들은 늘 무엇인가 해야 할 것 같다는 느낌, 무엇인가에 쫓기고 있는 두려움, 자신이 무엇인가 하지 못하고 있다는 불안감, 무엇인가 규범대로 하지 않았을 때 겪는 죄책감 등을 평상시에 자주 경험하게 된다. 강박성 성격으로 구조화되면, 그렇게 순서와 질서, 원칙과 규범을 지키는 것이 자존감을 유지하는 큰 힘이 되기 때문에 그런 내적 요구에서 벗어나는 일은 쉬운 일이 아니다. 이런 결과로 강박성 성향의 내담자들은 경직되어 있고, 유연성이 없으며, 지나치게 양심적인 특징을 보이게 된다.

중요한 것은 강박성 성격구조를 가진 내담자들은 상담관계에서 조차 이런 특징을 보이게 된다는 점이다. 곧, 상담을 해야 할 어떤 과제처럼 생각하고, 자신이 교육을 받고 성숙해지기 위한 일종의 학습 장소로 생각하기도 한다. 강박성 경향의 내담자들은 상담자 또한 대개 자신에게 무엇인가를 요구하고 기대하는 대상으로 경험한다. 곧, 어린 시절 자신에게 높은 행동을 부과한 부모처럼 상담자를 경험하고 느낀다(대상표상의 전이). 다음의 상담 예시를 살펴보자.

심한 강박 불안에 사로잡혀 있었던 남성 내담자 C는 상담자를 찾아와 주변에서 통제받는 것에 대한 불만을 이야기했다. C는 최근 만나는 여자 친구가 자신을 심하게 통제한다고 불평했고, 이럴 바에는 헤어지는 것이 좋지 않겠냐며 상담자에게 조언을 구했다. 상담자는 애인과의 관계에서 무엇인가 일어나고 있는 것 같다고 이를 함께 살펴보자고 제안했다. C는 다음 회기에 자신이 상담자가 말한 대로 여자 친구와 결국 헤어졌다며 심한 우울 감을 호소했다. 이 말을 듣고 상담자는 지난 회기에 자신이 여자 친구와 헤어지라고 이야기했는지 곰곰이 생각했다.

강박적인 불안을 갖고 있었던 C는 상담자가 자신에게 무엇인가를 요구하고 기대하는 대상으로 경험하고 있다. C가 상담자에게 여자 친구와 겪는 어려움을 호소했을 때, 상담자는 이 부분에 대해 더 살펴보자고 제안했을 뿐인데, 상담자가 여자 친구와 헤어지기를 원하고 있다고 생각하기 시작했다. 강박적인 불안과 통제감에 휩싸인 사람들은 이렇게 상담자와 같이 권위자의 위치에 있는 사람이 무엇인가를 요구한다고 생각하기 시작하면, 그 요구에서 거리를 두기 어렵게 된다. 그것은 반드시 실행해야 할 것으로 경험하고 이를 뒤로 미루게 되면 점차적으로 더 큰 불안감에 휩싸이게 된다.

상담자는 자신이 언제 헤어지라고 했느냐며 억울함을 호소할 수 있을 것이다. 하지만 정신분석 상담은 내담자의 내적 세계를 다루는 것으로, 내담자가 어떻게 경험하고 느끼는지에 대해 작업하는 것이다. 내담자가 상담자를 그렇게 경험하고 느끼는 바로 그 전이는 내담자가 삶에서 겪고 있는 어려움이 무엇인지를 볼 수 있는 단서가 된다. 상담자가 강력하게 자신에게 무엇인가를 요구한다고 느끼는 이상 내담자에게 그 요구는 계속적으로 머리를 떠나지 않

[그림 1] 강박성 성격의 내적 대상관계

고 머물러 있게 된다. 그렇기에 강박성 성격구조를 가진 사람들은 침투적인 사고와 원치 않는 반복적 행동에 괴로워한다. 이렇게 반복적인 사고와 행동이 지배하는 것은, 강박성 성격구조를 가진 사람들에게 매섭게 몰아붙이고 가혹하게 요구하는 내적 대상이 존재하기 때문이다. 그리고 상담장면에서 그 대상은 상담자에게 전이된다.

따라서 강박적으로 성격이 구조화된 내담자의 내적 세계를 다음과 같이 분석해 볼 수 있다. 곧, 통제하고 요구하는 대상표상과 통제받고 요구를 따라야 하는 자기표상으로 내적 대상관계가 형성되어 있다([그림 1] 참조). 그런 자기표상과 대상표상과의 내적 관계로 인해 자주 삶에서 긴장감과 불안을 경험하게 되며, 기대와 요구에 미치지 못하거나 통제를 따르지 못하게 되었을 때, 죄책감과 수치심을 경험한다. 통제받고 요구를 따르는 것이 중요하다 보니 일상적인 삶에서 경험되는 인간의 다양한 감정이나 느낌, 곧 분노, 외로움, 게으름, 욕망 등은 억압되거나 격리되어야 할 필요를 강하게 느낀다. 그러므로 대표적인 방어기제는 억압이나 감정의 격리로 볼 수 있다.

앞의 사례에서 C가 여자 친구에게 통제받는다고 경험되는 것은 아마도 C의 강박적 성향이 한몫했을 것으로 예상할 수 있다. C에게 는 일상적인 요구나 부탁 또한 반드시 수행하거나 부응해야 하는 것으로 경험될 것이기 때문이다. 마음에는 통제를 따라야 한다는 강력한 요구와, 욕구를 만족시키려는 소원 사이의 내적인 갈등을 경험하게 될 때가 많다. 자신 마음대로 하고 싶은 욕구는 강박성 경 향에서 무의식적 억압으로 인해 더욱 커질 수밖에 없기 때문에 통 제받는 것에 대해서 강한 분노를 경험하기도 한다. 하지만 그 통제 를 따르지 않는 것은 두려움을 촉발하기 때문에 이를 따르지 않을 수도 없게 된다.

상담 상황에서 대상표상이 전이되는 경우, 내담자는 상담자를 자신에게 무엇인가를 요구하고 기대하는 대상으로 경험한다. 만 약 그렇지 않으면 상담자가 자신을 비판적으로 보게 될 것이라고 느끼기도 한다. 그렇기에 강박성 내담자는 C가 그러했듯이 상담자 에게 자주 질문을 하며 조언을 구하게 된다. 상담자는 이런 강박적 구조의 역동에 휘말리면서 이전보다 자신이 내담자에게 많은 조언 을 하고 통제하고 있다는 느낌을 받게 된다. 반면, 자기표상이 전 이된다면, 상담을 체계적으로 수행하지 않는다고 느끼면서 상담자 를 우회적인 방식으로 비난할 수 있다. 상담자는 자신의 상담이 부 적절하다고 느끼면서 죄책감과 수치심을 경험하기도 한다. 하지만 이는 강박적인 구조를 가진 내담자에 의해 유발된 역전이라는 것 을 기억해야 할 필요가 있다.

결국 상담자는 무엇인가를 요구하는 것이나 조언하는 것에 주의할 필요가 있으며, 내담자를 판단하거나 비난하기보다 일상적인 친절함이나 따뜻함으로 강박적인 내담자를 대하는 것이 중요하다. 자신의 감정을 더 풀어 갈 수 있도록 격려할 필요도 있으며, 오랜 시간 침묵하고 자신이 있는 그대로 이야기하는 것에 어려움을 겪고 있는 내담자를 탓하지 말고 부드럽게 대하면서 자유연상에 익숙해질 수 있도록 도와야 한다. 또한 강박적인 내담자들은 나름대로의 삶의 계획과 질서 그리고 규범을 갖고 있기 때문에 상담자가 이에 대해 제시하거나 조언하려는 유혹을 참아야 한다. 그들은 상담자가 그런 조언이나 규범에 대해 이야기할 때 겉으로 순응하는 것처럼 보이지만, 마음속 깊이에는 어린 시절 부모에게 향했던 분노감으로 이를 경험하게 된다는 점을 명심해야 한다. 오히려 상담자보다 삶을 어떻게 살아야 하는지에 대한 질서와, 원리에 대한 더 많은 정보를 강박성 내담자들이 갖고 있는 것을 볼 수 있다. 상담자는 그럼에도 불구하고 강박적인 내담자들이 주체적으로 자신의 삶을 계획하거나 어떤 일을 과감하게 선택하지 못하고 두려워하는 그 내적 상태에 대해 다루어야 한다. 이는 전이와 역전이 가운데 오고 가는 상담자와 내담자의 역동 속에서 이루어지게 된다는 점을 정신분석 상담자는 반드시 기억해야 한다.

2) 자기애성

자기애성 성격구조는 타인의 칭찬과 인정과 같은 외부의 확인을 통해 자신에 대한 좋은 느낌을 유지한다. 외부의 확인을 통해 자존감을 유지하도록 성격이 구조화되어 있기에 자신에 대한 다른 사람의 반응에 늘 민감하지 않을 수 없다. 외부의 사람이 주는 사랑과 칭찬에 목마름을 갖고 있고, 자신보다 타인이 사랑과 관심을 받게 되기라도 하면 심한 질투심을 느끼고 그 사람을 평가절하한다. 사실 사람은 누구나 타인의 인정과 관심을 받기를 원한다. 인정받고 싶은 욕망은 모든 인간이 갖고 있다. 문제는 이런 확인받으려는 욕구와 시도가 지나칠 정도로 터무니없을 때 일어나게 된다.

> 첫 입사 면접에서 떨어진 여성 내담자 S는 우울감과 불면증을 호소하면서 상담을 의뢰했다. S는 상담회기에서 주로 자신의 지성과 미모에 대한 이야기를 했다. 예를 들어, 미팅에만 나가면 남자들이 자신하고만 짝이 되기를 바라기에 힘이 든다고 말하기도 했고, 자신이 멘사클럽에서도 우수회원이라 이야기하기도 했다. 거의 모든 회기를 이런 자신에 대한 이야기로 채웠다. 이렇게 뛰어난 지성과 미모를 지닌 자신이 입사 면접에 떨어진 것은 도저히 납득가지 않는다고 했다. 상담자는 쉴 틈 없이 자신의 이야기를 쏟아 내는 S와의 관계에서 자신이 투명인간이 된 듯 느껴지면서 지루해졌다. 회기 중 자신이 조용히 상담실 밖을 나가도 S는 이를 모를 것이라고 느껴졌다. 상담자는 어느 회기, S가 이야기할 때 틈을 비집고 "선생님은 여기에서 자신에 대해 하실 말씀이 참 많으시네요."라고 말했다. 그러자 S는 "이런 것이 상담 아닌가요? 선생님은 제 이야기를 들으셔야죠."라고 응수했다.

앞의 상담 사례에서 S는 자기애성으로 성격이 구조화되었다는 것을 알 수 있다. 이것은 S가 상담자와 관계를 맺는 방식이나 상담자가 경험하는 역전이를 통해 알 수 있다. S는 주로 자신의 지성과 외모에 초점을 맞춰 이야기를 풀어 간다. 상담자에게 개입할 틈을 주지 않고 자신의 이야기만 하고 있다. 이를 보건대 상담자에게는 무의식적으로 특정한 역할을 부여하고 있다. 곧, 상담자가 자신의 이야기를 고도로 집중해서 들어야 하며, 자신의 지성과 외모에 관심을 갖고 확인해 주기를 바라고 있다. 이런 S의 무의식적 역할 부여와 소원은 "하실 이야기가 많다."라는 상담자의 개입에 "선생님은 이야기를 들으셔야죠."라고 말한 것을 보면 분명하게 드러난다. 이런 관계 양상과 역동에서 상담자의 주체성은 사라지고 상담실에서 한 배경으로 존재하게 된다. 결국 이런 관계에서 상담자는 자신이 투명인간이 된 듯 느껴지고, 자신이 상담실에서 사라져도 될 것 같다고 경험하게 된다(역전이).

오랜만에 만난 친구들 모임에서 유독 한 사람이 자신의 이야기만 하고, 다른 친구들이 이야기하려고 하면, 화제를 다시 자신에게로 돌리려고 한다면 어떻겠는가? 아마도 다른 친구들은 자신의 이야기만 하려는 친구에 대해 불편감과 분노감을 느낄 것이며, 자신들의 존재가 인정받지 못했기에 시간을 낭비했다는 느낌을 받게 될 것이다. 아마 이후에 그 친구가 참석하는 모임에는 특별한 이유가 없는 한 나가지 않아야겠다고 생각할 것이다.

그러나 상담자는 이 관계의 역동을 관찰하고 분석해야 한다. S는 늘 자신의 지성과 미모를 이야기해야만 하고 상담자는 이에 반짝거리는 눈빛으로 반응해 줘야 한다. 지금-여기에서의 상담 상황에 나타나는 대상관계는 S의 내적 대상관계를 보여 주는 것이기도

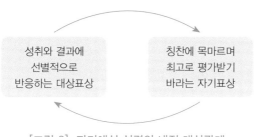

[그림 2] 자기애성 성격의 내적 대상관계

하다. 곧, S의 내적 자기와 대상의 세계를 보여 준다([그림 2] 참조).
S의 내적 대상은 자신에 대해 끊임없이 찬사와 박수갈채를 보내야
만 하는 대상이라고 이야기할 수도 있다. 물론 이는 칭찬과 공감에
인색한 대상의 존재를 의미하는 것이기도 하다. S의 자기와 대상
세계를 분석하려면 조금 더 자료가 필요하겠지만, 분명한 것은 대
상이 자신에게 찬사와 박수갈채를 보내야 한다는 것이며, 이는 S가
이런 외부의 반응이 없이는 자존감을 유지하기 어렵다는 것을 의
미한다. 또한 이것은 자신의 가치를 확인받고자 하는 욕구가 너무
나 커서 상대방에게 관심을 갖기 어렵다는 것을 의미한다. 이로 인
해 상대방은 자주 자신이 착취당한다는 느낌을 경험한다.

　그렇다면 이런 자기애적 성격구조는 어떻게 탄생하는가? 앞의
상담 사례에서 나타나는 대상관계는 S의 어린 시절 고고학적 자료
의 핵심적인 측면이 된다. S에게 정신분석적인 과거의 탐색은 별다
른 의미가 없다. S는 이런 제안에 대해 그다지 반가워하지 않을지
모르고, 또한 과거에 대한 기억도 이런 자기애적 렌즈를 거치며 왜
곡될 가능성도 높다. 하지만 분명한 것은 지금-여기의 상담 상황
에서 오고 가는 관계의 역동이다. 칭찬과 박수갈채를 받기 위해 상

대방을 투명인간 취급하는 무의식적 착취구조가 S의 내면화된 대
상관계의 핵심이라고 말할 수 있다. 이것은 S의 어린 시절 대상관
계를 유추해 볼 수 있는 중요한 단서이다.

S는 양육자와의 관계에서 이런 착취구조를 경험했을 것이라고
볼 수 있다. 그 착취구조는 기능에 따라 한 사람이 인정받고 수용되
는 것이라고 분석할 수 있다. 아이는 부모에게 어떤 기능을 수행했
을 때에만 그 가치감이 인정되고 수용되었을 것이다. 부모가 원하
는 일에 두각을 드러내면 과도한 부모의 반응으로 과잉공감을 받
았을 것이며, 그렇지 못했을 경우 관심과 확인을 받지 못해 불안과
두려움이 주입되었을지 모른다. 이런 대상관계에서 S는 칭찬과 찬
사에 목말라 하는 자기애적인 성격으로 구조화되었을 것이다.

아마도 그렇기에 S는 회사의 첫 입사 시험에서 자신이 떨어진 것
에 대해 수용하기 어려웠을 것이며, 자기애에 큰 상처를 받았을 것
이다. 대개 이런 이유들이 자기애적 경향의 사람들이 상담을 찾게
되는 이유가 된다. 이렇게 자기애의 큰 상처를 경험하게 된다면, 심
한 우울증에 빠지게 된다. 왜냐하면 자기애성 성격은 외부의 확인
을 통해서 자존감이 유지되도록 구조화되어 있기 때문이다. 곧, 자
신의 실패와 좌절을 스스로 감내하거나 견딜 만한 내적인 구조를
갖추고 있지 못하다. 자기애적 내적 구조에는 '이만하면 좋다.'는
느낌을 본인 스스로에게 제공할 수 있는 위로의 기능이 상대적으
로 약하다. 그렇기에 외부의 어려움에 쉽게 무너질 수 있으며, 비난
받게 될까 봐 두렵고, 자신이 하찮은 존재로 비춰질까 봐 불안하다.

상담자 또한 이런 점에 주의해야 한다. 자기애적 내적 구조로 인

해 보통의 사람에게는 사소한 부분일지라도 자기애적 성격구조의 내담자들은 상처가 되고 수치심을 경험하게 만드는 요인이 될 수 있다. S에게 상담자가 하실 이야기가 많다고 했을 때 S가 상담자라면 이야기를 들어야 하는 것이 아니냐고 말한 것은 얼핏 보기에 상담자에 대한 당당한 요구처럼 보이지만, 자신이 받게 될 수치심이나 상처를 방어하기 위한 시도라고 볼 수 있다. 상담자는 S가 사소한 부분에서 수치심을 받게 될 수 있음을 기억해야 한다. 그런 자기애적 구조를 지금-여기에서 다루는 것이 정신분석 작업의 핵심 목표가 된다.

이는 S가 자신을 과장하지 않아도 충분히 괜찮은 사람인 것을 경험하도록 돕는 일이 될 것이다. S는 자신이 지성적이거나 뛰어난 미모를 지닌 사람으로 확인되고 비춰질 때에만 사랑받고 인정받을 수 있다는 무의식적 환상을 갖고 있다. 이런 자기애적 환상과 불안으로 인해 외부 대상의 반응에 민감할 수밖에 없으며, 또한 수치심을 느끼지 않도록 외부 대상의 긍정적인 반응을 유발시켜야 하는 통제 욕구를 갖게 된다. 상담관계에서 또한 자기애성 내담자는 상담자에게 자기애를 유지하기 위한 기능과 역할을 부여하고 그들을 통제한다. 정신분석 상담자는 자기애적 성향의 내담자들이 지금-여기에서 보이고 있는 이런 자기애적 관계역동과 행동을 정직하게 인식할 수 있도록 도와야 한다. 하지만 이것이 내담자들의 수치심을 자극하게 된다면 상담은 조기에 종료될 수 있다.

이를 위해서는 어떤 내담자에게도 마찬가지이지만, 특별히 자기애적 경향의 내담자들에게 전이의 만족은 상당 기간을 요구할 수 있다. 자기애성 성격구조의 내담자가 지금-여기의 상담자와의 관계에서 얼마나 인정과 관심에 목말라 하고 있는지, 그리고 이로 인해 대상을 어떻게 통제하고 있는지를 인식하기 위해서는 무엇보다 먼저 상담자가 그런 자기애적 욕구를 적절하게 만족시켜 주어야 한다. 인정받고 싶은 강렬한 마음과 이로 인해 경험되는 자기애적 좌절과 상처에 상담자는 공감적인 반영을 할 수 있어야 한다(전이만족). 더불어 이 정신분석 상담이 전체적으로 어떻게 진행되는지에 대해 내담자가 인식할 수 있도록 설명하고 교육하는 과정이 충분히 동반되어야 한다(자유연상과 전이분석에 필요한 교육은 제10장에서 다룬다). 그런 교육적 개입은 모든 내담자에게 필요하지만, 특히 강한 통제감을 갖고 있는 내담자들에게는 더 빈번하게 요구된다.

3) 우울성

우울성은 자기 자신에 대한 지나친 비난과 평가절하를 특징으로 하는 성격구조이다. 우울성 경향을 가진 사람은 자신이 타인에게 거부당해 마땅한 나쁜 사람이라는 비관적인 확신을 뿌리 깊이 하고 있다. 그들은 사람들이 자신을 알게 된다면, 자신의 부적절함과 어리석음을 알게 되어, 결국에 자신을 거절하게 될 것이라고 믿고 있다. 이렇게 현실성 없이 자신을 심하게 비난하는 방향으로 성격이 구조화되어 있기에, 우울성 성향의 사람들은 일상에서 자주 무기력과 우울증을 경험하게 되고, 무상함이나 의미 없음의 느낌이 내적 세계를 지배하기도 한다. 마치 자신과 자신의 삶에는 늘 나쁜 일이 일어날 것이라고 믿는 우울성 성격구조는 일상에서 즐거움을 누리기 어렵고, 깊은 우울과 슬픔이 전반적인 삶을 지배하게 된다.

물론 우울증이 우울성 성격구조에서만 나타나는 것은 아니다. 그 성격구조상 스스로에게 비현실적인 높은 이상을 설정하게 되는 강박성이나 자기애성 성격구조에서도 우울증의 가능성은 존재한다. 그 이상에 도달하지 못하고 자신이 꿈꿔 온 비현실적인 목표를 성취하지 못하면 곧잘 우울증과 무기력의 상태에 빠지게 된다. 하지만 자신에 대한 지나친 비난과 학대를 특징으로 하는 우울성 성격구조에서 우울증의 가능성은 더 높아진다. 다음의 사례를 통해 우울성 성격구조의 주요 특징들에 대해 살펴보도록 하자.

최근 남자 친구와 헤어진 30대 중반의 여성 내담자 K는 무기력과 삶의 의미 없음을 호소하며 상담자를 찾아왔다. K가 초등학교 시절, 학대와 무관심으로 일관하던 아버지를 대신하여, K의 어머니는 세 자녀의 생계를 책임져야 했다. 당시 맏딸이었던 K는 가정에서 어머니의 역할을 대신하며 동생들의 식사를 챙기고 학업을 지도했다. 하지만 생계에 찌든 어머니가 집에 돌아오면, 맏딸인 K에게 동생을 잘 돌보지 못했다는 핀잔을 자주 했고, K는 그런 자신이 이기적인 사람처럼 느껴졌다. 동생들이 대학을 다니고 결혼을 하는 동안 K는 그들의 뒷바라지를 하고자 학업과 연애를 포기했다. 최근 사귄 남자 친구와의 이별에 대해 K는 모든 것이 자신이 부족해서 일어난 일이라고 상담자에게 이야기했다.

앞의 상담 사례에서 K는 최근 남자 친구와 헤어지고 우울증과 무기력을 경험하면서 상담자를 찾아왔다. 누구에게나 이런 상황에서 애도과정은 결코 쉬운 일이 아니다. 하지만 발달력에서 확인되듯이 K의 우울성 성격구조는 그 애도를 더욱 어렵게 만들고 있다. 우울성 성격구조의 주된 특징은 자기비난과 평가절하이다. K는 남자 친구와 헤어진 것도 자신이 부족해서 일어난 일이라고 자신에게 이별의 원인을 돌리고 있다. K가 갈등과 문제의 원인을 자신에게 돌리는 이유는 어디에 있는가?

K의 어린 시절 배경에서 살펴볼 수 있듯이, K는 맏딸로 가정에서 엄마의 역할을 수행했다. 왜냐하면 가정사에 무관심한 아빠를 대신하여 엄마가 생계를 책임졌기 때문이다. 자신은 나름대로 열심히 동생들을 돌봤지만, 삶에 지친 엄마는 K의 노력을 알아주거나 확인해 주지 못하고 오히려 동생을 잘 돌보지 못한다고 핀잔을 주었다. 이로 인해 K는 오히려 자신이 좋은 사람이 아니라 이기적인 사람처럼 느껴졌다. 이는 자기 자신이 누구인지에 대한 느낌과 자기표상에 큰 영향을 끼치게 된다. K는 자신이 좋은 사람으로 경험되기 위해서는 더 아낌없는 돌봄과 헌신 그리고 희생이 필요하다고 생각했을지 모른다. 그렇기에 K는 자신의 학업과 연애를 뒤로 미뤄 가면서 가족과 동생을 위해 헌신했다. 이런 상황에서 K는 일상적으로 경험될 수 있는 인간적인 감정들, 곧 욕심, 이기심, 불평, 허영심을 자신이 매우 나쁜 인간임을 보여 주는 위험한 감정들로 인식하게 된다. 자신이 품게 되는 지극히 인간적인 생각과 감정이 모두 부정당할 뿐만 아니라, 자신이 나쁘고 비난받아 마땅하다는 것을 보여 주는 증거가 된다. 많은 우울성 성향의 사람이 자신들

은 그저 숨쉬기만 해도 의미 없이 자원을 낭비하고 있다고 느끼는 이유가 바로 여기에 있다.

또한 K는 자신이 타인에게 거부당해 마땅하다는 자신에 대한 느낌을 갖고 있다. 자신이 부적절하게 경험되는 이상 자신은 대상에게 마땅히 거절당할 것이라는 느낌을 갖게 되는 것은 지극히 당연한 결과이다. 거절당할 것이라는 이 느낌은 일상에서 사람들과의 관계를 어렵게 만든다. 우울성 성향의 내담자들은 자신이 부적절하다는 인상을 주지 않기 위해 관계에서 지나치게 심리 에너지를 써야 하거나, 혹은 이렇게 에너지를 쓰는 것에 지친 나머지 사람들과의 관계를 회피하려고 할 수도 있다.

우울성 성격의 내담자는 관계에서 경험되는 사소한 갈등이나 부딪힘이 자신이 나쁘다는 것을 증명하는 것으로 이해한다. 사람들 사이에서 자신의 약점이라도 언급되면 자신에 대한 좋은 이야기를 뒤로하고 오직 그 부분에만 집중하게 된다. 언제라도 자신은 최악의 평가를 받아야 하는 존재처럼 스스로를 평가하고 경험한다. 그렇기에 우울성 성격구조를 가진 사람들의 자기와 대상 세계를 분석해 보면 마땅히 거부할 것이라는 대상에 대한 표상과 또한 거부당해 마땅하고 그렇기에 부단히 노력해야 하는 자신에 대한 표상을 갖고 있다고 분석해 볼 수 있다([그림 3] 참조). 이런 내적인 대상 세계를 갖고 있기에 자신에 대해 부적절하고 혐오스러운 느낌을 내적으로 형성하게 되며, 사람들이 행여나 자신을 거절할 것에 대해 불안해할 수 있다. 주변에 사람들에게 혹 사소한 말실수나 감정의 표현 등에 대해 지나치게 부끄럽게 생각하고, 자신은 뉘우치고

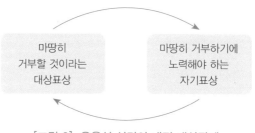

[그림 3] 우울성 성격의 내적 대상관계

반성해야 한다고 생각하며 스스로에게 벌을 줄 수도 있다.

이러한 내적 자기와 대상 세계는 상담관계에서도 자연스럽게 전이되어 나타난다. 주로 우울성 성격의 내담자들은 상담관계에서 무의식적으로 착한 사람이 되려고 애쓴다. 상담자에게 자신이 착한 사람으로 비춰지기를 바라며, 이를 위해 상담 상황에서 다양한 방식으로 노력을 기울이려고 한다. 그들은 상담관계에서 때로 상담자가 필요한 것들이 무엇인지를 고민할 수 있으며, 상담자를 기쁘게 할 수 있는 일이 무엇인지 고민한다. 그렇기에 상담자가 가끔씩 던지는 충고나 조언을 마치 하늘에서 내려온 계시처럼 여기며 자신의 삶에 적용하고 실천하려고 노력하기도 한다. 그리고 실제로 상담관계를 통해 많은 우울성 성향의 내담자는 자신이 상담자를 만나 많이 회복되고 변화되었다고 보고하기도 한다. 그것이 상담자를 기쁘게 하고 상담자에게 좋은 사람으로 비춰지는 좋은 방법이 되기 때문이다.

실제 상담자는 이런 우울성 내담자들의 보고를 사실로 받아들이고 상담을 종료하기도 한다. 하지만 정신분석 역사에서 확인된 것은 이렇게 상담관계에서 좋아진 것처럼 보이는 많은 우울성 내담자가 상담관계가 종료된 이후에 더욱 무기력해지고 우울해진다는 사실이었다. 심지어 상담자를 만나 좋아진 듯 보인 어떤 우울성 내담자는 상담을 종료하고 자살을 고민하기도 한다. 자신이 이렇게 좋은 상담자를 만났는데도 자신의 마음이 또다시 저하되는 것을 보며 자신은 정말 죽어야 마땅한 인간이라고 생각하기 때문이다. 그렇기에 이렇게 자신을 비난하고 혐오하는 우울성 내담자가 아무리 자신이 회복되고 좋아졌다고 보고해도, 상담자는 상담을 종료하지 않고 그런 보고가 상담 상황에서 어떤 의미를 갖는지 살펴봐야 한다.

자신은 무엇인가 부적절하고 부족함이 있다고 생각하는 우울성 내담자들은 그렇기에 최선을 다해 살아가는 사람들이다. 자신은 뿌리 깊이 나쁜 사람이고 거절당해 마땅한 사람들이기 때문에, 이들은 스스로 노력해야 하며 그 누구보다 최선을 다해 살아가야 한다고 생각한다. 이는 자신의 부족함을 채우려는 시도이기도 하지만, 자기 자신에게 무의식적으로 벌을 주기 위한 시도이기도 하다. K의 경우에서 알 수 있듯이 우울성 성격구조를 가진 사람들은 사람들과의 관계에 헌신한다. 자신을 희생하고 관계에 자신을 순응하고 헌신하려는 성향을 갖고 있다. 자신을 비난하는 내적 구조 관계상에서 경험되는 갈등의 이유를 자기 자신에게서 찾고 자신 때문에 이런 일이 일어난 것이라고 여긴다. 아마도 K는 엄마의 고통이 자신 때문이라는 깊은 유아적인 죄책감을 갖고 있는지도 모른다.

그렇기에 상담자는 우울성 내담자들에게 '최선을 다해 보자.' 혹은 '파이팅'이란 말을 자제해야 한다. 그것은 우울성 성격에 치명적일 수 있다. 그들은 그렇게 말하지 않아도 늘 최선을 다해 살아온 사람들이다. 무엇인가 부족하다고 자기 자신에 대해 경험하기에 지금까지도 파이팅을 해 온 사람들이다. 우울성 성격은 그렇게 구조화되어 있다. 그런 사람들에게 더 노력해 보자는 말은 그들을 막다른 골목으로 내모는 일이 된다. 늘 최선을 다하는 사람에게 다시 한번 최선을 다하자는 말은 무의식적으로 깊은 분노를 경험하게 만든다.

오히려 우울성 내담자들에게 필요한 것은 자신을 가혹하게 비난하고 몰아세우는 내적 대상을 상담자가 다루는 일이다. 상담자는 이런 우울성 성격의 내담자들에게서 가끔씩 이런 가혹하게 비난하는 대상표상의 역할이 전이되기도 하고 이로 인해 상담자가 우울성 내담자를 은근히 비난하고 학대하는 상담 상황이 펼쳐지기도 한다. 상담자는 이런 우울성의 관계역동과 내담자의 내적 대상세계에 존재하는 가혹한 내적인 대상을 다루어야 하는 일을 정신분석 상담에서 중요한 목표로 잡을 필요가 있다.

4) 분열성

분열성은 외부 대상이 자신의 개별성을 손상시키고 자신의 사적인 영역을 침범한다고 느껴서 인간관계와 현실 세계에서 거리감을 유지해야 하는 성격구조이다. 대개 사람들은 어느 정도는 인간관계를 통해 힘을 얻게 된다. 인간관계에서 상처를 받기도 하지만, 그러면서도 사람들은 그 관계를 원한다. 하지만 분열성의 경우에는 인간관계에서 받게 되는 상처의 깊이가 너무 크기에 쉽게 사람들에게 가까이 가지 못한다. 그렇기에 분열성 성향의 사람들이 유지해야 하는 타인과의 거리감은 일반적인 사람들의 그것과는 상당히 다르다. 다음의 상담 사례를 통해 분열성 성격구조에 대해 자세히 살펴보자.

> 의과대학에서 생물학 강의를 하는 남성 내담자 F는 여자 친구와의 관계 문제로 상담자를 찾아왔다. 여자 친구는 자신과 가까워지기를 바라지만, 자신은 여자 친구가 자신에게 가까이 다가오는 것을 두렵다고 호소했다. 빈번한 문자메시지와 만남의 빈도는 F를 숨 막히게 했다. F는 여자 친구를 한 달에 한 번 정도 만나는 것이 좋은데 여자 친구는 일주일에 두세 번은 만나고 싶어 한다고 이야기했다. 그러면서 일주일에 두세 번 만나는 것은 친밀함을 의미하는 것이 아니라, 마치 어린 시절 자신의 일기장을 당연하게 읽었던 어머니와 같이 자신의 사적인 영역을 침범하는 것과 같다고 말했다. F는 상담실에 앉을 때마다 의자를 뒤로 밀어 상담자와 거리를 떨어져 앉았고, 일주일에 한 번 정도 만나는 상담 빈도에 대해서도 어려움을 갖고 있었다.

앞의 상담 사례에서 F는 분열성 성격구조를 갖고 있다. F가 갖고 있는 사람들과의 거리감에서 이를 확인할 수 있다. 연애 초반에 일반적으로 사람들은 매일이라도 사귀는 사람을 만나고 싶어 한다. 연애를 한다는 것은 일반적인 인간관계보다 경계가 느슨해지고 친밀함을 더욱 요구한다. 그렇기에 어쩌면 이후에 서로가 연인관계에서 멀어지면 더욱 큰 상처를 입게 되는지도 모른다. 하지만 F가 연애관계에서 요구하는 거리감은 친밀함을 바탕으로 하는 연애에서의 일반적인 거리감과는 사뭇 다르다. F는 매일 문자메시지를 보내는 것과 일주일에 두세 번 만나는 것에 대해 상당한 불편감을 갖고 있어서 이로 인한 어려움으로 상담자를 찾아왔다.

이에서 확인할 수 있듯이, F는 사람들과 가까워지기가 어렵다. 여자 친구에게도 상당한 거리감을 필요로 하는 것을 보면 이를 확인할 수 있다. 연애 초반 친밀감을 느끼고 싶은 상대방은 아마도 자신이 연애를 하고 있는 것인지 느끼지 못할 수도 있다. 그렇지만 F는 자신의 거리감을 유지하며 연애를 하고 싶어 한다. 곧, 분열성 성격의 사람들에게도 인간관계가 필요하다. 그들에게도 다른 사람들이 필요한 것이다. 하지만 그들이 원하는 거리에서 인간관계를 맺어야 한다. 그렇기에 분열성 성향의 사람들은 사람들과 가까워지기도 그렇다고 멀어지기도 어려운 갈등 상황에 자주 놓이게 된다. 사람들이 필요해 가까이 다가가면 갈수록 그들은 침범과 손상에 대한 강한 불안과 두려움을 느끼기에 멀어져야 한다. F는 분열성으로 인해 여자 친구와 이별할 수도 그렇다고 연애를 이어 가기에도 무척 어렵다.

분열성 성격은 인간관계에서 침범당한다는 느낌을 강하게 경험하기에 혼자일 때가 좋다. 그렇기에 분열성 성격구조의 사람들은 주로 혼자서 무엇인가에 몰두할 수 있는 직업을 선택한다. 연구실에서 홀로 실험에 몰두하거나, 혼자의 공간에서 집필이나 예술 작업에 몰두하기도 한다. 혹은 세상과 등지고 독특한 종교와 영성을 추구하기도 한다. 분열성 성향의 사람들이 바라보는 세상은 순수하지 못하고 혼탁하기에 그 세상에서 철수하는 경향을 보인다. 반대로 자신은 세상과 달리 순수성과 고결함을 유지해야 한다는 요구를 스스로에게 부여할 수 있다. F 또한 비교적 다른 사람들과의 관계가 필요하지 않고 혼자 연구하고 강의할 수 있는 일을 직업으로 삼고 있다.

그렇다면 이렇게 F가 분열성 성격구조를 갖게 된 것은 어떤 이유일까? 앞의 사례에서 F는 여자 친구가 자신에게 가까이 다가오는 것을 어린 시절 자신의 일기장을 당연하게 읽었던 어머니의 침범과 연결시킨다. 물론 아주 단편적인 어린 시절 기억이기에 이를 바탕으로 F의 어린 시절을 재구성하기는 어렵다. 하지만 그럼에도 자녀의 일기장을 당연하게 읽었다는 대목에서 F의 어머니는 상당히 침범적이었다고 평가할 수 있다. 유년시절 부모의 지나친 간섭은 자녀들에게 침범의 느낌을 경험하게 된다. 어린 시절 부모와의 관계는 처음 맺게 되는 인간관계라는 점에서 그리고 그것이 사랑과 미움으로 연결되어 있다는 점에서 자녀에게 강력한 영향을 끼친다는 점은 이미 앞에서 언급했다. F는 그 부모와의 관계에서 사람들이 자신의 사적인 공간과 영역을 침범할 것이라는 예상과 두려움을 갖게 했다. 곧, 침범하고 그 침범에 두려워하는 F의 내적 대상관계가 어머니와의 관계에서 형성되었을 것이라고 추측해 볼 수 있다.

그렇기에 F의 내적 대상관계는 침범하는 대상과 침범에 두려워 관계를 단절시키는 자기표상들로 이루어져 있다고 이해할 수 있다 ([그림 4] 참조). 그것은 여자 친구의 친밀함의 요구에 있어서나 사람들과의 관계에 있어서 지대한 영향을 끼치게 된다. 사람들이 가

[그림 4] 분열성 성격의 내적 대상관계

까이 다가오는 것은 F에게 일종의 침범이나 사적 영역의 손상으로 다가오고 경험된다. 이는 상담자와의 관계에서도 마찬가지이다. 상담 상황에서 F의 내적 대상관계는 일종의 전이 감정으로 나타날 수 있기에 상담자 또한 자신의 삶을 지나치게 개입하고 침범하는 존재로 쉽게 경험할 수 있다. 앞의 사례에서 F가 상담실에 앉을 때 항상 의자를 뒤로 빼고 앉으려 하는 것은 이런 전이 감정을 반영하는 것으로 볼 수 있다. 일주일에 한 번 만나는 상담 빈도도 F에게는 부담스럽게 느끼는 것 또한 이런 전이와 관련이 있다. 상담관계에서도 일정한 거리를 유지해야 할 필요를 느끼는 것이다.

그렇다면 분열성 성격구조의 사람들을 어떻게 상담할 수 있을 것인가? 무엇보다 상담자가 중요하게 생각해야 하는 것은 분열성 성향의 내담자들이 요구하는 거리감을 인정하고 받아들이는 것이다. 일반적인 내담자와는 다르게 상담실에서의 상담자와 내담자의 자리 배치도 조금 더 거리를 둘 필요가 있다. 또한 내담자들이 침묵하는 경우에 상담자는 그 침묵을 견뎌 줄 필요가 있다. 침묵을 견디지 못해 상담자가 개입하게 되면 분열성 성격구조의 내담자들은 그런 상담자의 반응을 자신을 침범하는 것으로 경험할 수 있다.

분열성 성격구조의 전이로 인해 상담자는 분열성 내담자와 관계를 형성하는 데 먼 거리감이 필요하다는 것을 경험하고, 이에 따라 내담자가 자신을 필요로 하지 않는다는 느낌을 갖게 될 수 있다. 공감적으로 반영하려는 상담자의 친밀한 자세와 태도도 분열성 내담자는 자신을 침범하는 것으로 경험할 수 있다. 그러면 그럴수록 상담자는 더 적극적으로 개입하면서 내담자에게 다가가려고 할 수 있다. 역동적으로 말하면 이는 결국 내담자의 침범하는 내적 대상으로 상담자가 기능하게 되는 것이라고 볼 수 있기에, 상담자는 분열성 내담자의 일정한 거리감을 존중해 주어야 한다.

상담자가 상담의 전체적인 틀을 훼손하지 않는 수준에서 분열성 내담자의 거리감을 인정하고 내담자의 이야기를 경청한다면, 점차적으로 분열성 내담자는 상담관계에서 안정감을 느끼고 상담에 더 자발적으로 참여할 수 있다. 현실세계와 거리를 두도록 하는 내적인 요구에 상담자가 깊이 공감할 수 있다면, 내담자는 상담자가 자신을 이상하게 보리라는 두려움을 갖지 않고 상담에서 자신의 이야기를 풀어 가게 된다. 이런 상담관계 안에서 내담자는 침범의 두려움과 자신의 개별성이 손상될 것이라는 불안을 상담자와 함께 다룰 수 있게 된다.

5) 편집성

편집성 성향의 내담자들은 세상에 악의에 찬 사람들이 자신을 공격하고 손상시키려고 한다는 믿음을 갖고 있는 사람들이다. 그렇게 세상 사람들이 자신을 훼손하려는 시도를 한다고 믿는 것은 사실 자신의 내적 대상세계의 부정적 속성을 밖으로 돌린 것으로 이해할 수 있다. 이는 의심하고 신뢰하지 못하는 자신의 내적 성향 을 외부로 투사한 것이다. 그렇기에 사람들의 의도를 순수하게 받 아들이지 못하고 쉽게 의심하며, 자신을 손상시키고 공격하는 것 으로 받아들인다. 이런 편집성 성향 탓에 사람들 사이의 오고 가는 유머를 재미로 받아들이는 일은 어렵고, 사람들이 늘 무엇인가 간 교한 속임수를 갖고 있다고 생각한다. 다음의 사례를 통해 편집성 성격구조에 대해 살펴보도록 하자.

> 내담자 P는 유망한 디자이너로 회사에서 인정받았지만, 사람들에 대한 공 포로 인해 회사에 출근하기 어려운 때가 많았다. 때로는 대문을 열고 나가 려고 하면 검은 형체가 자신을 공격해 오는 것 같아 문을 닫아 버리곤 했 다. 회사 내 사람들이 음모를 꾸며 자신을 회사에서 몰아내거나 심지어 살 해할지 모른다고 상담자에게 이야기했다. 상담 초기부터 P는 상담자의 정 체를 의심했고, 회사에서 자신을 감시하기 위해 보낸 것이 아니냐고 묻기 도 했다. 그 의심은 상담회기가 계속되면서 좋아지긴 했지만 상담자가 돈 을 벌기 위해 자신을 이용한다는 생각을 계속 갖고 있었다. P는 이어서 자 신의 어린 시절에 대한 이야기를 했다. 어린 시절 P의 어머니는 P가 영어 말하기를 못한다며 강제적으로 혀 성형을 하게 했다. P가 학교에서 왕따를 당해 어머니에게 보고를 하면, 그녀는 자신이라도 P를 왕따시켰을 것이라 고 말했다.

앞의 사례에 나오는 P는 편집성 성격구조를 갖고 있다. 회사 내 동료들이 자신을 공격하고 살해하려는 두려움과 공포를 갖고 있다는 점에서 이를 알 수 있다. 실제적으로 회사에서는 P를 아주 유망한 디자이너로 인정하고 있음에도 불구하고, P는 그런 인정을 일종의 기만행위로 이해하고 있다. 세상은 순수하지 않고 타락했으며, 간교한 책략으로 자신을 공격하고 있다고 P는 믿고 있다. 이런 두려움과 공포는 그에게 대단히 실제적인 것이며, 그것은 누군가가 회사 사람들이 그렇지 않다고 아무리 이야기해도 쉽게 가라앉지 않는다. 대문을 열자 검은 기운의 형체에 두려움을 느끼면서 그 형체가 자신을 공격한다고 믿는 것으로 보아, 스트레스가 심한 경우에는 편집과 관련된 망상 또한 갖게 될 수 있는 것으로 보인다.

P가 이렇게 편집성 성격구조를 갖게 된 이유를 어디에서 찾을 수 있는가? 물론 편집성 성격구조의 사람들이 선천적으로 예민하고 높은 수준의 공격성을 갖고 있다고도 말할 수 있겠지만, 앞의 사례에서 볼 수 있듯이 P와 어머니의 관계는 P가 어떻게 편집적인 경향을 깊게 형성했는지를 보여 준다. P의 어머니는 P가 영어 말하기를 하지 못한다고, 혀 성형을 하게 할 정도로 지나치게 성취지향적 태도를 갖고 있다. 상식적으로 이해되지 않는 이런 어머니의 태도는 P의 자기효능감에 깊은 상처를 갖게 했을 뿐만 아니라, 어머니조차 자신의 신체에 손상을 가할 수 있다는 경험을 갖게 했을 것이다. 이렇게 비상식적인 학대의 경험은 자신과 타인에 대한 느낌을 심히 손상시켜, 편집의 공포를 내적으로 형성할 수 있는 토대를 마련하게 된다.

또한 P의 어머니는 자녀가 부모에게 가지고 온 두려움을 완화시키는 역할을 하지 못하고 오히려 그 두려움을 확대시키는 것을 볼수 있다. P는 자신의 왕따 경험을 어머니에게 보고했다. 이는 대상을 통해 놀란 마음과 두려움을 위로받으려는 시도이다. 하지만 P의어머니는 자신이라도 P를 왕따시켰을 것이라는 반응을 보이면서, 자녀의 문제를 더욱 크게 만들고 있다. P의 정서적인 느낌은 이해받기보다 반박당했고, 어머니와의 관계에서 두려움과 수치심이 형성되었다. 물론 자녀들의 정서를 다 받아 줄 수 있는 부모는 세상에없겠지만, P의 어머니는 오히려 자녀의 정서적인 불안을 더욱 확대하고 있다는 데 문제가 있다.

이렇듯 P는 어머니와의 관계에서 편집의 공포가 크게 강화되었다. 어머니와의 관계를 통해 세상에 대한 기본적인 이해가 형성되었다. 세상 사람들이 믿을 만하다거나 자신을 이해해 주리라는 기대를 형성하기보다 그들이 자신을 공격하고 위협할 것으로 예상하고 있다. 곧, P는 부모와의 관계에서 편집적인 환상이 커지게 되었다. P는 위협하고 공격하는 대상에 대한 느낌과 더불어, 언제든 공격받을 수 있다는 자기 자신에 대한 느낌을 내적으로 형성하게 되

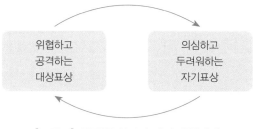

[그림 5] 편집성 성격의 내적 대상관계

었다([그림 5] 참조). 이런 내적인 자기와 대상 세계가 갖고 있는 어려움은 대상과 자기 자신에 대한 신뢰를 모두 잃어버린다는 점에 있다. 대상과 자기 자신에 대한 감각은 심히 왜곡되어서, 공격에 대한 두려움을 방어하기 위한 삶의 태도가 형성된다는 것이 편집성 성격의 큰 문제가 된다.

이런 내적 자기와 대상 세계는 투사적으로 다루게 된다. 가족이나 동료들과의 관계에 쉽게 투사되어, 그들을 믿지 못하고 신뢰하지 못하는 대상관계를 형성한다. 의처증이나 의부증 역시 이런 편집 공포를 투사해 다루고 있는 것이라고 이해할 수 있다. 또한 내적 자기와 대상 세계는 상담 상황에도 고스란히 전이되어 나타난다. 앞의 사례에서도 P는 상담자를 신뢰하지 못한다. 상담자를 회사에서 고용한 사람으로 이해하고 있으며, 다른 의도를 갖고 있다고 느낀다. 이것은 P의 대상표상이 전이된 것으로 이해할 수 있다. 이런 전이가 상담관계에서 나타나게 되면, 상담자는 내담자의 의심에 쉽게 지치고 분노를 경험하게 된다. 한편으로는 내담자의 왜곡된 인지를 바꿔 주기 위해 대단한 노력을 기울일 수 있다. 어떤 경우이든 편집성 성향의 내담자들이 보이는 전이로 인해 상담자는 간교한 전략과 목적을 갖고 있는 사람으로 내담자에게 더욱 비춰지게 될 수 있다.

때로 상담자는 이런 편집성 성향의 내담자들과의 관계에서 자신이 공격받을지 모른다는 불안과 두려움을 갖게 되어 방어적인 자세를 취하기도 한다. 이는 편집성 성격구조가 불러오는 독특한 역동에 기인하는 역전이이다. 상담자는 내담자에 의해 소송당할지 모른다는 불안감을 갖기도 하고, 내담자가 그리는 세상을 듣다 보면 상담자의 주변 사람들을 의심하는 자신을 발견하기도 한다. 이는 또한 편집적인 내적 자기와 대상 세계에서 자기표상이 전이되는 것으로 이해될 수 있다.

무엇보다 상담자는 이런 전이를 잘 견디고 인내하는 것이 중요하다. 또한 상담자의 좌절과 분노 그리고 방어적인 자세는 편집적인 성향의 내담자들이 불러오는 역전이임을 이해해야 한다. 오히려 상담자가 자신은 내담자를 공격하는 존재가 아님을 힘주어 강조하면 할수록 내담자의 편집적인 공포는 커질 수 있다. 오히려 내담자가 보이는 상담자에 대한 의심과 두려움을 편안한 마음으로 다룰 수 있는 상담자의 의연함이 중요하다. 내담자가 갖고 있는 상담자에 대한 적개심을 수용하는 자세로 다루게 된다면 내담자는 상담자와 신뢰관계를 점차적으로 형성할 수 있게 된다. 이것 자체가 편집성 내담자에게는 치유적인 경험이 된다.

또한 편집적인 성향의 내담자들과의 관계에서 상담자는, P의 사례에서 볼 수 있듯이, 그들이 자기효능감에 있어 크게 손상을 받은 대상관계의 경험을 갖고 있음에 주목해야 한다. 그들은 자신에 대해 좋은 느낌을 가질 수 있는 초기의 경험이 빈약하다. 그렇기에 오히려 외부의 상처에서 자신을 보호하기 위해 투사의 방어기제를 동원하는 것이다. 곧, 편집성 성격구조는 대상이 자신을 공격한다는 편집의 두려움을 통해서 자신의 좋은 것을 지켜 내고 보호하려고 시도한다. 이것이 함축하는 것은 편집성 성격구조의 내담자들은 자신이 사랑받기 어렵다고 판단한다는 점이다. 그들은 심한 수

치심을 경험하고 있으며, 혹 사람들에게 그런 공격으로 얼마 있지 않은 자신의 좋은 면이 손상될 것이라고 무의식적으로 경험한다.

그렇기에 상담자는 편집성 성향의 내담자들이 반드시 그렇게 자신을 지켜 내고 보호할 필요가 없을 정도로 자신이 사랑받을 만한 사람들임을 경험할 수 있도록 도움을 줄 수 있어야 한다. 이는 편집성 성향의 내담자들로 하여금 투사의 필요성을 낮추게 하여 편집의 공포를 완화시킨다. 한편으로 그들에게 얼마나 사랑받고 싶은 마음이 강렬한지, 그것을 받지 못하거나 잃어버릴까 봐 얼마나 두려운지를 내담자가 이해할 수 있도록 상담자가 도움을 주어야 한다. 이런 과정을 거쳐 상담자와의 신뢰관계가 형성된다면 편집성 성향의 내담자들은 보다 현실적인 감각으로 삶을 살아갈 수 있는 자원을 마련하게 된다.

더 읽을거리

유성경, 이문희, 이은진 공역(2020). **성격장애의 정신역동치료**. 존 클라킨, 피터 포나기, 글렌 개버드 공저. 서울: 학지사.

정남운, 이기련 공역(2008). **정신분석적 진단: 성격 구조의 이해**. 낸시 맥윌리엄스 저. 서울: 학지사.

제**9**장

정신분석적 진단 2: 정신기능과 방어기제

1. 대화치료와 정신분석

　인간의 마음 문제를 다루고 해결하기 위한 다양한 방법이 역사적으로 사용되었다. 지금의 관점에서는 상식적이지 않고 비인간적이지만, 예를 들어 뇌절제술이나 전기치료와 같은 방법도 사용되었다. 하지만 오늘날에는 마음의 문제를 치료하기 위해 두 가지 방법이 주로 사용되는데, 그것은 약물치료와 대화치료이다. 정신분석 상담은 상담자와 내담자로 이루어진 상담관계에서 대화를 통해 내담자의 마음 문제를 접근하기에 '대화치료(Talking Cure)'라고 부른다. 이는 시의적절한 대화는 심리 문제를 완화시키고 또한 그 문제에서 회복되도록 하는 힘을 갖고 있다는 것을 의미한다. 하지만 아무리 좋은 말이라고 해도 시의적절성을 잃게 되면 효과는 떨어지며, 나아가 본래 문제를 야기한 힘의 불균형 관계를 고착시키거나 강화시키는 역효과를 낳게 한다. 예를 들어, 어느 날 대화의 중요성에 대해 교육을 받고 변화를 다짐한 부모가 자녀를 갑자기 불러 대화하자고 했을 때, 준비되지 않은 자녀는 당혹감을 경험하게 될 것이다.

　그렇기에 대화치료에서의 정신분석은 올바른 대화법을 구사하기 위한 진단을 초기 면담에서부터 실시하게 된다. 진단을 통해 어떤 대화 양식과 방법을 언제 사용할지 상담자가 미리 예측해 보고, 이해하는 일은 대단히 중요하다고 볼 수 있다. 또한 약물치료가 아닌 대화치료를 사용하는 정신분석은 대화치료에 맞는 진단 기준을 개발하고 적용해야 할 필요가 있다. 지금까지 정신분석은 대화치료에 적용하기 위한 진단 기준을 확립해 왔는데, 그것은 성격 유형과 정신기능 수준에 따른 사람에 대한 이해이다. 증상 위주의 접근이 아니라, 일단 그 정신기능과 성격구조에 따른 인간이해가 대화치료에서는 중요하다는 의미이다.

제8장에서는 주로 자기표상과 대상표상으로 이루어진 자기와 대상 세계를 통해 다섯 가지 성격구조에 대해 살펴보았다. 강박성, 자기애성, 우울성, 분열성, 편집성의 자기와 대상 세계는 각기 다르게 묘사할 수 있으며, 그렇기에 지금−여기에서의 상담관계에서 나타나는 전이와 역전이 구조나, 무의식적 역할 배정을 통해 내담자의 성격 유형을 진단할 수 있다. 이런 진단을 통해 적절한 대화법을 구사할 수 있을 뿐만 아니라, 특정한 전이와 역전이의 형태를 예상할 수 있고 언제 상담자가 시의적절한 개입이 가능할지도 예상할 수 있다.

예를 들어, 심한 자기비난을 주요 방어기제로 사용하는 우울성 성격구조에 대해서는 '파이팅.' '그래도 다시 한번 잘해 보자.'와 같은 말을 상담자가 자제해야 한다고 제8장에서 언급했다. 성격 유형상 자신에게 부족과 결핍이 있다고 느끼고 늘 최선을 다해 온 사람들에게 이렇게 이야기하는 것은 불난 집에 부채질을 하는 꼴이 되고 만다. 또한 우울성으로 진단되는 경우에는 자신의 부족함을 탓하는 내담자를 무리하게 칭찬하고 싶고, 자신을 비난하는 것에서 구원해 주고 싶은 강한 역전이를 예상할 수 있다. 더불어 늘 다른 사람을 기쁘게 하고 맞춰 주는 경향이 강한 우울성 성격구조의 사람이 상담자의 권면이나 조언을 따라 무리하게 자신을 바꾸려고 하는 전이가 있다는 것을 진단을 통해 미리 이해할 수 있다. 이런 경우 상담의 결과가 좋아져서 상담을 그만둔다고 내담자가 이야기 하더라도 상담 초기에 최소 몇 주 이상 상담을 더 진행해야 한다는 전제 조건을 이야기할 수 있게 된다.

그런데 이러한 성격 유형의 구분이 반드시 병리적인 것임을 의 미하는 것은 아니다. 일반적으로 심리 평가와 진단을 위해 사용되 는 DSM 진단편람에서는 앞에서 언급한 성격 유형들이 성격장애라 는 카테고리에 분류되어 설명된다. 하지만 정신분석에서 누군가를 강박성, 자기애성, 우울성 등으로 분류하고 진단하는 것은 일차적 으로 내담자에게 장애가 있다고 보기 위함이 아니라, 상담자가 적 절한 대화법을 미리 구상하기 위함이다. 또한 그런 성격 유형은 우 리 모두에게 어느 정도 적용될 수 있다. 성격 유형에 대한 공부를 하다 보면 많은 학생이 스스로에 대해 실망한다. 강박성을 공부할 때는 자기가 강박성인 것처럼 느껴진다. 자기애성에 대해 공부할 때는 자기애성인 것 같고, 우울성을 공부할 때는 자신이 우울성인 것 같다. 그렇게 다양한 성격 유형을 공부하고 어떤 학생은 자신의 마음이 종합병원인 것 같다고 말하며 불안에 휩싸이기도 한다.

이렇게 성격 유형을 공부하면서 우리 자신이 각각의 성격구조에 해당하는 것처럼 느끼는 것은 지극히 당연한 일이다. 그런 분류에 서 벗어날 수 있는 사람은 거의 없다. 우리 모두의 성격은 정신분 석에서 구분하는 각각의 성격구조에 어느 정도 해당된다. 또한 정 신분석의 성격구조 진단은 사람들에게 장애라는 이름을 붙여 주기 위한 것이 아니라 적절한 대화와 상담 진행 과정을 미리 예상하고 계획하기 위한 것임을 반드시 기억해야 한다. 그러나 중요한 것은 사람마다 그 각각의 성격구조의 수준이나 강도가 다를 수 있다는 점이다. 곧, 어떤 사람에게 우울성의 경향이 경미한 수준으로 작용할 수 있지만, 또 어떤 사람에게 우울성이 심각할 정도로 성격을 지배할 수 있다. 그렇기에 정신기능의 수준이나 정도에 대한 진단 또한 요구된다.

2. 정신기능 진단

1) 정신증과 신경증

정신기능에 대한 진단은 프로이트가 정신분석을 처음 도입한 시기부터 발달해 왔다. 프로이트는 인간의 정신기능 수준을 정신증과 신경증이란 진단 개념을 통해 구분했다. 간단하게 말한다면, 정신증은 문명의 삶에 적응하기 어려울 정도의 정신기능 수준을 지칭하는 말이며, 신경증은 문명의 삶에 충분히 적응할 수 있지만, 그 적응의 과정에서 내적 갈등을 다루기 어려워하는 정신기능의 수준을 의미한다.

필자가 대학을 다니던 시절, 학교는 중앙에 위치한 도서관을 중심으로 좌측에는 인문대학이 우측에는 이과대학이 위치해 있었다. 당시 인문대학과 이과대학에는 사계절 내내 긴 코트를 입고 다니던 사람이 각각 있었는데, 그 둘은 기괴한 행동과 태도로 학생들을 놀라게 했다. 그 두 사람이 당시 학생이었는지는 모르겠지만, 도서관에서 그들은 좌석에 앉아 책이나 공책도 없이 공부를 하며 허공에 무엇인가를 쓰기도 했다. 이 두 사람은 인문대학과 이과대학을 연결해 주는 도서관 중앙 통로에서 운명적인 만남을 가진 적이 있었는데, 학생들이 숨죽여 두 사람의 조우를 지켜보았다.

　앞에서 묘사한 두 사람은 실제 문명 세계에서 요구하는 삶과 현실에 적응하지 못한 상태이다. 어떤 어려움이 그들에게 있었는지 알 수 없지만, 이들의 행동은 현실의 삶에 적응하는 사람들에게는 기괴하기만 하다. 이렇듯 문명이 구성해 놓은 인간 삶의 원리와 질서에 제대로 적응하지 못한 상태의 사람들을 정신증으로 분류할 수 있다. 이는 단지 그 원리와 질서에 적대적인 자세를 취하거나 반항하는 것이 아니라, 마치 그것들로부터 초월해 있거나 분리되어 있는 것처럼 보이는 상태를 의미한다.

　프로이트에 따르면, 정신증은 자기애적 상태에 있는 사람들이다. 그가 말하는 자기애는 리비도 에너지가 외부 대상을 향하지 못하고 자기 자신에게로 향하고 있는 상태를 의미한다(Freud, 1914). 그는 이런 자기애적 상태로 분류될 수 있는 몇 가지 사례를 예로 든다. 정신분열증에서 나타나는 과대망상, 원시인들의 주술적 사고, 연인에 대한 앞뒤 가리지 않는 사랑 그리고 자손들을 향한 부모의 유치한 맹목적 칭찬 등이 그것이다. 그는 이러한 예들에 나타나는 공통점으로 과대평가를 들었다. 그의 입장에서 보면, 자기애는 현실에 대한 왜곡과 함께 자기 자신과, 자신과 관련된 사람과, 사물에 대해 지나친 평가를 특징으로 하는 일종의 환상이다. 이는 쾌락원칙에서 현실원칙, 자기사랑에서 대상사랑으로 이행해야 하는 성숙한 인간의 발달 과정을 거스르는 방어적인 퇴행으로 볼 수 있다.

반면, 신경증 정신기능에 속하는 사람들은 현실의 삶에 어쩌면 너무나 잘 적응하려고 했던 것이 문제일 수 있다. 그들은 외부 현실에 적응하는 과정에서 자신의 내적인 욕구를 희생해야 하는 갈등의 문제를 겪고 있다. 욕구의 만족과 현실 적응이라는 과정에 내재된 갈등이 이들 신경증에 속한 사람들을 힘들게 한다. 이런 갈등이 커지는 것은 지나치게 개인의 욕구를 희생하고 과도하게 현실에 적응할 때이다. 지나친 이상과 높아진 내적인 기대를 가진 사람은 신체에 기반한 욕구를 과도하게 희생시킬 가능성이 크고 그 결과로 내적 갈등이 높아질 것이다. 하지만 그들은 외부 현실에 대한 인식과 성찰이 가능하기에 보다 현실적이고 종합적인 이해를 할 수 있다. 프로이트는 이렇듯 리비도 에너지가 외부 대상을 향하는 신경증 레벨의 사람들에게만 정신분석이 가능하고, 자기애적 상태에 있는 정신증 레벨은 정신분석이 불가능한 것으로 보았다. 왜냐하면 정신증의 경우에는 리비도가 자기 자신에게로 향하는 탓에 상담관계에서 상담자를 향한 전이 현상이 일어나지 못하기 때문이다.

2) 경계선

프로이트 이후에 정신분석이 발달하는 과정에서 정신증과 신경증 사이에 또 다른 정신기능 수준이 제안되었다. 그것은 정신증과 신경증 사이라는 점에서 경계선이라는 이름이 붙여졌다. 상담을 찾아오는 사람들 중에는 때로는 정신기능이 잘 유지되는 것처럼 보이다 때로는 정신증 기능으로 갑자기 떨어지는 것을 관찰할 수 있다. 곧, 현실 적응에 어려움이 없는 것처럼 보이다가 어느 순간에는 현실의 삶에 뚜렷하게 적응하지 못하는 정신증의 상태에 빠진 것처럼 보이는 내담자들이 나타나면서 경계선이라는 진단 용어가 도입되었다. 이들은 이 두 상태를 오르락내리락하는 것처럼 보인다 (Kernberg, 1975).

경계선 정신기능의 상태에 있는 내담자들의 가장 중요한 특징은 대상과 자기 자신에 대한 비일관적인 느낌과 경험에 있다. 그들은 마치 대상과 자기 자신에 대해 혼란스런 태도를 보이면서 감정의 조율에 실패하는 것처럼 보인다. 주변의 어떤 대상에 대해 과도한 이상화를 보이다가도 어느 순간에는 동일한 대상을 극심하게 비난하는 것을 보게 된다. 그 비난은 비정상적인 이상화의 수준만큼 대상에게 강렬하게 쏟아진다. 이런 태도는 자기 자신에게도 동일하게 적용된다. 그들은 스스로에 대해 자존감을 유지하기 어려운 것처럼 보인다. 그렇기에 때로 그들은 다른 사람들에게 자신에 대한 거대한 느낌과 인상을 주기도 하지만, 어느 순간에는 자신에 대한 비하감에 사로잡혀 빠져나오지 못하는 것처럼 보이기도 한다.

감정조절이 어려운 내담자 J는 어느 회기에 자신이 가장 행복했던 때는 재수와 삼수 시절이라고 이야기했다. 자신은 왜 사람들이 공부하는 것을 어려워하는지 모르겠다고 이야기했다. 그처럼 행복한 시기는 없었을 것이라

고 이야기하는 동안 상담자는 J의 자신만만하고 거만한 태도에 강한 인상
을 받았다. 하지만 몇 회기가 지나 J는 회기 내내 비명을 지르며 울음을 터
트렸는데, 신이 자신을 저주하고 벌하고 있다고 이야기하면서 자신은 버림
받은 존재라고 이야기했다.

앞의 사례에서 J는 자신에 대한 비일관적인 경험을 상담관계에서
보여 주고 있다. 내담자는 자신만만하고 거만하게 자신의 재수와
삼수 시절을 이야기하며 공부할 때가 가장 행복했다고 상담자에게
보고했다. 사람들의 경험이 워낙 다양하기에 그럴 수도 있겠다고
생각할 수 있지만, 이후에 신에게 벌을 받고 있고 버림받은 존재로
자신을 경험하며 울부짖는 J의 모습과 비교해 보면, 처음의 거만한
태도는 유아적인 과대평가로 이해될 수 있음을 보여 준다. 곧, 상담
자에게 마치 어린아이가 부모에게 자랑하듯 자신에 대해 뽐내고 있
는 것이다. 하지만 이런 과대한 평가는 이내 자신에 대한 깊은 혐오
와 평가절하로 이어지는 것을 볼 수 있다. 이렇듯 경계선 정신기능
에 속해 있는 내담자들은 자신에 대한 일관적이지 못한 느낌을 갖
고 있다. 이는 대상에 대한 경험에서도 동일하게 나타나게 된다.

3) 정신증과 경계선 정신기능의 차이

정신증과 경계선 정신기능은 큰 차이가 존재한다. 이들 두 정신
기능에서는 자신에 대한 과대한 경험이 공통적으로 나타난다. 하
지만 정신증이 비교적 일관성 있게 자신에 대한 비현실적인 과대

평가를 유지하는 반면, 경계선 정신기능은 앞의 사례에서 볼 수 있
듯이 자신에 대한 평가가 오르락내리락하며 자주 변화된다. 이러
한 빈번한 변화는, 자신에 대한 현실적인 이해도 면에서 보면, 경계
선 정신기능을 가진 사람이 조금 더 현실적인 자극을 수용할 수 있
다는 것을 의미한다. 곧, 타인의 인정과 비난 등과 같은 현실의 자
극을 따라 자신에 대한 평가도 상이하다. 그런 점에서 경계선 정신
기능은 현실적 상황을 인식하거나 고려하지 않는 정신증 정신기능
보다 현실 이해에 더 가까이 있다고 볼 수 있다.

　또한 경계선 정신기능을 가진 내담자에게 대상과 자기에 대해
이렇게 극심하게 오고 가는 혼란스런 경험의 방식을 상담자가 설
명하면, 비록 엄청난 분노와 화를 표현하기도 하지만 이를 이해할
수 있는 능력을 보인다. 하지만 정신증 정신기능은 그런 대상과 자
신에 대한 경험 방식을 설명한들 이해하지 못하고 오히려 자신의
세계에 움츠러드는 원시적 방어를 강화한다. 이런 점에서 경계선
정신기능은 정신증 정신기능과 차이를 보이며, 보다 더 현실적 상
황에 맞닿아 있다.

　대체적으로 정신분석에서 인간의 정신기능에 대해 진단할 때 정
신증과 경계선 그리고 신경증이란 용어들이 사용된다. 정리하면,
정신증, 경계선, 신경증은 한 사람의 정신기능을 평가하는 진단 개
념으로, 현실에 대한 검증능력(reality test)이 떨어지고 자아의 강도
가 약한 사람일수록 정신증 수준에 가깝다.

3. 자기와 대상 세계에 따른 정신기능 구분

정신증, 경계선 그리고 신경증에 대한 이해를 지금까지 설명했던 내적인 자기와 대상 세계의 발달에 초점을 맞춰 설명해 볼 수 있다. 이를 체계적으로 설명한 정신분석 이론가가 컨버그(Otto Kernberg)이다. 그는 정신분석의 다양한 발달이론을 종합하여, 자기와 대상 세계의 관점에서 발달이론을 정리한 학자이다(Kernberg, 1976; 1984). 이를 이해하기 위해서는 분화와 융합, 통합이라는 개념에 초점을 맞춰 설명할 필요가 있다.

1) 분화

먼저, 분화부터 설명하면 그것은 자기와 대상 사이의 구분을 의미한다. 분화는 자신과 대상 사이의 경계를 점차적으로 이해하고 자신의 세계와 대상의 세계를 어느 정도 구별할 수 있는 상태를 가리킨다. 이것은 인간의 발달단계에서 유아가 처음으로 도달해야 하는 발달 과제이다. 곧, 그 과제는 무엇이 타자이고 무엇이 자기인지를 구분해 내는 것이다. 이는 자기와 대상의 속성을 구분하여 이해할 수 있다는 것을 의미한다. 이 발달 과제가 성취되지 못하면 자신과 타인을 구분하는 경계에 대한 이해도가 떨어지고, 자신의 마음이 무엇이고 타인의 마음은 무엇인지 구분하기 어렵게 된다. 이는 정신증의 정신기능에서 자주 보이는 환청과 환시 그리고 망상을 가능하게 하는 원인으로 작용하게 된다. 또한 정신증을 특징짓는 성찰기능의 부재 또한 자기와 대상의 미분화로 인해 형성되는 특징이다.

2) 융합

분화가 이루어지기 전에 유아는 자신과 대상을 구분하지 못하고 융합단계에 있다. 이 융합단계의 중요성에 대해 언급할 필요가 있다. 이 단계에서 자기와 대상에 대한 이해나 경계가 희미하기에 대상이 제공하는 돌봄 또한 자신이 만들어 낸 것이라는 환상을 갖게 된다. 그렇기에 인간이라면 누구나 거치게 되는 융합단계에서 유아에게 제공하는 돌봄이 중요하다. 왜냐하면 자기와 대상이 구분되지 않고 경계가 모호한 시기에 유아는 자신과 타인에 대한 기본적인 신뢰감을 형성할 수 있는 기회를 갖게 되기 때문이다. 아직 자기와 타자의 구분이 어려운 유아는 융합단계에서 제공되는 부모의 따뜻한 양육과 환대를 마치 자신이 창조해 냈다고 착각한다. 이는 건강한 착각이다. 이는 유아로 하여금 자신과 타인에 대한 기본적인 신뢰감을 형성하는 기초적인 자원이 되기 때문이다.

하지만 만약 이 시기에 적절한 돌봄이 제공되지 못한다면 자신과 세상에 대한 불신감을 갖게 될 것이다. 특별히 적절한 양육 부재로 인해 언어 이전 시기에 경험되는 두려움과 공포는 성인기에 박해에 대한 두려움으로 이어져 자신이 누군가에 의해 손상되고 공격받는다는 느낌의 원인이 되기도 한다. 이것은 정신증적 정신기능이 자주 경험하는 안전감의 부재를 설명한다. 정신증 정신기능을 가진 내담자들이 삶과 죽음의 갈등에 시달리며, 이와 관련된 망상을 자주 경험하는 것은 바로 자기와 대상의 표상이 분화되기 이전의 융합단계에서 적절한 양육을 받지 못하고 오히려 지나친 학대와 폭력에 노출되었기 때문이다.

> 다른 사람에 대한 지나친 의심을 갖고 있었던 내담자 K는 어느 날 상담자를 의심하여 이렇게 이야기했다. "이제는 솔직하게 이야기하시지요? 선생님은 상담자가 아니라 중앙정보국에서 나를 죽이기 위해 보낸 요원이시죠?" K는 태어난 지 얼마 되지 않아 입양되었으며, 입양된 곳에서 할머니 가정부에 의해 길러졌다. 그는 어린 시절 밤에 잠들지 못하면, 그 할머니에게서 심한 폭언과 폭력을 받았던 것으로 기억했다.

앞의 상담 사례에서 K는 편집성 성격구조를 가진 것이 분명해 보인다. 자신의 사고와 감정을 타인의 그것들과 구분하지 못하는 양상을 보건대 정신기능이 정신증에 가까운 상태를 보이고 있다고 진단할 수 있다(이런 양상이 일시적인 것인지 혹은 만성적인 것인지는 더 살펴볼 필요가 있다). 그는 상담에서조차 박해감에 시달리며 상담자를 자신을 죽이기 위해 국가에서 보낸 정보원으로 인식하고 있다. 여기에서 볼 수 있듯이 K는 묘하게 자신에 대해 과대한 평가를 내리고 있다. 죽음의 공포에 시달리면서도, 국가에서 자신을 죽이기 위해 사람을 보낸다는 점에서는 자신에 대한 과대평가가 밑바탕에 깔려 있다. 이렇듯 K가 박해감을 경험하고 이와 관련된 망상을 갖고 있는 것은 어린 시절 심한 학대에 그 원인이 있는 것으로 보인다. 융

합단계에서의 부적절한 양육이 자기와 대상을 구분하는 분화의 발
달 과제를 K가 온전히 성취하지 못하도록 만들었음을 보여 준다.

3) 통합

분화를 통해 자기와 대상의 구별과 경계에 대한 감각이 생기게
된다면, 그다음으로 거쳐야 하는 발달 과제는 통합이다. 통합의 과
제는 무엇을 의미하는가? 여기서 의미하는 통합은 자기 자신과 대
상의 좋고 나쁨의 속성을 통합한다는 것을 의미한다. 클라인의 대
상관계이론을 공부하며 설명했듯이, 유아는 대상에 대한 미움과
사랑이라는 양가감정을 다루어야 하는 발달 과제를 겪는다. 대체
적으로 유아는 주요 양육자의 돌봄과 양육을 통해 대상에 대한 사
랑의 감정이 우세한 가운데 미움을 자연스럽게 통합해 가는 것이
일반적이다. 하지만 어떤 경우에 적절한 양육과, 돌봄의 부재는 이
런 통합의 과제를 지극히 어렵게 만들 수 있다. 곧, 만족을 주기도
하지만 좌절 또한 주는 대상과, 그 대상과 감정적으로 엮여 있어 좋
기도 하지만 나쁘기도 한 것으로 경험되는 자기 자신에 대한 표상
을 통합하기 어렵게 된다. 이런 경우 대상과 자기 자신에 대한 좋은
느낌을 유지하거나 통제해야 하는 강한 필요를 느끼게 되어 심리
적인 어려움을 유발하게 된다.

내담자 R은 직장 내 인간관계에서 주로 이용당하고 착취당한다는 느낌을
호소하며 상담자를 찾아왔다. R은 직장에서 자신과 관련이 없는 일임에도

상사와 동료의 요구를 좀처럼 거절하지 못해 어려움을 겪고 있었다. 분노는 쌓여 가지만 R은 이를 표현하지 못하는 바람에 속절없이 이용당하고 착취당한다는 느낌이 커져 갔다. R은 어린 시절 기분 조절이 어려웠던 아버지와 어머니에게 어떻게 맞춰야 할지 안절부절못하곤 했다. 잘했다고 칭찬받기 위해 노력했지만 부모에게 돌아오는 것은 심한 꾸지람이었다.

R의 유년기를 보면 그는 중요한 대상이었던 부모를 사랑하기도 어렵고 또한 미워하기도 어려운 양육환경에 있었음을 예측해 볼 수 있다. 일관성이 없던 부모의 양육 태도는 R에게 혼란을 주었으며, 어떻게 하면 부모의 기분을 맞출 수 있는지 노력해야 했다. 이는 R의 내적 대상관계의 주요 특징이라고 묘사할 수 있다. 상대의 기분이 어떨지 예민하게 신경 써야 하는 내적 대상관계는 직장 내에서의 인간관계를 어렵게 하는 이유가 되었을 것이다. 한편, 그의 정신기능은 부모에 대한 사랑과 미움을 통합하는 데 어려움이 있었을 것으로 보인다. 어린 시절 부모를 사랑하려고 해도, 대상은 이런 R의 노력에 무관심했을 뿐만 아니라, 오히려 정반대의 태도를 보여 줬다. 사랑을 주고받는 과정이 좌절되면서 사랑의 감정을 우위에 두고 사랑과 미움을 통합하는 과제는 어려움을 겪게 되었다. 대상을 미워하려고 해도 그가 유일하게 의지하고 기대는 대상들이었기에 이 또한 가능하지 못했다.

이런 경우에 주로 대상에 대한 좋음을 유지하기 위해 자신에게 나쁨을 돌리는 내사 혹은 자기비난의 방어기제가 작동된다. 이로 인해 대상을 행여나 손상시키고 상처를 주게 될지 모른다는 우울불안에 시달리게 되어 견디기 어려운 죄책감을 경험한다. 이 죄책 감의 문제를 다루기 어렵게 되면, 자신에 대한 거대한 느낌을 형성 하여 조적으로 방어하려는 편집분열적 조짐이 일어나게 된다. 자 신에게는 좋음을 돌리게 되고 대상에게는 나쁨을 돌리게 되는 방 어기제가 작동되면, 이전의 자기비난과는 다른 태도로 돌변하기도 한다. 물론 앞의 사례에서 R은 아직 조적인 방어를 보여 주지 않고 있으며, 대상을 불편하게 하고 손상시킬지 모른다는 우울불안이 R의 내적 세계를 지배하고 있다. 하지만 죄책감이 주는 긴장과 두 려움을 다루지 못하면 편집분열자리의 방어가 도입될 수 있다.

4) 경계선 정신기능의 특징

이렇듯 대상에 대한 좋고 나쁨이 통합되기 어렵게 되면, 기분 조 절에 실패하면서 급격한 감정의 변화를 경험할 수밖에 없다. 이처 럼 자기와 대상의 이미지는 분화되었지만, 좋기도 하고 나쁘기도 한 자기와 대상의 측면을 통합하지 못한 경우에 경계선 정신기능이 형성될 수 있다. 그런 이유에서 경계선 정신기능은 자기와 대상에 대한 일관성 있고 연속적인 관점과 감정을 보여 주기 어렵다. 이는 상담관계에서도 동일하게 나타나게 된다. 상담자에 대해 어느 날은 이상화하면서 좋은 것을 돌리고 자기를 고갈시키다가도, 어느 순간 에는 상담자를 비난하고 평가절하한다. 이런 반복이 상담관계에서 나타나는 것은 전형적인 경계선 정신기능의 특징으로 대상에 대한 좋고 나쁨이 통합되지 않았음을 의미하는 것이다. 이는 일관적인 양육을 경험하지 못한 탓에 대상을 통합적으로 인식할 수 있는 능력이 부재하기 때문에 벌어지는 일이다.

> 상담을 시작한 지 얼마 되지 않아 내담자 B는 상담자에 대해 칭찬을 아끼지 않았다. "선생님은 제가 지금껏 만난 상담자 중에 최고예요. 뭔지는 모르지만 제가 완전히 달라진 것 같아요." 하지만 상담자에 대한 이런 이상화는 쉽게 깨지기 쉬웠다. 어느 회기에서 상담자가 상담실 벽면의 시계를 잠시 바라보자 B는 얼굴이 굳어지면서 이렇게 말했다. "지금 제 이야기가 지겹다는 거지요? 선생님은 내담자의 이야기를 제대로 경청하지 않는 형편없는 상담자네요."

　내담자 B는 상담자를 최고의 상담자라고 치켜올리며 이상화하는 반면, 이후에 상담자가 잠깐 시간을 확인한 것에 대해 실망하여 그를 공격하고 있다. 내담자의 입장에서 상담자가 시간을 확인하는 것이 어느 정도 좌절을 줄 수 있는 것이 사실이지만, 대개 내담자는 이를 어렵지 않게 견뎌 낼 수 있다. 하지만, B는 상담자의 이런 태도로 인해 좌절감을 견디지 못하고 그를 내담자의 이야기를 경청하지 못하는 형편없는 상담자로 비난했다. 이처럼 대상에 대한 이해와 평가가 극과 극이라고 한다면, 이는 대상에 대한 좋고 나쁨이 제대로 통합되지 않은 내적 표상을 갖고 있음을 의미한다. 경계선 정신기능을 가진 내담자들은 이렇듯 표상의 통합이 어렵다 보니 상담자를 치켜올리다가도 어느 순간 심하게 공격하는 것으로 유명하다. 필자의 내담자는 내가 다른 내담자를 만난다는 사실에 큰 분노를

경험하며 상담자를 공격한 적도 있다. 휴가로 인해 상담을 쉬거나
연기하는 것을 자신이 미워서 그렇게 한 것으로 이해하며 상담자를
공격하는 경우도 있었다. 이런 유아적인 감정을 경험하고 이러한
태도를 보이는 것은 대상에 대한 좋고 나쁨, 사랑과 미움이 내적 세
계에서 제대로 통합되지 않았기에 발생한다.

5) 신경증 정신기능의 특징

통합의 과제가 이루어지게 되면 대상과 자기에 대한 종합적인 인
식이 가능해져 감정을 조절할 수 있는 정신기능이 형성된다. 곧, 대
상에 대해 나쁜 점이 보이게 되더라도 이에 대해 극한 감정의 태도
를 보이기보다는 이를 인내하고 견딜 수 있게 된다. 통합된 표상은
현실이 만들어 놓은 규칙과 질서에 커다란 감정의 동요 없이 적응
할 수 있게 되었음을 의미한다. 내적인 자기와 대상 세계의 관점에
서 정리해 보면, 자기와 대상에 대한 경계가 확립되었을 뿐만 아니
라, 자기와 대상에 대한 좋고 나쁨을 통합적으로 볼 수 있게 되었음
을 의미한다. 이것은 보다 일관성 있는 성격구조로 발달할 수 있는
토대를 마련한 것으로 신경증에 해당하는 정신기능을 보여 준다.

하지만 나와 너를 구분하고 나와 너의 좋은 것과 나쁜 것을 인식
할 수 있게 되었다고 마음의 성장이 완성되는 것도 아니고 마음의
문제가 사라지는 것도 아니다. 이런 통합적인 인식은 다양한 불안
의 가능성을 포함한다. 자기 자신과 대상에 대한 통합적인 이해는
불편한 감정의 갈등을 동반하기 때문이다. 대상의 좋고 나쁨이 통

합되면 만족을 주기도 하고 좌절을 주기도 하는 대상을 향해 분노의 감정을 갖게 되는 것에 죄책감을 갖기도 하고 대상을 손상시킬 수도 있다는 우울불안을 가질 수 있게 된다. 대상에 대해 고려할 수 있기에 현실에 제대로 적응할 수 있게 되었지만, 대상에 대한 사랑과 미움의 감정이 갈등을 일으키게 된다. 행여나 자신의 파괴적 욕구가 대상의 좋은 것을 손상시키지는 않을까 걱정하고 죄책감을 겪기도 한다.

> 회사 업무로 매일 바쁜 시간을 보내는 내담자 V는 일요일에는 지하실에서 자신이 좋아하는 미국 드라마를 즐겨 본다. 이때는 아내와 자녀들도 자신을 건드리지 않기를 바라고 이에 대해 약속을 받아 내기도 했다. 하지만 아내와 자녀들이 자신 없이 시간을 보내는 것에 책임을 다하지 못한다는 생각에 미국 드라마를 보는 것이 점차적으로 부담처럼 느껴졌다.

내담자 V는 회사에서 업무로 시달렸기에 일요일에는 자기 시간을 갖기 원한다. 그런데 그것이 가족들에게 희생을 요구하는 것은 아닌가 싶어 점차적으로 죄책감을 느끼고 있다. 이는 대상에 대해 좋고 나쁜 것을 통합할 수 있는 정신기능을 가진 사람들이 보일 수 있는 감정이다. 만약 V가 경계선 상태에 있다고 한다면, 가족들의 필요를 무시하거나 혹은 어느 순간 그들의 요구를 만족시키는 불안정하고 비일관된 태도를 보이게 되었을 것이다. 대상에 대한 사랑과 미움이 자연스럽게 통합되었을 때에야 비로소 죄책감의 능력이 생겨나게 되어 행여나 사람들을 힘들게 하지 않았을까 염려하고 걱정할 수 있게 된다. 경계선 정신기능에 있는 사람들이 보이는 죄책감이나 다른 사람들에 대한 염려는, 진심이 결여되어 있거나 일시적으로 과장된 것처럼 보여 상대방은 마치 연극 같다는 느낌을 가질 수 있다.

6) 신경증적 불안

　동일하게 자기 자신에 대한 좋음과 나쁨이 통합되었을 때에도 내적인 갈등이 동반된다. 자기 자신이 사랑스럽기도 하고 밉기도 한 상태가 자연스럽게 통합되었을 때, 자신에 대해 수치심을 자주 경험할 수 있다. 쾌락을 추구하는 자신의 성적인 욕구나 타인에 대해 경험하는 공격적인 충동에 대해 부끄럽고 수치스럽게 느껴서 될 수 있는 대로 이를 경험하지 않으려 노력한다. 이런 측면에서 신경증적 정신기능에서는 억압이나 감정의 격리 같은 방어기제들이 도입된다. 하지만 인간적이고 자연스러운 감정과 욕망에 대해 지나치게 평가하고 비난하게 된다면, 해소되지 못한 감정들이 불안과 공포의 감정으로 색깔을 바꿔 나타나기도 한다. 이것이 바로 내적 갈등에 의해 경험되는 신경증적 불안이라고 말할 수 있다. 이런 신경증적 불안이 나타나고 있는 사례를 살펴보자.

어린 시절부터 무관심한 아버지 대신 가족의 대소사를 책임져야 했던 50대 내담자 T는 고등학교 시절 동생이 교통사고로 사망했는데 아버지 대신 장례식을 치러야 했다. 동생의 장례를 치르는 과정에서 T는 동생의 시신을 보는 등 깊은 트라우마를 경험했지만 감정을 격리시키며 이를 견뎠다. 이후에 그는 골프나 서핑과 같은 운동에 몰두하는 한편, 강하고 큰 차에 집착하는 태도를 보였다. 경제 수준이 괜찮았을 때는 이런 것들을 만족할 수 있었지만 가계의 경제 수준이 더 이상 이런 운동을 하거나 강한 승용차를 구입하기에 어려움이 생겨나기 시작할 무렵, 내담자는 갑자기 공황장애가 나타났다.

앞의 사례에서 내담자 T는 어린 시절부터 가정사에 무관심한 아버지 대신 가족의 대소사를 책임져야 했다. 이것은 내담자의 내적 세계를 형성하는 중요한 양육배경이 되었다. T의 자기와 대상 세계를 살펴보자. T의 내적 대상은 문제를 해결해 줄 것을 요구하는 특징을 갖고 있다. 한편, 이에 반응하고 문제를 처리해야 하는 자기 자신에 대한 내적 표상을 T가 갖고 있다고 볼 수 있다. T가 바라보는 세상에는 많은 문제가 존재하고 이를 자신이 해결해야 한다는 강한 책임감을 갖고 있을 것이라고 예상할 수 있다. 이를 해결하지 못했을 때에는 쉽게 죄책감을 경험하게 될 것이다.

어린 시절부터 일찍 조숙해질 것을 요구받았던 T는 일찍부터 현실에 적응해야 하는 부담을 받았다. 그렇기에 그는 무책임한 아버지에 대한 분노나 의존하고 싶은 유아적인 감정과 욕구를 억압하고 격리시키는 방어기제를 도입해야 했다. 동생이 교통사고로 사망했을 때, 아버지 대신 큰 아들이었던 T가 장례를 치러야 했던 경험이 이를 보여 준다. 자신 또한 고등학생이었지만, 이를 처리하는 과정에서 동생의 시신을 봐야 하는 등 깊은 트라우마를 경험했다. 그럼에도 일단 장례 절차를 잘 치러야 한다는 생각으로 이때의 감정을 격려시켰다. 일찍부터 성숙할 것을 요구받았던 T는 그렇기에 감정을 처리하기에 어려움을 겪었고, 그 내적 세계에 무의식적 갈등을 키워 갔다. 이후에 처리되지 못한 감정과 무의식적 갈등은 운동이나 승용차 구입에 집착하는 방식으로 방어하려 했다. 하지만 경제 사정이 나빠지면서 이런 일들을 더 이상 할 수 없게 되면서, 무의식적 갈등을 처리하는 방어 수단이 사라지게 되었다. 이런 결과로 공황장애가 나타났다. 곧, 해소되지 못한 감정들이 공포와 같은 감정으로 바뀌었다. 더불어 책임감이 강했던 그였기에 가정의 경제가 나빠지자 더 강한 압력과 무의식적 갈등을 경험했을 것이라고 말할 수 있다.

 T는 일찍부터 가정을 돌볼 것을 요구받았다. 그렇기에 자신에 대해 좋은 느낌을 경험하기 위해서는 그런 자신의 역할을 잘 수행해야 한다. 그런 점에서 자신에게 일어나는 이기적인 생각과 욕망은 파괴적이고 불쾌한 것으로 경험되면서 억압되거나 격리되어야 할 것으로 경험되었다. T는 운동과 튼튼한 자동차를 구입하여 이렇게 파괴적으로 경험되는 자신의 욕망을 우회적으로 만족시켰고 이는 성공적인 것처럼 보였다. 하지만 가정의 경제적 사정이 나빠지면서 이런 방어 수단들은 책임감이 강한 그에게는 사치스럽고 이기적인 것으로 비춰져 중단할 수밖에 없었다. 그리고 결국 신경증적 불안과 공포가 전면에 등장했다. 이렇듯 T의 사례는 신경증적 정신기능이 어떤 심리적 문제를 동반하게 되고, 어떻게 신경증적 불안이 작동되는지를 보여 준다.

7) 고착과 발달정지

한 사람의 정신기능을 정신증, 경계선 그리고 신경증으로 진단하는 것은 정신분석적으로 한 사람의 발달이 어느 시기에 고착되고 정지되었는지를 의미한다. 융합과 분화 그리고 통합의 유아 발달에서 정신증은 융합단계에 발달이 정지된 것이며, 경계선은 분화와 통합의 중간 단계에 발달이 정지된 것이다. 신경증은 통합 이후의 발달단계에 이른 것을 의미한다([그림 6] 참조). 고착이란 개념은 아동이 구강기, 항문기, 남근기의 발달단계를 거친다고 주장한 프로이트에 의해 처음 도입되었다. 이 발달단계는 리비도가 어떤 신체부위에 집중되느냐에 따라 구분된 것이다. 하지만 리비도가 발달 노선을 따라 신체부위를 옮겨 가지 못하고 어느 시기에 고착될 수 있다. 그는 이렇게 리비도가 어느 시기에 고착되었는지로 유아가 성적인 경험을 조직하는 약식 성격에 따라 구강기, 항문기, 남근기 성격으로 구분하였다. 자기와 대상 세계의 관점에서 정신기능을 이해하는 정신분석 흐름에서는 정신증, 경계선 그리고 신경증의 정신 수준을 융합과 분화 그리고 통합의 발달 과제에 맞추어 어느 시기에 발달이 정지된 것으로 이해한다. 곧, 자기와 대상 표상으로 이뤄진 정신세계의 발달이 어느 시기에 정지되었는지로 정신기능을 진단한다.

[그림 6] 자기와 대상 세계의 발달에 따른 정신기능 구분

4. 방어기제

1) 방어기제의 이해

성격 유형의 구분과 정신기능의 발달을 설명할 때, 빼놓을 수 없는 것이 방어기제이다. 방어기제는 사례를 개념화하기 위해 정신분석 상담자가 반드시 익혀야 하는 개념 중 하나이다. 왜냐하면 내담자의 주된 방어기제를 통해 한 사람이 어떤 정신기능의 상태에 있는지를 이해할 수 있을 뿐만 아니라, 어떤 성격구조와 유형인지를 가늠해 볼 수 있기 때문이다. 정신분석에서 방어기제는 중립적인 의미를 지닌다. 그것은 위협으로부터 자기 자신을 보호하기 위해 작동되는 지극히 일상적이고 불가피한 내적인 보호 양식이라고 말할 수 있다. 밤길을 걸을 때 위험한 동물과 마주치게 된다면 그 위험으로부터 자기 자신을 보호하기 위해 자동적인 방어기제가 작동되는 것은 당연한 일일 것이다. 심장박동이 빨라지는 것은 자신이 지금 위험에 빠져 있으며, 이 상황에서 벗어나야 한다는 경각심을 일깨우게 된다. 이처럼 방어기제는 자기 자신을 보호하기 위한 정상적인 삶의 보호 양식이다. 하지만 문제는 방어기제가 일반적으로 작동될 필요가 없는 상황임에도 그런 방어기제가 작동된다는 데 있다. 길에서 지도교수를 만났는데 마치 위험한 동물을 만난 것과 같은 방어기제가 작동된다면 그것은 분명 어떤 문제가 있을 수 있음을 의미한다.

심리적인 의미에서 자아의 방어기제 또한 위협으로부터 자기 자신을 보호하기 위한 적응적인 기능의 의미를 지닌다. 전쟁터에서 동료의 죽음을 목격하는 현장에 있게 된다면, 일시적으로 견디기 어려운 위협적이고 고통스러운 감정에 휩싸이게 될 것이다. 사실상 제정신으로 그런 순간을 견디기는 대단히 어려울 것이며, 그 상황에서의 강력하고 위협적인 감정을 피하거나 다루기 위해서는 특정한 방어기제가 필요하다. 대표적인 것이 해리이다. 정신을 해리시키게 되면 현재의 상황을 부인할 수 있게 되고 강력하고 위협적인 감정을 피할 수 있게 된다. 하지만 불가피한 상황에서 작동되기 시작한 해리의 방어기제는 위협적인 상황이 종료되었음에도 불구하고 일상적인 삶의 순간에도 무의식적으로 작동될 수 있다는 데 그 문제가 있다.

어린 시절, 아직 자극을 다루고 처리하는 능력이 발달하지 못한 아동은 학대하는 부모님과의 관계에서 해리라는 방어기제를 작동할 수 있다. 부모님의 학대는 아동에게 마치 군인이 전쟁터에서 경험하는 위협적인 순간과 유사한 공포를 불러일으킬 수 있다. 그렇기에 일시적으로 강력하고 위협적인 감정을 피하거나 다루기 위한 방어기제로 해리가 작동되기 시작한다. 어린 시절 부모와의 관계에서는 유효하고 적절할 수 있었던 이 해리는 성인이 되어서도 작동된다는 것이 문제이다. 이제 그런 부모의 학대는 존재하지 않지만, 해리가 삶의 스트레스 상황과 어려움을 극복하기 위한 방어기제로 습관적으로 사용된다는 데 문제가 있다. 여기에서 방어기제는 어떤 상황에서 한 사람의 자아가 적응하기 위한 방식으로 사용된 것이지만, 그런 무의식적인 적응 방식이 달라지고 변화된 환경에서 더 이상 의미가 없으며 유효하지 않고 오히려 불안과 증상을 유발시키는 것으로 이해될 수 있다는 것을 보여 준다.

자아의 능력과 사용할 만한 내적 자원이 상대적으로 부족한 어린 시절에 아동이 부적절한 양육환경에 놓이게 된다면 이렇게 삶을 어렵게 하는 방어기제가 형성될 수 있다. 이를 정리하면 다음의 세 가지가 적절하지 못한 방어기제를 만들어 내고 지속시키는 핵심 조건이라고 말할 수 있다. 즉, ① 아동이 세상의 위협에 대처할 만한 능력이 미비하다는 발달 시기적 특징과, ② 이런 유년기의 특징을 이해하지 못하고 제대로 된 양육환경을 제공하기 어려운 부모의 돌봄 능력의 부재와, ③ 대처능력을 압도하는 두려움과 공포의 상황에서 시작된 방어기제가 그런 상황이 더 이상 존재하지 않아도 자동적으로 지속되는 경향이다. 이런 조건 속에서 부적절한 방어기제가 형성되고 유지된다. 그렇기에 유아가 자신의 양육환경을 어떻게 경험하고 이에 대해 어떤 방어기제를 사용했는가에 따라 방어기제의 성격을 나눌 수 있다.

2) 방어기제의 분류

무엇보다 방어기제는 넓은 의미에서 '일차 방어기제'와 '이차 방어'기제로 분류된다(Freud, 1936; Cabaniss et al., 2011; Gabbard, 2004; McWilliams, 1994). 일차 방어기제는 심리기능이 떨어지는 사람들에 의해 사용되는 유아적이고 원초적인 방어기제로 이해될 수 있다. 주로 정신증과 경계선 정신기능 단계에 발달이 정지된 내담자들이 일차 방어기제를 사용한다. 그런 의미에서 일차 방어기제는 분열계열의 방어기제라고 부른다. 분열은 앞에서 설명했듯이 타인과 자기 자신에 대한 좋고 나쁨을 분리시켜 좋은 것(사랑과 관심을 제공하고 욕구를 만족시키는)을 유지하고 나쁜 것(사랑을 주지 않고 욕구를 채워 주지 않는)을 제거하려는 방어기제이다. 이런 결과로 좋은 것과 나쁜 것을 자기 자신과 타인에게 나눠 주며 갈라놓는 방어기제들이 일어난다. 투사, 내사, 투사적 동일시, 전능통제, 원시적 이상화, 해리, 원시적 철수, 부인 등이 이에 속한다. 반면, 이차 방어기제는 정신기능이 비교적 잘 작동되고 있는 사람들에 의해 사용되는 방어기제이다. 억압, 퇴행, 격리, 주지화, 합리화, 도덕화, 취소, 자기비난, 반동형성, 역할역전, 동일시, 승화 등이 이에 속한다. 이차 방어기제는 억압계열의 방어기제라고 부른다. 억압은 받아들일 수 없는 생각과 느낌을 무의식의 저장소를 만들어 보관하는 방어기제이다. 억압은 좋고 나쁨이 자신과 타인에게 공존할 수 있다는 것을 받아들일 수 있는 신경증 정신기능의 사람들이 사용하는 방어기제로 고통스럽고 불안을 유발하는 생각과 느낌을 무의식에 가두어 관리하는 것으로 이해할 수 있다.

〈표 2〉 **방어기제의 구분과 종류**

방어기제 구분	방어기제 종류	정신기능
일차 방어기제	분열, 투사, 내사, 투사적 동일시, 전능통제, 원시적 이상화, 해리, 원시적 철수, 부인	정신증과 경계선
이차 방어기제	억압, 퇴행, 격리, 주지화, 합리화, 도덕화, 취소, 자기비난, 반동형성, 역할역전, 동일시, 승화	신경증

3) 일차 방어기제

(1) 투사와 내사

투사와 내사는 자신의 심리세계에서 일어나는 일과 실제 외부 현실에서 일어나는 일을 구분하지 못하는, 자기와 세상 사이의 심리적 경계 미분화 상태를 보여 주는 방어기제이다. 자신 안에 있는 것을 밖에 있는 것으로 오인하는 것이 투사이며, 외부 현실의 상황을 자신 안에 있는 것으로 오인하는 것이 내사이다. 투사와 내사가 방어기제인 이유는 그것들이 불쾌한 상황을 다루기 위한 것이기 때문이다. 자신 안에 존재하는 불쾌한 요소들은 외부로 돌려 자신 안에 좋은 것을 비축하려는 목적이 투사 방어기제에 존재한다. 외부에 존재하는 나쁜 속성들을 자신 안에 있는 것으로 이해하려는 내사는 외부 세계에서 유기당하지 않기 위해 사용하는 방어기제들이다. 이렇듯 자신과 타인의 심리적 경계 미분화 상태에서 일어나는 또 다른 방어기제는 투사적 동일시이다. 투사적 동일시는 제8장을 참조하기 바란다.

(2) 전능통제와 원시적 이상화

전능통제와 원시적 이상화는 자신이 가진 힘과 능력을 잃어버리지 않게 하기 위한 방어기제이다. 자신이 전능한 힘을 갖고 있다는 유아적인 기대는 현실적으로 타당하지 않고 적절하지 않다. 하지만 그런 자아중심적인 전능함에 대한 욕구를 지속적으로 유지하기 위한 방어기제가 전능통제이다. 반면, 자신의 전능성이 불가피하게 좌절되는 현실의 문제를 극복하기 위한 방어기제는 이상화이다. 정서적으로 의지하고 있는 누군가가 특별한 가치와 힘을 갖고 있다고 믿고 싶은 욕구가 이상화이다. 어린 시절 자신이 매우 특별하고 전능한 존재임을 믿는 것과 자신의 부모가 강력한 힘과 능력을 소유하고 있다는 것을 믿는 것은 아동의 생존이나 자기감을 유지하는 데 필수적이지만, 만약 이것이 성인기에 이르러 변형되지 않고 유아적인 형태를 여전히 취한다면 부적절한 방어기제가 되는 것이다.

(3) 원시적 철수

원시적 철수는 심한 외부의 자극과 스트레스 상황에서 다른 의식 상태로 심리적인 철수를 하는 것을 의미한다. 일상적인 상황에서 사람들은 심한 스트레스를 받고 오랜 시간 잠을 청하게 되는 것도 철수의 일종으로 이해할 수 있다. 하지만 원시적 철수는 자기 자신의 공상적 세계에 빠져들어 인간관계를 회피하는 현상과 깊은 관련이 있다. 사람들과의 관계를 위협적이며, 침범당하는 것으로 경험하게 되는 사람들(예를 들어, 분열성 성격구조가 이에 해당된다.)은 이런 철수의 방어기제를 사용하여 인간관계를 종료하고 심리적인 도피를 시도하게 된다.

(4) 부인

부인은 불쾌한 경험을 다루기 위한 아주 간단한 방법으로, 어떤 좌절스런 사건과 상황이 일어나지 않았다고 믿는 것을 의미한다.

재앙 수준의 문제 상황에 직면하게 되었을 때, 쉽게 사용될 수 있는 방어기제로, '내가 인정하지 않는다면 그건 일어나지 않은 거야.'라는 무의식적인 의미를 담고 있다. 부인의 방어기제가 삶의 전반에 확대되어 나타나는 것이 조증방어이다. 조증방어가 심한 경우 자신의 신체적 한계나 수면의 욕구까지 부인하게 된다. 자신의 삶은 늘 긍정적이며, 항상 모든 것이 좋다고 이야기하는 것은 이런 부인 방어기제를 보여 준다. 실상 인간의 삶이 언제나 좋을 수 없으며, 슬픔과 고통이 동반된다는 것이 일반적이라고 한다면, 이 부인의 방어는 불쾌한 삶의 상황을 전면적으로 받아들이지 않는 것이다.

4) 이차 방어기제

(1) 퇴행

퇴행은 이전 발달단계로 습관적으로 되돌아가는 것을 의미한다. 배변훈련을 잘 마친 아이가 동생이 태어나자 다시 배변을 가리지 못하는 일이 생기게 된다면, 이는 퇴행을 보여 주는 것이다. 이것은 비단 아동의 문제는 아니다. 성인이 되어서도 외부 상황이 어려워지고 심한 스트레스가 주어지게 되면, 이때의 불쾌하고 강력한 감정을 다루기 위한 수단으로 퇴행을 선택할 수 있다. 보호받고 위로받을 수 있었던 발달단계로 일시적으로나마 되돌아가기 위해 사람들은 다양한 퇴행적 방식을 선택할 수 있게 된다. 예를 들어, 연인 사이에서 같은 커플 티를 구매하는 것은 어린 시절 강한 소속감과 동일감, 유대감에 깊이 경도되어 있었던 발달단계로 퇴행하는 것이다. 뿐만 아니라, 연인 사이의 대화에서 보이는 어린아이와 같은 목소리와 대화 방식은 퇴행을 보다 쉽게 이해해 주도록 한다.

(2) 격리

격리는 이성과 합리적인 판단이 강조되는 오늘날 현대 사회에서 자주 사용될 수 있는 방어기제이다. 정상적인 인간이라면 자연스럽게 생겨나는 감정을 차단하고 격리시키는 것이 이 방어기제의 중심된 특징이다. 이렇게 감정을 차단시키는 방어기제는 부인보다는 현실적인 감각을 갖고 있는 것이라고 말할 수 있지만, 유쾌하지 못한 경험에서 생겨나는 강력하고 위험한 감정을 차단시킨다는 점에서 부분적인 부인이라고도 말할 수 있다. 의사가 환자를 치료할 때나, 군의 지휘관이 병사를 지휘할 때, 불이 난 빌딩을 향해 소방관이 뛰어들어 갈 때, 이 격리의 방어기제는 정상적으로 요구된다. 하지만 삶의 전반에 걸쳐서 이런 감정의 차단과 정신적 무감각이 일어난다면 그것은 병리적인 것으로 이해될 수 있을 것이다.

(3) 합리화와 도덕화

합리화와 도덕화는 실망스런 사건 경험에 대한 심리적인 방어기제이다. 합리화에는 신포도 합리화와 단 레몬 합리화가 있는데, 신포도 합리화의 경우 여우가 포도송이를 따기 위해 노력했지만 얻지 못했을 때 '저 포도는 아마 신포도일 거야.'라고 스스로에게 위로하듯, 기대하던 것을 성취하지 못했을 때 그 기대하던 일이 별것 아니었을 것이라고 합리화하는 경우를 의미한다. 단 레몬 합리화

는 포도를 얻지 못한 여우가 주머니에 있는 레몬을 한입 베어 물고
는 달다고 하는 것처럼, 현재 자신이 가진 것이 더 괜찮다고 스스
로에게 위로하며 좌절스러운 사건으로부터 오는 심리적 타격을 최
소화시키려는 합리화를 일컫는다. 도덕화의 경우는 이런 합리화와
달리 실망스런 사건을 경험한 뒤에 그것이 인격수양에 도움이 되
었다고 생각하며 심리적인 충격을 극복하려는 자세를 의미한다.

(4) 치환과 반동형성

치환의 경우에는 심리적 욕구와 정서 그리고 행동의 방향을 원
래의 대상에서 다른 대상으로 바꾸는 방어기제를 의미한다. '종로
에서 뺨 맞고 한강에 가서 눈 흘긴다.'라는 속담은 엉뚱한 곳에서
화풀이를 한다는 의미를 갖고 있는데 이것이 방어기제인 치환을
잘 보여 준다. 실제 대상에게는 분노와 공격성을 보이기 어려워서
그 대상을 치환하여 다른 대상에게 자신의 분노와 공격성을 돌리
는 것이다. 이는 비단 공격성에만 해당되지 않으며, 기타 인간의 심
리적 욕구와 정서 그리고 행동에 적용할 수 있다. 보다 적극적으로
부정적인 감정을 긍정적 감정으로 전환하거나 반대로 긍정적 감정
을 부정적 감정으로 전환하는 경우의 방어기제를 반동형성이라 일
컫는다. 어떤 사람에게 끌리는 마음이 생겼는데 그 대상이 좋아하
거나 사랑할 수 없는 대상이라면 그 대상에 대한 정반대의 느낌을
형성해 대상에 대한 끌림을 방어하려는 것이 반동형성의 한 예이
다. 반대로 어떤 사람이 너무 밉지만 그 대상을 좋아할 수밖에 없는
상황에서라면, '난 너를 미워하지 않아. 난 너를 좋아해. 난 너를 존

경해.'라는 반동형성이 생겨날 수밖에 없을 것이다.

　　이처럼 심리적인 의미로서 방어기제는 우리의 인간관계와 일상적인 삶에서 다양하게 사용되고 있다. 이것은 인간의 자아가 현실에 적응하기 위한 중요한 수단이 된다. 하지만 가정과 같은 인간의 삶에서 가장 근본적이고 초기의 환경이 병리적인 경우일 때에는 불가피하게 그런 환경에 적응하기 위해 작동된 방어기제는 병리적인 양상을 띠게 된다. 그런 병리적 환경에서는 적합했던 방어기제가 한 사람의 성격구조 가운데 확고하게 자리 잡게 되면, 이후의 정상적인 삶의 환경에서도 여전히 작동될 수밖에 없다. 이 방어기제가 한 사람의 마음에 심리적인 안정감을 제공해 온 탓에, 그것이 잘못되었고 현실을 왜곡시키고 있다는 사실에도 불구하고 이전에 사용한 방어기제를 벗어나기란 쉬운 일이 아니다.

더 읽을거리

김건종 역(2015). 자아와 방어기제. 안나 프로이트 저. 서울: 열린책들.
이재훈 역(2001). 내면세계와 외부현실. 오토 컨버그 저. 서울: 한국심리치료
　　연구소.
정남운, 이기련 공역(2008). 정신분석적 진단: 성격구조의 이해. 낸시 맥윌리
　　엄스 저. 서울: 학지사.

제10장
정신분석과 상담개입

1. 무의식적 의미 경청하며 듣기

정신분석 상담의 최종 목표는 무의식의 의식화이다. 이것이 정신분석 상담을 다른 상담이론과 구분 짓도록 한다. 그리고 정신분석은 이런 치료 목표를 위한 나름의 개입방법을 갖고 있다. 정신분석 상담자가 상담 과정에서 늘 염두에 두어야 하는 것은 내담자의 무의식이다. 내담자의 담화 내용 속에 있는 무의식적 의미를 경청하기 위해 정신분석 상담자는 주의를 기울여야 한다. 그렇기에 상담자는 내담자가 지금-여기의 상담 상황에서 현재의 이야기를 하고 있는 이유는 무엇인지 그리고 현재의 이야기 이면에 존재하는 무의식적 의미가 무엇일지를 고려하며 내담자의 이야기를 경청해야 한다.

최근 사귀던 여자 친구와 헤어지고 상담자를 찾은 내담자 Z는 어느 회기 본인의 이야기 대신 자신의 먼 친척 조카의 이야기를 하기 시작했다. 조카는 현재 우울증으로 어려움을 겪고 있다고 말하면서, 자신이 어떤 도움을 줄 수 있을지 상담자에게 문의를 했다. 상담자는 Z가 먼 친척 조카의 일까지 상담자에게 묻는 이유가 무엇일지 궁금했고 이에 대해 내담자에게 질문했다. 그러자 내담자는 그렇게 하지 않으면 마음에 부담이 있고 죄책감을 느낄 것 같아서 그렇다고 말했다. 상담자는 문득 지난 회기에 시간을 초과해서 이별의 좌절감을 이야기하려는 Z의 말을 끊고 다음 시간에 더 이야기하자고 말했던 것이 기억났다.

앞의 사례에서 Z는 본인의 상담 시간에 자신의 이야기를 하는 대신에 자신의 먼 친척 조카의 이야기를 꺼내기 시작했다. 대개 상담을 의뢰하는 사람은 자신의 문제를 다루기 원한다. 하지만 Z는 현재 조카의 이야기를 하며 자신이 어떻게 도움을 줄 수 있을지 상담자에게 문의하고 있다. 이때 무의식적 의미에 별다른 관심이 없거나, 지금-여기에서 오고 가는 역동에도 주의를 기울이지 않는 상담자라면 내담자의 이야기를 따라 조카에 대해 이야기할 가능성이 높다. 조카에게 어떤 도움을 줄 수 있을지 상담자는 자신의 지식과 정보를 내담자에게 제공할 수 있다. 그래야 상담자 또한 자신이 내담자를 도와준 것 같은 느낌이 들게 될 것이다.

하지만 이렇게 상담이 진행된다면, 조카에 대한 이야기를 현재 회기에 선택한 Z의 마음속 깊이 존재하는 무의식적 갈등이나 결핍에 대해서는 전혀 다루어 보지 못하게 된다. 또한 Z가 회기 중 무의식적으로 사용하고 있는 저항에 대해서도 전혀 고려하지 못하는 결과를 가져오게 된다. 상담자는 지금 이 시점에서 내담자가 현재의 이야기를 어떤 이유에서 하고 있는지를 늘 염두에 두어야 한다. 거기에는 내담자의 담화 내용에 담긴, 중요한 무의식의 의미가 드러나기도 하기 때문이다.

앞의 사례에서 Z가 조카에 대한 이야기로 회기를 채운 것은 기본적으로 저항으로서의 의미가 있다. 지난 회기에 Z는 시간이 초과하는 바람에 이별 후에 겪고 있는 자신의 좌절감을 충분히 이야기하지 못했다. 상담자는 다음 시간에 좀 더 이야기를 나누어 보자고 제안했지만, 아무래도 이런 상담 상황에서 종종 내담자는 상처를 받기도 한다. 내담자는 50분이라는 상담회기 시간의 제한을 두고 자신의 이야기를 듣는 상담자가 지나치게 박하다고 느낄 수 있다. 하지만 대부분의 내담자는 이에 대해 수용하고 받아들일 수 있는 내적 강도가 존재한다. 하지만 어떤 내담자는 이를 수용하는 데 어려움이 있고, 상담회기에 우회적으로 공격성을 보이거나 상담에 저항하게 된다.

Z가 자신의 이야기 대신 조카의 이야기를 상담 내용으로 선택한 것은 자신의 이야기를 충분히 듣지 않는다고 느껴지는 상담자에게 일종의 저항을 보이는 것이라고 볼 수 있다. 이는 지금까지 우리가 살펴보았듯이 내담자의 고고학적 발달력을 보이는 장면이다. 자신을 사랑해 주지 않고 관심을 보이지 않는 대상에 대해 Z는 좌절감을 느꼈고 이에 대해 우회적으로 분노를 표시하는 것은 어린 시절 Z의 대상관계와 관련이 있을 것이라고 분석할 수 있다. 조카에 대해 자신이 무엇인가 하지 않는다고 느끼는 Z의 압박감은 이런 Z의 내적 대상관계가 반영된 것이다. 어려움을 겪고 있는 조카에 대해 자신이 무엇인가 도움을 주어야 할 것처럼 느끼는 것은 자신에 대해 누군가가 헌신적인 돌봄을 제공해 주기를 바라는 Z의 무의식적 소망을 우회적으로 드러낸다. 나아가 지난 회기 자신의 내적인 소망을 따라 자신을 돌봐 주지 않은 상담자에게 무의식적으로 자신을 그렇게 돌봐 줘야 하는 것 아니겠냐고 호소하는 것이기도 하다.

아마도 Z는 사랑받고 돌봄받고 싶은 간절한 소망을 갖고 있을 것이다. 이것은 Z의 내적 결핍을 반영하는 것이다. 사랑과 관심을 간절히 원했지만 이것이 좌절되었던 경험이 Z에게 존재하고 있을 것이라고 사례를 개념화할 수 있다. 그리고 Z는 전적인 지지와 돌봄을 제공해 주기를 바라는 대상에 대한 기대를 갖고 있으며, 이를 상담 상황에도 전이시켜 놓았다. 곧, 상담자가 자신을 진심으로 생각한다면 좀 더 이야기를 들어 줄 수 있는 것이 아니겠냐고 내담자는 무의식적으로 이야기하는 것이다. 만약 상담자가 이런 정신역동적인 흐름을 보지 못하게 된다면, 상담은 전혀 다른 방향을 향해 갈 수도 있다. 아마도 Z가 애인과 이별한 데에는 Z의 결핍에서 비롯된 강한 집착이나 지나친 요구도 어느 정도 요인이 되었을 것이라고 조심스럽게 추측해 볼 수 있다.

2. 정신분석 교육개입

1) 무의식적 영향력

정신분석 상담자는 내담자의 이야기 이면에 존재하는 무의식적 의미를 고려하여 그 이야기를 경청해야 한다. 그렇기에 상담 초기부터 상담자는 지금의 상담이 어떤 목적을 갖고 있는지에 대해 내담자에게 충분히 언급해야 한다. '지금의 상담은 내담자가 호소하는 문제나 어려움의 이면에 존재하는 의미들을 살펴보는 것'이라고 내담자에게 분명하게 언급해 두는 것이 좋다. 내담자 또한 이에 함께 동의하고 작업할 수 있을 때 정신분석 상담은 더욱 효과를 거둘 수 있게 된다. 이를 정신분석 교육개입이라고 말할 수 있다. 현재

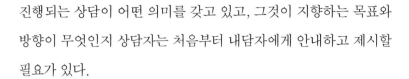

진행되는 상담이 어떤 의미를 갖고 있고, 그것이 지향하는 목표와 방향이 무엇인지 상담자는 처음부터 내담자에게 안내하고 제시할 필요가 있다.

2) 상담과 상담자에 대한 느낌

정신분석에서 중요하게 교육해야 할 부분은 상담자와 내담자의 관계가 중요하다는 점이다. 지금까지 우리가 살펴본 것은 정신분석적 상담이 무의식을 의식화시키기 위해 지금-여기의 상담 상황에 주목한다는 점이었다. 지금-여기의 상담관계를 분석하기 위한 다양한 개념에 대해 책 전반에 걸쳐 살펴보았다. 곧, 지금-여기에서의 상담관계는 내담자의 어린 시절 대상관계가 반영되어 있고, 그 안에 내담자의 무의식적 소망과 두려움 그리고 무의식적 환상이 존재한다. 무의식을 의식화시키기 위해 상담자가 주목해야 하는 부분은 바로 지금-여기의 상담관계이다.

앞의 첫 사례에서도 볼 수 있듯이 Z는 자신의 문제와는 거리가 있는 조카의 이야기를 상담 중에 하고 있다. 그런데 지금-여기의 관점에서 보게 될 때, Z가 조카에 대해 이야기를 선택하고 이를 상담자에게 이야기하는 데에는 Z의 어린 시절 대상관계를 반영한다. 자신의 이야기를 전적으로 경청하지 않는 상담자에 대한 아쉬움과 공격성, 이에 따른 저항이 숨겨져 있다. 이 상담 상황 속에서 Z는 누군가가 자신을 위해 헌신해 주기를 바라는 깊은 소원을 드러내고 있다. 한편으로는 그런 전적인 사랑과 돌봄을 잃어버릴지 모른다는 무의식적 두려움과 그렇기에 대상을 통제해야 한다는 강렬한 무의식적 소망이 담겨 있기도 하다. 내담자의 무의식 속에 존재하는 이 소원과 두려움은 내담자가 겪고 있는 이별과 애도의 상황을 전체적으로 이해할 수 있도록 상담자를 도울 것이다.

이렇듯 정신분석 상담은 지금-여기의 상담 상황이 중요하다. 그렇기에 상담자는 내담자에게 상담에서 중요하게 다루어지는 것이 무엇인지에 대해 내담자에게 교육할 필요가 있다. 첫 번째는 앞에서 언급한 대로 내담자의 문제 이면에 존재하는 무의식적 영향력을 살펴본다는 것에 대해 상담자는 내담자에게 알려 줄 필요가 있다. 두 번째는 그 무의식적인 영향력은 지금-여기의 상담 상황에서 또한 분명하게 나타나게 된다는 점을 일러 주어야 한다. 정신분석 상담자는 내담자에게 상담자와 내담자 사이의 관계를 함께 살펴보는 것이 내담자의 무의식적 영향력을 살펴보는 데 얼마나 중요한 것인지를 알려 주어야 한다. 상담자에 대해 경험하는 느낌에 대해 이야기할 수 있도록 배려해야 한다. "이 상담에서는 저와 선생님과의 관계에서 일어나는 일을 함께 보는 것이 중요하고, 이것이 선생님에게 도움이 될 것입니다. 그렇기에 선생님께서 상담과 상담자에 대해 어떤 느낌을 갖고 있는지를 이야기하는 것이 중요합니다."라고 이야기해 주어야 한다.

이런 교육이 초기부터 제시되지 않을 경우, 상담자는 상담관계 속에서 곧잘 길을 잃게 될 수 있다. 또한 지금-여기에서 일어나는 일을 내담자가 볼 수 있도록 돕는 일에 어려움을 겪게 될 수 있다. 내담자 또한 현재의 상담에서 무엇을 기대할 수 있으며 그 방향이

어떠한지에 대해 감을 잡지 못할 수 있다.

> 매 시간 상담자에게 틈을 주지 않고 자신의 이야기로 상담회기를 채우는 내담자 O로 인해 상담자는 피곤함과 지루함을 느꼈다. 하지만 상담자는 이에 대해 O에게 이야기한다면, O가 상담을 종료할 것이라고 생각되어 주저하게 되었다.

상담자는 내담자가 상담관계에서 상담자에게 기대하는 바를 적절하게 만족시켜야 할 필요가 있다. 앞의 사례 예시로 설명하면, 내담자는 현재 상담자에게 이야기를 들어 주기를 바라고 있고 상담자는 이를 만족시켜 줄 필요가 있다. 왜냐하면 정신분석이 발전해 가는 과정 중에 해석과 더불어 공감적 이해를 상담자가 내담자에게 보이는 것이 대단히 치료적인 것임을 알게 되었기 때문이다. 그럼에도 불구하고 여기에서 상담이 끝난다면 내담자의 내적인 대상관계를 강화하고 반복하는 일이 된다. 상담은 여기에서 더 나아가 지금-여기에서 일어나는 관계의 양상을 내담자가 보고 통찰에 이르도록 해야 한다.

하지만 이것은 결코 쉬운 일이 아니다. 특별히 앞의 사례에서 볼 수 있듯이, 상담에 오기만 하면 신이 나서 자신의 이야기를 하고 있는 O에게 지금-여기의 관계를 보게 한다는 것은 상담의 이른 종료를 가져오게 될 것이다. O의 관계에 존재하는 불균형, 곧 상담관계에서 볼 수 있듯이 일방적으로 자신의 이야기를 쏟아 내고 있는 내담자의 태도 이면에 존재하는 무의식적 소망이나 두려움을 조기에 드러내는 것은 결코 상담적이지 않다. 오히려 상담자는 충분히 이 야기를 경청하고 들어 주는 것이 필요하다. 그럼에도 그다음 단계, 곧 해석의 단계로 나아가기 위해서 상담자는 초기에 이 정신분석 상담이 무엇이고 어떤 방향으로 진행되는지를 교육시켜야 한다. 그래야 지금의 관계를 살펴보려고 하는 상담자의 개입에 대해 내 담자를 준비시킬 수 있다.

3) 자유연상

여기서 한 가지 추가해야 할 정신분석 교육개입 중 하나가 자유 연상이다. 정신분석 상담이 상담자와 내담자 사이에 일어나는 전 이와 역전이 현상에 주목하고 지금-여기의 상담관계에서 빚어지 는 내담자의 무의식적 갈등이나 환상을 살펴보기에 자유연상을 기 본적인 상담개입으로 채택한다. 문제해결중심이나 인지행동치료 등의 상담이론에서 상담자의 개입은 적극적이고 주도적이기도 하 다. 하지만 정신분석 상담에서는 빈 스크린이라는 프로이트의 개 념에서도 볼 수 있듯이 상담자가 내담자의 내적 세계를 비춰 주는 대상이 되는 것을 강조한다(Freud, 1912a). 그렇기에 정신분석 상담 자는 자유연상을 기본적인 개입으로 선택한다.

자유연상은 내담자가 상담자 앞에서 떠오르는 어떤 이미지나 이 야기든 편집하지 않고 말하는 것을 의미한다. 그 자유연상 속에는 상담자나 상담실에 대한 느낌까지 포함한다. 이를 기본적인 개입 으로 채택하는 것은, 내담자의 이야기가 비논리적일 수 있지만 계속 연상되는 이야기를 따라가다 보면 내담자의 무의식적 느낌과 환상이 드러나기 때문이다. 하지만 나아가 내담자가 자유연상이라는 정신분석 상담구조에 어떻게 자신을 맞추고 적응해 가는지를 볼 수 있기 때문에 중요하다. 상담자가 이야기의 주제나 화제를 던지게 된다면 그것은 상담자의 느낌과 중요성을 따라 내담자의 이야기가 변화된다는 것을 의미한다. 반면, 자유연상은 내담자가 떠오르는 이야기를 하게 된다. 내담자가 더 주도적으로 이야기를 한다는 것은 내담자 스스로 자신의 주체성을 인식하는 것이기도 하며 그 주체성을 회복하는 것이기도 하다. 하지만 그동안 자기주장을 하지 못하고 주체적인 삶을 살아오지 못한 내담자들에게 자유연상은 너무 힘든 작업이 될 수 있다.

> 이전 회기에서 다음 시간 어린 시절 가정환경에 대해 이야기해 보자고 상담자가 이야기한 탓인지, 내담자 J는 긴장한 눈빛으로 상담실을 들어왔다. 한 손에는 두 잔의 커피가 담긴 봉지가 있었고, 상담자를 위한 커피를 조심스레 테이블 위에 놓았다. J는 주머니에서 수첩을 꺼내 들고는 적어 온 자신의 발달사를 읽어도 되는지 상담자에게 물었다.

앞의 사례에서 J는 자유롭게 자신의 이야기를 연상해 가는 데 어려움을 갖고 있는 것으로 보인다. 물론 상담자가 이전 회기에서 다음 시간에 어린 시절 가정환경에 대해 이야기해 보자고 한 것은 내담자의 자유연상을 방해한 것이라고 볼 수 있다. 하지만 정신분석 심리상담에서 상담자가 중요하다고 판단되는 연상의 주제를 제시할 수 있는 것도 사실이다. 혹은 앞의 사례에 나타나 있지는 않지만, 상담자가 특정 주제의 연상을 요구한 것을 보면 내담자가 상담에서 이야기를 쉽게 하지 못하는 것이 상담자에게 영향을 끼쳤을 것이고, 그로 인해 상담자가 이야기 주제를 제시해야 할 것 같은 부담을 느꼈을 가능성도 있다(역전이). 중요한 사실은 J가 해야 할 이야기를 수첩에 적어 왔다는 점이다. 이는 무엇인가를 이야기해야 하고 무엇인가는 이야기하지 말아야 한다는 내적인 요구나 압박이 있었을 것으로 생각해 볼 수 있다. 이런 내적인 압박이 J가 주체적이거나 자신을 주장하도록 하는 데 무의식적으로 방해를 하고 있는 것인지도 모른다. 이렇듯 자유연상이라는 개입이 틀 지어 주는 정신분석의 상담구조는 내담자의 내적 특징을 지금-여기에서 볼 수 있도록 해 준다.

이렇게 자유연상을 어려워하고 힘들어하는 내담자를 상담자가 몰아세우거나, 재빨리 그 내적 갈등을 해석하게 된다면 상담에 어려움을 초래할 수 있다. J의 경우에 상담자가 수첩에 이야기를 적어 오지 못하도록 제한하거나, 아니면 그것이 갖는 무의식적 의미를 해석하게 된다면, J의 내적 성향상 상담관계가 자신을 압박해 오는 것으로 받아들일 수 있다. 이런 경우에 상담자는 자유연상에 대해 친절하고 부드럽게 안내하면서, 그것이 어려움을 주고 불편을 줄 수 있는 것이 사실이라는 점에 대해 이야기할 필요가 있다. 곧, 상담자는 내담자를 기다려야 한다. 그렇게 함으로써 어린 시절 아마도 J를 닦달하고 요구했던 대상과는 다르게 상담자는 여유로운 자세로 J가 자신의 주체성을 회복하고 자신을 주장할 수 있도록 환경을 조성할 수 있다. 물론 J의 이런 측면들은 이후 상담관계가 발전했을 때 해석의 재료가 된다는 점을 기억하는 일 또한 상담자에게 중요하다.

4) 빈 스크린

자유연상이라는 기본 개입에서도 확인할 수 있듯이 정신분석 상담자는 내담자의 자기와 대상 세계가 전이를 통해 상담자라는 안전하고 신뢰할 만한 대상에게 있는 그대로 비춰질 수 있도록 격려해야 한다. 이를 의미하는 개념이 바로 프로이트의 빈 스크린이다. 물론 상호주관성에 대해 다룬 제6장에서 살펴보았듯이, 상담자가 빈 스크린이 된다는 것은 사실상 불가능한 일인지도 모른다. 상담자의 개인적인 성향과 상담자가 내담자를 경험하는 느낌은 알게 모르게 내담자의 전이에 영향을 끼치기 때문에, 상담자가 완벽하게 빈 스크린으로 존재하는 일은 불가능할지 모른다. 하지만 그렇다는 것이 상담자가 주도적으로 내담자에게 영향력을 끼칠 수 있다는 말은 아니다. 내담자는 자유롭게 자신에 대해 이야기하고 표현할 수 있지만 상담자는 그렇게 할 수 없다. 내담자는 상담자에 대한 느낌을 표현할 수 있지만, 상담자는 내담자에 대해 경험한 것을 자유롭게 표현할 수는 없다. 정신분석 상담은 기본적으로 내담자의 전이를 다루는 것이지 상담자가 내담자에 대해 느끼는 바를 다루는 것은 아니다(상담자의 역전이가 정신분석 상담에서 강조해 온 것은 내담자의 전이를 이해하고 치료적으로 돌려주기 위한 것임을 기억해야 한다).

3. 정신분석 상담자의 태도

내담자가 전이를 활성화시키고 상담자를 대상으로 사용하여 전이를 있는 그대로 표현하기 위해 필요한 정신분석 상담자의 태도는 무엇인가? 전통적으로 정신분석의 역사에는 중립성, 익명성, 자제, 이 세 가지가 강조되어 왔다.

1) 중립성

정신분석 상담자에게 요구되는 첫 번째 자세는 중립성이다. 중립적인 태도로 내담자의 이야기를 듣는다는 것은 내담자의 이야기에 거리를 두고 있다는 것을 의미하지 않는다. 내담자가 자신의 어린 시절에 있었던 일이나 지난 밤 꾼 꿈에 대해 이야기할 때 그것이 실제적인 현실과 객관적인 사실을 고스란히 담고 있다고 상담자는 받아들이지 않는다. 정도의 차이는 있지만 내담자의 기억에 의존해 보고되는 그 이야기를 상담자는 객관적인 정보로 받아들이기보다, 내담자가 어떻게 외부 현실을 이해하고 구성하는지를 보여 주는 내적 현실에 대한 정보를 보여 준다는 점에 더 관심을 갖는다. 상담자는 내담자가 이야기하는 것을 그 혹은 그녀의 내적 세계를 보여 주는 것으로 충분히 이해하려고 해야 한다. 그런 의미에서 중립성은 내담자가 상담관계에서 표현하는 다양한 이야기와 그 속에서 표현되는 내담자의 소원, 환상 그리고 행동에 대해 판단하지 않고 경청한다는 것을 의미한다.

하지만 판단하지 않고 내담자의 이야기를 듣는다는 것은 생각처럼 쉬운 일이 아니며, 많은 초심 상담자가 자신의 관점과 세계관으로 내담자의 이야기를 판단하는 실수를 범하게 된다. 예를 들어, 엄마의 사소한 실수에 대해 과도하게 분노하는 청소년 내담자에게 상담자는 버릇없다는 느낌에 빠져 엄마의 마음은 어땠을지를 내담 청소년에게 물어볼 수 있다. 월급을 받는 즉시 명품 브랜드를 소비하는 데 사용하는 내담자를 보게 되면, 상담자는 삶의 규모가 없는 것으로 판단하여 내담자에 대해 부정적인 마음이 들 수 있다. 하지만 정신분석 상황에서 비판하며 듣지 않는 중립성은 내담자가 더욱 자신의 소망과 소원 그리고 환상을 드러낼 수 있도록 하여 실제적인 도움을 줄 수 있게 된다.

일 년 넘게 상담을 받아 온 내담자 X는 상담자에게 상담을 종결해야 할 것 같다고 이야기했다. X는 이제 곧 안드로메다에서 자신을 데리고 가기 위해 우주선이 온다고 상담자에게 전해 왔다.

앞의 상담 예시에서 내담자 X는 비현실적인 환상을 상담자에게 보고하고 있다. 상담자는 이런 내담자의 환상을 판단하며 듣기보다, 그 환상 속에 있는 내담자의 무의식적 소망이나 두려움을 볼 수 있어야 한다. 예를 들어, 상담자는 사람들에게 가까이 가고 싶지만 무엇인가 두려워 멀어질 수밖에 없는 내담자의 무의식적 갈등을 이해하며 경청할 수 있다. 하지만 초심 상담자는 이런 이야기를 듣게 되면 말도 안 된다며 내담자의 이야기를 비판하게 될 수 있다. 과연 그게 가능한 일이냐고 반문할 수 있다.

이런 일은 늘 상담 상황에 존재한다. 자신을 쓰레기 취급하는 내담자의 이야기를 들으면서, 과연 그게 현실적으로 옳은지를 지나치게 검증하려고 하는 시도 또한 중립적인 자세가 될 수 없다. 내담자가 그렇게 자신을 이야기하고 상담자에게 소개하는 것은 전이와 역전이 구조에서 보면 중요한 역동적 의미를 지니게 된다. 내담자의 전이를 이해하고 있는 그대로 표현될 수 있도록 상담자는 내담자의 이야기를 판단하며 듣지 않아야 한다. 물론 내담자에게 큰 위험이 초래되는 행동이나 환상 그리고 내담자가 현실검증 능력이 상당히 손상되었을 때에는 상담자가 적극적으로 개입할 필요가 있다. 정신기능이 지나치게 손상된 내담자의 경우에는 무의식을 의식화하려는 정신분석적인 시도는 뒤로 미루어져야 할 것이다.

2) 익명성

익명성은 상담자가 자신의 사적인 정보를 내담자에게 노출하지 않는다는 것을 의미한다. 상담자는 여러 계기에서 자신에 대한 정보를 내담자에게 노출하게 된다. 상담자의 얼굴 표정이나 목소리, 내담자를 맞이하는 자세나 옷을 입는 방식 등을 통해 상담자는 자신이 누구인지를 내담자에게 간접적으로 드러내게 된다. 또한 상담실에 비치된 개인 물품들은 상담자의 취미나 성향을 내담자에게 전달하게 된다. 하지만 상담자는 내담자에게 자신의 사적인 이야기를 하지 않는다. 내담자는 자신의 비밀스럽고 사적인 이야기를 상담자에게 할 수 있지만 상담자는 그렇게 할 수 없다. 만약 상담자가 자신의 개인적인 이야기를 하게 되면, 내담자는 상담자가 누구인지를 지각하게 되면서 때로는 자유연상에 방해를 받게 되고, 또한 내담자의 전이에 영향을 끼치게 된다. 곧, 상담자에게 해야 할 말과 하지 말아야 할 말에 대해 내담자는 무의식적으로 검열하게 되고, 이로 인해 내담자의 무의식에 접근하는 데 어려움을 초래할 수 있다.

> 애인을 떠나보내지 못해 무기력한 생활을 이어 가는 내담자 C에 대해 상담자는 안쓰러움을 느끼기 시작했다. 어느 회기에 상담자는 자신의 과거 상실과 애도의 경험을 이야기하며 C가 위로받을 수 있기를 희망했다.

정신분석 상담에서 애도가 핵심적인 주제 중 하나인 것을 제3장에서 살펴보았다. C가 애인을 상실하고 무기력해 있는 것은 지극히 인간적이고 자연스러운 일이지만, 만약 그것이 오래 지속되고 지나친 강도로 내담자의 삶을 어렵게 한다면, 그 안에 존재하는 무의식적 영향력을 살펴볼 필요가 있다. 그런데 상담자는 C를 위로하기 위해 자신의 과거 경험을 이야기해 주었다. 내담자를 위로하려는 상담자의 마음은 이해할 수 있지만, 이것은 상담자가 자신의 실제적인 성향을 드러내게 되어 내담자의 전이가 있는 그대로 표현되는 것을 방해할 수 있다. 일시적인 위로를 받을 수 있을지는 모르지만, C는 앞으로 지속되는 상담에서 자신의 애도와 관련되어 떠오르는 이야기를 상담자에게 전하는 데 무의식적인 제한을 받게 될 수 있다. 상담자의 실제 특징과 맞지 않는 이야기는 자연스럽게 억압될 수 있기 때문이며 상담자에게 신경 쓰려는 내담자의 태도를 만들어 낼 수 있다.

> 직업상 어려움을 호소하며 상담자를 찾아온 내담자 B는 내과의사이다. 평소 혈압과 고지혈증 문제를 겪고 있던 상담자는 상담 중에 B에게 자신의 신체 증상을 말하며 정보를 구했다. B는 주중에 언제든 병원에 내방하면 자신이 자세하게 봐 주겠다고 이야기를 했다.

앞의 상담 사례에서 상담자는 자신의 내담자인 내과의사 B에게 정보를 구하려는 의도로 자신이 겪고 있는 질환을 상담 중에 이야기했다. 아마도 상담자는 B라면 자신에게 필요한 정보를 제공해 줄 것이라고 믿었는지도 모른다. 하지만 이것은 익명성에 위배되며, 결국 B는 상담자에게 자신의 병원에 와 줄 것을 요청했다. 이런 결과가 끼치게 되는 영향은 크다. 결국 내담자는 자신도 모르게 상담자를 돌봐 줘야 한다는 책임감을 갖게 되어 자신의 전이를 완전히 드러내고 표현하는 데 어려움을 겪게 될 것이다. 앞의 예시는 상담자가 자신의 개인적인 경험이나 정보를 노출하게 될 때, 내담자가 상담자를 경험하는 지각에 큰 영향을 끼쳐 전이가 표현되는 것을 방해할 수 있음을 잘 보여 준다.

3) 자제

자제가 의미하는 것은 내담자가 상담관계 안에 가져오는 전이와 그 속에서 드러나는 내담자의 무의식적 소원을 무절제하게 만족시키면 안 된다는 것을 의미한다. 정신분석 상담의 전체 과정은 전이 만족에서 전이해석의 단계로 진행된다고 볼 수 있다. 내담자의 긍정적인 전이에 대해 상담자가 적절하게 만족시켜 주지 않는다면 상담은 조기에 종료될 수 있다. 하지만 지나치고 과도한 전이의 만족은 오히려 상담의 전체 과정을 아주 어렵게 한다는 점에서 상담자는 주의해야 한다.

> 어린 시절 부모에게 관심과 사랑을 모두 여동생에게 빼앗겼다고 호소하는 남성 내담자 H는 여성 상담자에게 애정을 보이기 시작했다. 상담실이 지나치게 갑갑하다며 상담실 아닌 다른 곳에서 상담하자고 제안했다. 분위기 좋은 레스토랑에서 식사를 대접하고 싶다고 제안하기도 했다.

앞의 사례에서 H는 상담자에 대해 애정화 전이를 보이고 있다. 상담자에게 애정을 느끼고 관심을 받으려고 하는 것은 많은 내담자가 상담자에게 보이는 전이의 형태이다. 상담자는 이런 내담자의 전이 속에서 내담자의 고고학적인 의미와 무의식적 소원을 볼 수 있게 된다. 하지만 이를 지나치게 빨리 내담자에게 해석하게 된다면 정신분석이 바라는 효과를 충분히 성취하기 어렵다. 상담자는 내담자에게 전이에게 만족을 제공해야 한다. 내담자가 전이를 통해 상담관계에 가져오는 내적 세계로의 초청에 상담자는 참여해야 한다.

그러나 앞의 사례에서 H의 전이에 만족을 제공하기 위해 상담자가 상담실을 카페와 같은 장소로 옮기거나, H의 초대를 받아들여 레스토랑에서 식사를 같이 한다면 상담은 큰 위험을 초래할 수 있다. 만약 이런 일이 벌어진다면 상담자는 역전이를 관리하지 못한 것으로 이해할 수 있다. 상담자는 H의 전이에 대해 완벽하게 만족을 제공할 수는 없다. 정신분석 상황에서 상담자가 제공할 수 있는 최고의 전이만족은 따뜻한 경청이다. 판단하지 않는 자세로 내담자의 이야기를 깊이 경청하고 존중하는 자세를 통해 내담자의 전이에 대해 적절한 만족을 제공할 수 있다. 그런 점에서 내담자가 안쓰러워 포옹을 한다든가, 혹은 기도나 안수와 같은 종교적인 행위를 한다든가, 혹은 함께 식사를 하는 행위 등은 비록 지나친 것은 아니라고 하더라도 자제라고 하는 덕목에 위배될 가능성을 갖고 있다. 이는 상담자가 내담자의 회복을 통제하려는 우회적인 방식으로 이해할 수 있고, 역전이 관리의 실패로 이어질 수 있다.

정신분석 상담이 전이를 통한 치료이며 그 전이 속에는 애정과 사랑이 개입되는 것이 빈번하기 때문에, 상담자는 이에 대해 미리 예상할 수 있어야 한다. 상담자 본인에 대한 내담자의 애정과 관심이 본인의 매력으로 인한 것이 아니라, 전이 속에서 일어난 것임을 알게 될 때, 상담자는 자신의 역전이를 관리할 수 있게 된다. 하지만 이런 애정과 사랑은 원초적인 성격을 갖고 있기에 상담자 또한 내담자의 전이에 쉽게 휘말려 들 수 있다는 것을 기억하고, 꾸준한

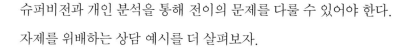

슈퍼비전과 개인 분석을 통해 전이의 문제를 다룰 수 있어야 한다. 자제를 위배하는 상담 예시를 더 살펴보자.

> 아버지의 말씀이라면 무조건 순응했던 여성 내담자 Q는 동일하게 남성 상담자에게 순응하려는 자세를 보였다. 상담자가 하는 말은 꼭 지키려고 했다. 상담자는 Q에게 학대하는 남자 친구와 헤어질 것을 요구했다. 또한 상담자는 J에게 기분 전환을 위해 여행 상담을 해 줄 수 있다고 제안했다.

앞의 사례에서 상담자는 상담윤리에 위배되는 제안을 하고 있다. 물론 Q의 순응하는 내적 구조로 인해 남자 친구로부터 학대를 불러온 측면도 있고 상담자가 무리한 요구를 하게 된 것이기도 하다. 하지만 정신분석 상담자는 Q의 이런 전이를 함께 다룰 수 있어야 하고, 이를 통해 내담자의 통찰과 성숙을 이끌어 내야 한다. 하지만 앞의 사례에서 상담자는 Q가 아버지에게 그랬듯 상담자에게 순응하려는 전이를 이용해 자신의 개인적인 욕구를 만족시키려고 한다. 상담자는 언제든 이런 위험에 노출되어 역전이를 관리하고 조절하는 데 실패할 수 있기에 상담관계의 역동을 이해할 수 있는 노력이 필요하다.

4. 정신분석 상담의 과정

1) 전이만족

정신분석 상담에서 무의식을 의식화시키기 위해 전체 상담의 과정은 [그림 7]에서 볼 수 있듯이 편의상 두 단계를 거치게 된다고 볼 수 있다. 그 두 단계를 구분할 수 있는 기준은 개별적인 사례에 따라 달라지기도 하고, 또 두 단계가 실제적으로는 혼합되어 있는 것이기에 그 단계의 구분에 분명한 기준이 존재하는 것으로 보기에도 어렵다. 하지만 그럼에도 불구하고 두 단계로 나눠 살펴보는 것은 정신분석 상담의 과정을 이해하는 데 도움을 주게 된다(Kohut, 1984).

먼저, 정신분석 상담의 첫 번째 단계는 전이만족의 단계라 표현할 수 있다. 앞에서 자제의 태도를 설명할 때도 이야기했듯이, 전이를 만족시킨다는 것은 내담자가 지금-여기에서 드리내는 상담자에 대한 무의식적 기대와 요구를 적절하게 만족시킨다는 의미를 갖고 있다. 내담자는 전이를 통해 상담자를 자신의 내적 세계에 초대한다. 상담자는 그 초대에 참여할 준비가 되어 있어야 한다. 만

전이만족 ⟶ 전이통찰

[그림 7] 정신분석 상담의 두 단계

약 상담자가 그 초청에 거리를 두고 응하지 않게 된다면, 정신분석 상담은 시작되기 어렵다. 정신분석 상담자는 그 초청 이면에 있는 내담자의 무의식적 소망과 두려움 그리고 갈등을 드러내는 것을 목표로 하지만, 무엇보다 그 초청에 자발적으로 참여하는 자세가 요청된다.

이는 정신분석 상담자는 두 가지 다른 상태에 있다는 것을 의미한다. 한편으로 정신분석 상담자는 내담자의 전이를 그 전이 세계 밖 시선으로 관찰할 능력을 갖고 있어야 하며, 또 다른 한편으로 상담자는 내담자의 전이로 펼쳐지는 관계의 역동에 충분히 참여할 수 있어야 한다. 내담자가 건네주는 역할을 한편으로 적절하게 수행하는 동시에, 상담자는 임상적인 이론에 근거하여 그 현상을 내담자의 무의식과 연결할 수 있어야 한다.

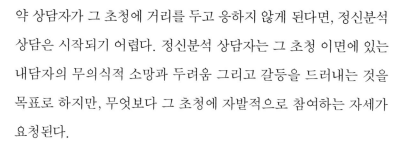

무엇인가 결정을 내리는 일이 어려운 내담자 L은 상담자가 자신을 대신하여 결정을 내려 주기를 원했다. 자신이 대학원을 갈지 취업을 할지, 대학원을 가게 되면 어떤 과로 진학을 할지, 취업을 하게 되면 어떤 직장에 지원할 것인지 물어보았다. 뿐만 아니라, 한 친구가 자신의 일에 사사건건 통제하는 것 같아 거리를 두어야 할지 계속 만나야 할지 상담자가 결정해 주기를 바랐다. 어느 회기에서는 상담자가 떨어트린 티슈박스를 자신이 일어나서 주워야 하는지 상담자에게 물어보기도 했다.

앞의 사례에서 L은 상담자가 자신의 삶에서 일어나는 큰일에서부터 소소한 일까지 어떤 결정을 내려 주기를 기대하고 있다. 이는 내담자의 주체성이 손상된 상태라고 볼 수 있으며, 더불어 이는 내담자의 고고학적인 발달력이 담겨 있는 관계의 양상이기도 하다. 본인 스스로 어떤 결정을 내리는 것에는 내적으로 큰 두려움을 포함하고 있는 것이라고 말할 수 있다. 자신이 결정하여 선택한 것이 불러오게 되는 책임감이나 죄책감을 견디기 어렵기 때문에 이런 선택을 누군가에게 미루는 것이라 볼 수 있다. 아마도 L은 부모와의 관계에서 이런 두려움을 갖게 되었을 것이다. L의 부모는 사사건건 L의 삶에 개입하여 선택을 대신해 주었을 수 있고, 이를 통해 L은 홀로 무엇인가 선택할 수 있는 주체적인 존재로 인정받기가 어려웠을 수 있다.

정신분석 상담은 이렇게 L이 지금-여기의 전이와 역전이 구조에서 보이는 무의식적 소망이나 두려움을 인식하도록 돕는 전이해석을 중심 개입으로 삼는다. 하지만 그 이전에 상담자는 내담자가 전이를 통해 경험하는 상담자에 대한 느낌을 공감적으로 이해해야 한다. 상담자에 대한 기대와 요구에 적절하게 반응해야 한다. 그렇다면 앞의 사례에서 상담자는 L에게 어떤 만족을 제공할 수 있는가? 상담자는 조언이나 정보제공 등의 개입을 통해 결정을 내려 주기를 바라는 L의 마음속 요구와 기대를 만족시켜 줄 수 있다. "제가 보기에는 대학원을 갈지 취업을 할지 결정하는 일은 L이 무엇을 원하는지를 충분히 고려해야 할 것 같아요. L은 무엇을 원하는지 우리와 함께 이야기 나눠 보도록 해요." "친구가 사사건건 개입해서 많이 힘들었겠네요. 친구 사이에 무슨 일이 일어나는지 좀 더 이야기를 나눠 보면 어떨까 싶어요." "티슈박스를 주워야 할 것처럼 느

껴진 것 같아요. 가까이 있는 제가 줍도록 할게요." 아마도 상담자
는 이렇게 이야기해 줄 수 있다.

앞의 개입에서 볼 수 있듯이 전이만족의 단계에서는 상담자가
내담자가 원하는 기대와 요구를 저버리지 않는다는 점에 주목해야
한다. 내담자는 자신의 내적 세계에 존재하는 결정을 해 주기를 바
라는 기대와 요구를 상담자에게 요청하고 있다. 상담자는 그 내적
세계가 상담 상황에도 드리워져 있으며, 내담자의 내적 세계를 구
성하는, 결정해 주는 대상의 역할을 자발적으로 떠맡게 된다. 하지
만 과도하거나 무리한 방식이 아니라, 내담자의 주체성을 존중하
는 자세로 이런 역할을 하게 된다. 만약 그렇지 않다면 상담자는 내
담자가 가져오는 역동에 휘말려 이래라저래라 모든 것을 결정해
줄 수 있고 이로 인해 내담자의 내적 세계는 상담관계를 통해 더욱
강화되고 고착되는 일이 벌어진다.

이것으로 볼 수 있듯이 전이를 만족하는 것은 상담자의 내담자
의 내적 세계에 존재하는 옛 대상이 되는 일인 동시에 그 옛 대상
과는 조금 다른 새로운 대상의 역할도 감당한다는 것을 알 수 있다
(Mitchell, 1994). 내담자의 내적 세계의 옛 대상으로만 기능하는 상
담자는 과도하게 내담자의 전이를 만족하는 것이다. 이렇게 표현
할 수 있다. 전이만족 단계에서 상담자는 약화된 정도와 수준으로
내담자의 전이를 만족시키고 내담자의 전이세계의 일부가 된다.

휴가로 인해 상담자가 한 주 상담을 연기하자, 내담자 I는 불편한 표정으로
"선생님의 가족들은 좋겠네요. 선생님이 돌봐 주시잖아요."라고 이야기했

다. 휴가 후 상담회기에서 내담자는 상담을 종결하고 싶다고 이야기했다. 상담자는 이것이 지난 휴가와 어떤 관련이 있는지 묻자, 내담자는 "선생님에게 제가 중심이 될 수 없잖아요. 돌보셔야 하는 가족도 있는데 제가 방해가 될 것 같아서요."라고 이야기했다.

앞의 내담자 I는 상담자의 관심에서 자신이 중심이 되고 싶은 소망을 드러내고 있다. 상담자의 사랑을 독차지하고 싶은 강렬한 소망이 내담자의 전이 가운데 표현된 것이다. 그렇다고 전이를 만족시킨다는 것이 내담자가 실제로 상담자의 관심에서 중심이 되어야 한다는 것을 뜻하지 않는다. 상담관계가 돌봄과 관심을 전제하고 있지만, 그렇다고 한 내담자를 전적으로 돌봐야 하는 것은 아니다. 정신분석적인 상담은 전이를 활용하여 내담자의 무의식적 소망을 드러내는 작업이 중요하지 내담자의 전이를 문자 그대로 완벽하게 만족시켜야 하는 것은 아니며 어떤 관계에서도 그런 일은 불가능하다. 집착에 가까운 이런 무의식적 소망은 내담자가 사랑과 관심을 빼앗겨, 깊은 결핍을 초래한 삶의 발달 배경을 보여 준다.

문자 그대로 충족시키기는 어렵지만, 그럼에도 상담자는 전이만족의 단계에서 이런 내담자의 소망을 약화된 수준과 강도로 만족시켜 줘야 할 필요가 있다. 이는 전이해석의 단계로 넘어가기 위한 준비 과정인 동시에 그 자체로 치료적인 성격을 갖는다. 전이만족의 단계에서 상담자는 내담자의 내적 세계에 존재하는 옛 대상이 되어 주는 동시에, 새로운 대상으로 기능하여 내담자가 돌봄과 애착의 관계가 어떠한 것인지를 경험할 수 있도록 해야 한다. 앞의 상담 예시에서 보면, I의 강렬한 소망, 곧 상담자의 관심에서 자신이 중심이 되기를 바라는 소망을 채워 주는 상담자의 역할이 옛 대상의 역할이다. 실제 삶의 배경에서 I의 부모는 이런 역할을 수행하지 못했다. 하지만 그런 부모와의 관계 경험에서 I의 내적 세계에는 완벽하게 사랑과 관심을 제공하며, 자신만을 바라봐 주기를 바라는 대상에 대한 소망이 자리 잡게 되었을 것이다. 다시 말해, 결핍을 경험하는 아동은 공상을 통해 이상적인 돌봄의 대상을 꿈꾸게 된다. 그렇기에 내담자의 환상에 존재하는 이상적인 돌봄의 대상은 옛 대상으로 부를 수 있다.

　하지만 상담자가 이런 옛 대상의 역할을 완벽하게 제공할 수는 없다. I의 내적 대상의 역할이 되어 주는 것이 전이만족의 단계에서 필요하지만, 그것은 약화된 강도와 수준에서 이루어져야 한다. 곧, 상담자가 내담자의 부모가 하지 못한 돌봄을 제공하지만, I의 무의식적 환상에 있는 기대와 요구를 전적으로 채워 주지는 못한다는 것을 I가 경험할 수 있게 해야 한다. 앞의 예시에서, 상담자는 내담자의 상담종결 언급에 대해 이렇게 이야기할 수 있다. "상담과 상담자에 대한 기대를 이야기해 주셔서 감사해요. 아마도 제가 휴가 기간에 상담을 제공하지 못해 속상하셨을 것 같습니다. 이 부분에 대해서는 함께 이야기를 나누어 보면 어떨까 싶습니다. 제가 가족들과 휴가를 간다고 했을 때 어떤 생각이 떠오르셨나요?" 상담자가 이 정도에서 연상을 요구하면 좋을 것이다.

　만약 내담자가 이런 상황에서 결핍감을 심하게 느낀다면 상담자가 일반적으로 사람들과 맺게 되는 인간관계에 대해 추가적으로 언급하여 내담자로 하여금 현실적인 관점을 갖게 할 수 있다. "모든 상담자에게 가족이 있고 돌보아야 할 다른 내담자들이 있는 것이 사실이에요. 아마 그런 상황이 여기에서 중심이 될 수 없다고 선생님에게 느끼도록 한 것 같아요. 하지만 사람들은 일상적인 관계 속에서 서로 돌봄을 제공하면서, 완벽하진 않겠지만 위로와 용기를 얻게 될 거예요." 이런 언급을 통해 내담자는 상담자에게 중심이 되고 싶은 자신의 강렬한 소망도 반박되지 않고, 더불어 상담자를 통해 적절한 위로를 경험할 수 있다. 이를 통해 내담자는 사람들 사이에서 주고받는 돌봄이 완벽할 수는 없다는 것을 알게 된다. 이런 과정에서 누군가에게 중심이 되고 싶은 소망은 이해되지만, 어린 시절 부모와의 관계에서 비롯된 그 유아적인 욕구를 어떻게 현실에서 적절하게 만족할 수 있는지 전이관계가 형성된 상담 상황에서 다룰 수 있게 된다. 곧, 내담자는 자신의 내적 기대를 만족시키는 옛 대상과 더불어 새로운 대상의 경험을 상담관계에서 할 수 있게 된다.

이는 전이를 통한 치료가 어떠한지를 보여 준다. 만약 내담자가 상담자에게 이런 전이를 형성하지 못했더라면, 이 부분을 다룰 수 있는 기회를 잃게 된다. 전이가 형성되었을 때에야 비로소 이 전이 감정을 노출시키고 상담자와 함께 다룰 수 있는 새로운 기회를 맞게 된다. 상담자는 전이만족의 단계에서 내담자가 가진 전이를 전적으로 반박하거나 그 안에 있는 무의식적 두려움과 소망을 거부하지 않는다. 이를 수용하고 담아 주는 상담자의 능력이 전이만족의 단계에서 필요하다. 나아가 내담자가 표현하는 전이를 상담자가 약화된 강도로 적절하게 만족시키는 과정을 통해 내담자는 옛 대상과 새로운 대상을 동시에 경험하고, 내적 자기와 대상 세계가 재구조화되는 토대를 마련하게 된다.

2) 전이해석

정신분석 상담에서 가장 중심적이고 핵심적인 개입이라고 한다면 그것은 아마도 전이해석일 것이다. 정신분석 상담은 무의식을 의식화하는 데 초점이 맞춰져 있다. 그렇기에 내담자가 호소하는 문제들 이면에서 내담자의 삶과 행동에 영향을 끼치고 있는 무의식적 갈등과 환상을 드러내는 것이 상담자의 핵심적인 전략이다. 그런데 내담자의 무의식적 갈등과 환상은 지금-여기의 상담자와 내담자 사이의 상담관계에서 보이는 전이와 역전이 구조에서 생생하게 드러나게 된다. 그것은 단순히 상담자가 지금-여기의 내담자와의 관계에서 내담자의 관계역동을 관찰하는 것만을 의미하지 않는다. 전이와 역전이 관계에서 상담자는 내담자의 내적 세계에 참여하게 된다. 그것을 앞에서 전이만족이라고 언급했다. 나아가 상담자는 그 전이와 역전이의 구조를 내담자와 함께 살펴보면서, 지금-여기에서 드러나고 있는 내담자의 무의식적 소망과 기대 그리고 두려움과 불안을 드러낸다. 다음 상담 예시를 통해 이를 자세하게 살펴보자.

대인기피와 무기력으로 상담자를 찾은 내담자 Y는 2년 동안 상담회기에 빠짐없이 참석했다. 하지만 삶에서는 지나친 무기력으로 가진 재능에 비해 어떤 시도조차 하지 못하고 집에서 숨어 지내다시피 했다. Y가 선택할 수 있는 다양한 가능성을 놓고 상담자와 이야기할 때마다, 내담자는 그것도 해 봤고 가능성이 없다며 상담자를 반박했다. 그럴수록 상담자는 Y가 무기력에서 벗어날 수 있는 다양한 방안을 제시하려 했다. Y는 상담자에게 이미 그 방법은 모두 자신이 해 본 것이며 결코 자신에게 도움이 되지 않는다고 상담자의 이야기를 다시 반박했다. 상담자는 이렇게 상담회기가 팽팽한 힘겨루기로 진행되는 것을 의아해했고, 이내 어린 시절 Y는 어머니의 통제와 간섭에 힘겨루기로 일관해 왔던 것을 다시금 떠올리게 되었다.

정신분석 상담자는 내담자의 이야기에 중립성을 지킨다. 그것은 판단하며 듣지 않는다는 태도를 계속 견지한다는 의미이다. 앞의 사례에서 상담자는 내담자가 무기력에서 빠져나올 수 있도록 다양한 가능성과 방안을 제시하려고 했다. 하지만 상담자는 이런 경우 Y의 대인기피와 무기력에 영향을 끼치는 Y의 무의식적 갈등과 소망, 두려움에 대해 살펴볼 필요가 있다. 어떤 무의식적 영향력이 Y를 무기력하게 만들고 자신이 가진 재능을 사용 못하도록 만드는지에 집중해야 한다는 것이다. 그러나 앞의 사례에서 상담자는 Y를 돕기 위한 다양한 방안을 제시하는 역할을 수행하고 있다.

이런 특징적인 상담자와의 관계 양상은 Y의 어린 시절 경험을 토대로 보면 Y의 삶에서 중요한 고고학적 배경을 가진 관계 양상이다. Y가 무기력에서 벗어날 수 있도록 다양한 방안을 제시하는 상담자와 이에 대해 반박하는 Y의 힘겨루기 관계는 어린 시절에 Y와 어머니의 관계를 반복하는 것이다. 이를 통해 Y는 어린 시절 어머

니와의 관계에서 통제하는 대상과 이에 반항하는 자기에 대한 표
상을 형성한 것으로 이해할 수 있다. 그리고 상담관계에서 그 대상
표상의 역할을 Y에게 위치시켰다. 비록 약한 강도이지만 상담자는
자신도 모르게 이 대상의 역할을 수행하며 Y의 삶을 통제하고 간
섭하려고 한다. 자기와 대상의 내적 대상관계에서 자기표상의 역
할을 맡은 Y는 이런 상담자의 개입에 적극적으로 반박하면서 상담
관계 안에 팽팽한 힘겨루기가 생겨났다. 이는 Y의 어린 시절 대상
관계의 재현이다. 상담자가 경험하는 역전이는 상보적 역전이로
내담자의 내적 대상이 투사되어 동일시되었다(투사적 동일시). 결
국 상담관계 속에서 내담자의 내적 대상세계가 실현되었다. 이는
내담자의 대인기피와 무기력이 어디에서 비롯된 것인지를 보여 준
다. 내담자는 강력하게 자신을 통제하는 대상표상을 갖고 있으며
이로 인해 외부 대상이 자신에게 무엇인가를 요구한다는 강한 압
박과 함께 불안을 경험할 수 있다. 이런 경우 학교와 회사에서 어려
움을 호소할 수밖에 없다. 상대방의 사소한 요구를 크게 받아들여
긴장과 불안을 경험하기 때문이다.

　정신분석 상담자라면 상담관계에서 지나친 개입이 나타난다면,
과연 이런 역전이가 어디에서 비롯된 것인지를 살펴보아야 한다.
그 역전이가 상담자 자신의 개인사적인 배경에 기인하는 것인지,
아니면 내담자의 압력에 의해 생겨난 것인지를 돌아봐야 한다. 만
약 다른 내담자들에게 자주 나타나지 않는 지나친 개입이 특정 내
담자에게 나타난다면, 그것이 내담자에 의해 불러일으켜졌을 가능
성이 높다. 특히 Y처럼 통제하고 간섭하는 대상표상을 내적으로

형성한 경우에는 그 관계에서 상대방은 그런 대상표상의 역할을 맡게 될 가능성이 높다. 내담자 Y의 편에서 보면 이런 통제와 간섭의 반응을 불러일으켰다는 것이 한편으로는 억울한 일이고, 또 다른 한편으로는 자신이 그토록 원치 않은 반응이라고 항변할 수 있을지 모른다. 그렇다면 어떤 이유에서 Y는 그토록 자신이 두려워하는 반응을 상담자에게 불러일으킨 것인가?

Y는 어린 시절 부모와의 관계를 통해 통제하고 간섭하는 대상표상을 내적 세계에 형성했다. 이런 경우, 상대방은 자신에게 무엇인가를 요구하며 통제하는 대상으로 이해될 수 있을 뿐만 아니라, 상대방의 사소한 요구나 기대에 대해 강한 책임감을 느끼거나 반드시 그것을 들어줘야 할 것 같은 불안을 경험한다(전이). 그렇지 않았더라면 대수롭지 않게 한 귀로 듣고 한 귀로 흘릴 수 있는 상대방의 말은 계속 머릿속에 맴돌면서 내적으로 그것을 어떻게든 해야하는 것은 아닌가 하는 불안과 그런 요구로 자신의 마음을 어지럽게 한 것에 대해 분노를 느낀다. 곧, 내적 대상관계를 스스로 마음 안에서 반복한다. 이 불안으로 인해 상대방의 말이나 이야기를 반박하거나 거부하는 반응이나 아예 이를 회피하려고 할 수 있다. 바로 이 지점에서 상대방은 더욱 요구하고 간섭하려는 태도가 나타날 수 있게 된다. Y의 내적 대상세계에서 비롯되는 통제와 간섭의 불안과 이를 해결하려는 Y의 방어적인 자세가 이렇듯 그가 그토록 두려워하는 반응을 상대방에게 불러일으킬 수 있다.

Y의 전이와 그리고 상담자의 역전이를 통해서 상담자는 Y가 갖고 있는 무의식적 두려움과 소망을 알 수 있다. Y는 외부 대상의 요

구를 반드시 들어줘야 할 것이라는 무의식적 불안과 함께, 상대방의 통제로 자신의 주체성이 사라질지 모른다는 무의식적 두려움을 갖고 있다. 이런 무의식적 불안을 가진 Y와의 관계에 참여하는 상대방은 그 역동 속에서 상담자가 그러했듯이 Y에게 본의 아니게 잔소리와 조언을 할 수 있다. 그렇다면 상담자는 잘못된 개입을 하고 있는 것인가? Y와의 관계에서 일어날 수 있는 일이 일어났다는 점에서 반드시 그 개입이 잘못되었다고 이야기할 수는 없다. 오히려 이런 관계역동이 일어났다는 것은 전이를 통한 치료 관점에서 보면 상담이 종료되지 않는 한, 그리고 이를 적절하게 개입할 수 있는 한 유익하기까지 하다. 상담자는 내담자의 내적 세계에서 비롯된 옛 대상으로 기능하기도 하지만, 결코 어린 시절 가혹하게 내담자의 삶에 간섭하고 통제했던 대상은 아니기 때문이다. 이런 전이와 역전이 관계에서 상담자는 옛 대상인 동시에 새로운 대상으로 내담자의 내적 세계에 새로움을 도입할 수 있는 위치에 있게 된다.

　Y와의 관계에서 상담자는 Y의 통제하고 간섭하는 옛 대상의 역할을 약한 강도로 반복하고 있다. 그것은 앞의 전이만족 단계에서 살펴보았듯이 상담자의 그런 반응 자체 속에 새로움이 담겨져 있다. 다만 상담자는 지금-여기에서 일어나고 있는 전이와 역전이 구조에 대해 내담자가 볼 수 있도록 설명할 수 있어야 한다. 이것이 바로 전이해석이다. Y가 어떻게 지금-여기에서 상담자에게 통제하고 간섭하는 역할을 부여하고 있는지, 그 안에 Y는 어떤 무의식적 불안과 두려움을 갖고 있는 것인지, 나아가 그것이 어떻게 Y의 대인기피와 우울증과 깊은 관련이 있는지를 적절한 순간에 상담자

는 설명할 수 있어야 한다. 이것이 바로 전이해석의 단계에서 분석가가 수행해야 할 과제이다.

"선생님은 저와의 관계에서 힘겨루기를 하고 있는 듯 보입니다. 아마도 선생님은 제가 선생님을 통제하고 간섭하는 대상으로 경험하시는 것 같습니다. 어린 시절 어머니와도 그런 관계를 종종 만들곤 하셨지요. 이에 대해 어떻게 생각하세요?" "아마도 선생님은 제 말을 반드시 들어 줘야 할 것 같은 부담과 불안을 갖고 계신 것 같아요. 그것이 대인관계에서 상대방을 피하려고 하거나 반박하려는 것으로 나타나는 것 같은데요." 이러한 설명을 통해 내담자는 지금-여기에서 일어나는 상담자와의 관계를 볼 수 있게 된다. 그리고 그것이 대인관계에서 어떤 문제와 어려움을 일으키고 있는지를 통찰하는 데까지 나아갈 수 있다.

하지만 상담자가 이런 전이해석을 제공하기 위해서는 초기부터 정신분석 상담이 무엇인지에 대한 교육개입이 필요하다는 것을 다시 강조하고 싶다. 만약 상담자가 이 상담이 어떤 것이며, 무엇을 다루게 될 것인지를 교육시키지 않은 상황에서 앞의 전이해석을 제공하게 된다면, 내담자는 의아해하거나 당혹스러움을 느낄 수 있다. 처음부터 정신분석 상담이 무엇인지를 내담자가 알 수 있도록 설명해야 한다. '선생님의 문제 이면에 존재하는 무의식적 영향력을 저와 선생님은 함께 찾아볼 것입니다. 그 영향력은 지금-여기에서 선생님과 저와의 관계에서 분명하고 생생하게 나타나게 됩니다. 그렇기에 선생님이 여기에서 경험하는 느낌을 제게 이야기해 주시는 것은 이를 위해 대단히 중요합니다.'라고 상담자는 이런

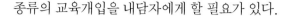

종류의 교육개입을 내담자에게 할 필요가 있다.

또한 중요한 사실은 전이해석이 이루어지기 위해서는 내담자가 충분한 전이만족의 단계를 경험할 수 있도록 상담자가 배려해야 한다는 점이다. 전이해석의 적절한 순간이 언제인지는 내담자마다 다를 수 있다. 어떤 내담자는 이런 상담자의 개입에 재빨리 통찰을 얻기도 한다. 하지만 어떤 내담자는 상당한 시간을 요하기도 한다. 하지만 분명한 것은 어떤 내담자라도 이런 전이만족의 단계를 거치지 않고서는 전이해석에 도달하기 어렵다는 점이다. 전이를 통한 치료에서 핵심적인 것은 지금-여기의 상담자와의 관계가 내담자의 내적 세계로 채색되어야 한다는 사실이며, 상담자가 내담자의 내적 세계의 구성원이 되어 무의식적 역할 배정에 참여해야 한다는 점이다. 이는 내담자로 하여금 전이해석의 단계를 준비시키면서, 통찰의 효과를 극대화시키기 위함이다.

이를 좀 더 자세하게 풀어 보자. 전이만족이 충분히 필요한 첫 번째 이유는 상담자에게도 내담자의 내적 세계가 어떠한지 충분히 관찰하고 참여해야 할 시간적인 여유가 필요하기 때문이다. 앞의 Y 사례에서 보면, 내담자가 상담자의 통제와 간섭을 불러일으키는 것은 앞에서 분석했듯이 상담자의 기대와 요구를 들어줘야 할 것 같은 강한 부담감 때문인지, 아니면 내담자에게는 잔소리를 듣는 것이 역설적이지만 돌봄과 관심을 받기 위한 방법인지를 보다 분명하게 판단하기 위해서는 전이만족의 단계가 충분한 시간을 두고 이루어져야 한다. 전이만족이 충분히 필요한 두 번째 이유는 내담자가 소화시키지 못한 감정과 사고를 상담자가 충분히 담아 주고 다룰 수 있는 시간적 여유가 필요하기 때문이다. 전이만족의 단계에서 상담자는 내담자의 내적 세계의 한 구성원이 된다. 이는 내담자가 소화하기 어려워 마음 한켠에 분리시켜 보관한 내적 대상관계의 한 부분이다. 상담자는 전이와 역전이 구조 속에서 내담자에 의해 떠밀려진 내적 대상관계의 한 역할을 충분히 경험하고 또한 이를 다루어 담아 줄 수 있게 된다. 담아 주는 과정을 통해 내담자의 내적 세계에서 소화되기 어려웠던 감정과 사고는 소화될 수 있는 형태로 내담자에게 다시금 제공된다.

프로이트가 정신분석을 전이를 통한 치료과정 위에 세워 간 것은 이렇듯 그만한 이유가 있다. 소화되기 어려운 감정과 사고일수록 그것을 충분히 다룰 수 있는 시간이 필요하다. 촉이 빠른 상담자는 몇 회기만 이야기를 나눠 봐도 내담자의 문제가 어디에 기인하는지 알 수 있게 된다. 하지만 촉은 빠른데 여유가 없고 급한 상담자는 내담자가 문제를 다룰 수 있도록 충분한 시간 동안 기다려 주고 인내해 주지 못할 것이다. 이는 섣부르고 때 이른 해석으로 이어져 내담자에게 효과적으로 개입하지 못하도록 할 것이다. 정신분석적 상담자는 분석적인 정신과 더불어 내담자를 충분히 기다려 줄 여유와 포용력이 필요하다. 그리하여 내담자는 전이해석을 깊이 받아들이고 통찰할 내적인 준비를 하게 된다.

이처럼 정신분석 상담의 과정은 전이만족과 전이해석의 단계로 구성된다. 내담자는 처음에 상담자에게 큰 기대를 갖고 상담에 임하게 된다. 때로 내담자는 상담자에게 깊은 애정을 갖고 상담자가 온전히 자신의 편이 되어 이야기를 들어 줄 것이라고 기대한다. 또한 상담자는 문제를 해결할 힘과 능력이 있다고 생각하고 상담자에게 의존하기도 한다. 이것은 정신분석이 말하는 전이이다. 정신분석 상담자는 이 전이 가운데 내담자의 고고학적 의미가 담긴 무의식적 소망과 두려움을 관찰할 수 있게 되고 상담관계가 내담자의 자기와 대상 세계에 의해 물들도록 허용한다. 하지만 점차적으로 내담자는 상담자의 도움을 통해 상담자의 진면목을 보게 되면서 상담자에게 향했던 전이를 거두어들인다. 이 단계에 이르게 되면 상담은 종결을 향해 가며, 초기 상담자에 대해 기대하고 흥분했던 마음은 사라진 채 내담자는 상담자의 곁을 떠날 수 있게 된다.

더 읽을거리

노경선, 김창기 공역(2007). 장기역동정신치료의 이해. 글렌 개버드 저. 서울: 학지사.

박용천, 오대영 공역(2015). 정신역동적 정신치료: 임상 매뉴얼. 데버라 카바니스, 사브리나 체리, 캐럴린 더글라스, 안나 슈워츠 공저. 서울: 학지사.

정남운, 변은희 공역(2008). 단기역동적 심리치료. 한나 레베슨 저. 서울: 학지사.

제11장
정신분석적 사례개념화

1. 사례개념화와 정신분석

지금까지 정신분석으로 상담을 진행하기 위해 필요한 기초적인 이론과 개념을 다양한 사례 예시를 통해 살펴보았다. 이번 장에서는 그 이론과 개념을 바탕으로 정신분석 사례를 어떻게 개념화할 것인지에 대해 설명한다. 상담자가 자신의 사례를 개념화한다는 것은 어떤 의미를 가지며 그것은 어떤 유익이 있는가?

상담에서 사례를 개념화한다는 것은 상담자를 찾아온 내담자가 호소하는 문제와 심리적인 증상을 상담자가 자신이 가진 이론과 개념으로 분석하고 설명한다는 것을 의미한다. 그것은 일차적으로 상담자가 사례를 정확하게 이해하고 적절하게 개입하기 위함이다. 그렇기에 사례개념화는 상담 초반에 이루어져야 한다. 상담 초반에 내담자의 문제를 정확하게 이해해야 지금의 상담이 정신분석적 접근에 맞을 것인지, 아니면 다른 전문가에게 의뢰할 것인지를 판단할 수 있다. 뿐만 아니라, 사례를 개념화하여 상담을 진행하기로 결정했다고 하더라도, 어떻게 상담을 진행하고 개입할 수 있는지를 상담자가 미리 짐작할 수 있게 된다. 곧, 사례를 개념화한다는 것은, 먼저 사례에 대한 개념적인 분석을 포함하여, 나아가 이를 바탕으로 상담의 진행 여부, 상담에서 일어날 수 있는 어려움과 방해물, 상담의 개입방법에 대해 상담자가 상담 초반에 미리 예상하고 설계한다는 것을 의미한다(McWilliams, 1999).

정신분석적으로 사례를 개념화한다는 것은 이미 앞에서 배운 정신분석이론과 개념을 바탕으로 사례를 분석하고 이해한다는 것을 의미한다. 그것은 일차적으로 내담자에게서 나타나는 무의식적 갈등이 무엇인지, 그 내적 대상관계와 정서적 색채는 무엇인지, 주요 성격구조와 이에 따른 방어기제는 무엇인지를 이해한다. 나아가 이를 바탕으로 상담관계에서 나타날 수 있는 전이와 역전이에 대해 미리 예상하고 이로 인해 앞으로 상담 과정에 나타날 수 있는 어려움과 방해물이 무엇인지 미리 예측하게 된다. 더불어 상담자가 어떤 상담목표를 설정하고 상담개입을 할 것인지 또한 미리 고려하게 된다.

물론 사례개념화가 상담 초반에 이루어진다는 것을 감안한다면 이는 회기가 진행되면서 수정될 수 있다. 하지만 상담 초기에 사례를 개념화하는 것을 통해 상담자는 내담자를 이해하는 틀을 갖고 안정감 있게 상담을 진행할 수 있어 내담자를 효과적으로 도울 수 있다. 또한 내담자의 내적 대상관계와 이로 인해 관계에서 주어지게 될 압력을 미리 이해하게 된다면, 상담자가 내담자의 역동에 휩쓸려 지나치게 상담에서 무의식적으로 행동화하는 것을 방지해 줄 수 있다. 그리고 상담관계에서 일어나게 될 전이와 역전이를 미리 예상할 수 있게 되어, 상담자는 전략적으로 상담에 개입할 수 있게 된다.

결국 정신분석적으로 사례를 개념화한다는 것은 무엇보다 내담자의 내적 대상관계를 묘사하는 데 있으며, 그것이 상담관계에 표현될 수 있는 전이와 역전이를 미리 예상하는 데 그 초점이 맞춰져 있다(Gabbard, 2004). 이를 바탕으로 정신분석 상담자는 어떤 상담

목표와 상담개입으로 내담자와 상담을 진행할 것인지를 판단하게 된다. 이렇듯 정신분석 사례개념화는 상담을 진행함에 있어 일종의 나침반 역할을 하게 되어 상담자가 효과적으로 상담에 임할 수 있도록 도움을 준다. 이번 장에서는 한 사례 예시를 통해 정신분석이론을 기반으로 사례를 어떻게 개념화할 수 있는지에 대해 설명하고자 한다.

2. 정신분석적 사례개념화

회사에서 지나친 긴장과 불안으로 최근 불면증에 시달리던 20대 후반의 남성 내담자 A는 상담자를 찾았다. 하지만 그는 상담을 받으러 올 때마다 괴롭고 불안한 감정에 사로잡히곤 했다. 그는 상담자를 불쾌하게 만들까 봐 두려워 말을 하지 않았다. 상담자가 자신의 이야기를 거부할 것이라고 예상한 그에게 치료 시간은 길고 고통스러운 침묵뿐이었다. 노크 소리를 크게 내면 상담자를 방해할 것이라는 생각에 어느 날은 조용히 상담실에 들어와 상담자를 깜짝 놀라게 한 적도 있었다. 이런 내담자의 소심하고 조심스러운 태도에 상담자는 한편으로는 안쓰럽기도 했지만, 다른 한편으로는 짜증과 지루함을 느끼기도 했고 침묵뿐인 내담자에게 다양한 질문을 하기도 했고 자신을 성찰해 보라는 숙제와 요구도 제시하게 되었다. 그에게는 이런 유년시절의 기억이 있었다. 아동이었던 그는 서재에서 일하시는 교수였던 아버지를 보러 갔다 문 앞에서 조용히 서 있곤 했다. 아버지가 다정하게 무슨 이야기라도 해 주길

바랐지만, 아버지는 너무나 바빠 그가 거기 있는지도 몰랐다. 한번
은 노크를 했더니 "너는 아버지가 일하는 것이 보이지 않니? 방해하
지 말고 어서 가거라."라는 화가 난 아버지의 반응을 경험했다. 반
면, A는 큰 소리를 내거나 아버지를 방해하지 않으면 서재에서 쫓겨
나는 일은 없었다. 이 일로 그에게 하나의 원칙이 생겼다. "상대방
을 방해하지만 않는다면 거절당하지 않고 사랑받을 수 있을 거야."

1) 증상에 기여하는 요인

앞의 사례에서 A는 회사에서 지나친 긴장과 불안감의 문제를 겪
고 있으며, 이로 인해 불면증을 호소하며 상담자를 찾아왔다. 이 내
담자의 주요 호소문제는 직장에서 겪는 지나친 긴장과 불안감에
있다. 상담자가 앞의 사례를 개념화할 때 가장 먼저 고려해야 할 것
은, 직장 내에 A가 겪고 있는 현실적인 스트레스가 존재하는지 여
부이다. A가 문제를 겪고 있는 것이 회사에 존재하는 실제 스트레
스로 인한 것일 수 있기 때문이다. 이런 경우에는 심리상담보다 직
장 내 스트레스의 해소 방안이나 이직 등을 고려하는 것이 더욱 중
요할 수 있다. 만약 직장 스트레스가 일반적인 수준이고 이에 대해
A가 심한 스트레스를 겪고 있다면, 그것은 A의 내적 특성으로 인해
나타나는 문제라고 가정할 수 있다.

상담이 진행된 지 불과 얼마 지나지 않아서 A가 상담관계에서
상담자에게 보이는 특징을 고려한다면, A의 문제가 심리내적 문제
와 관련이 클 것이라고 예상할 수 있다. 또한 지금−여기의 상담관

계에서 보이는 A의 성향들은 A가 회사 내에서 겪고 있는 불안이 무엇인지 그리고 지나치게 긴장감을 경험하고 있는 이유가 무엇인지 예상하게 해 준다. A는 상담자와의 관계에서도 행여나 자신이 상담자를 기분 나쁘게 하지는 않을까 조심하고 있다. 조금이라도 실수하거나 잘못 보이면 상담자는 기분 나빠할 것이고 자신에 대해 우호적으로 보지 않을 것이라고 예상하고 있다. 이것은 상담자에 대한 느낌, 기대와 예상으로 볼 수 있다. 이는 실제 상담자의 자세와 태도와는 상관없이 내담자 A의 내적인 자기와 대상 세계에서 비롯된 문제일 것이라고 볼 수 있다. 아마도 이런 심리내적 경향이 그로 하여금 직장의 업무를 처리하거나 관계는 맺는 데 큰 어려움이 되었을 것이다.

2) 내적 대상관계

그렇다면 지금 현 상황에서 A의 자기와 대상 세계는 어떻게 묘사할 수 있을 것인가? 대상표상은 심리내적 세계에 존재하는 대상에 대한 이미지와 느낌을 의미하고 자기표상은 그 대상과 짝지어져 있는 자기 자신에 대한 이미지와 느낌을 의미한다. 앞의 사례에서 A는 본인이 큰 소리를 내거나 다른 사람이 하는 일을 방해하면 기분 나빠 하고 비난하는 대상표상을 지니고 있다. 그렇기에 그 대상표상에 엮여 있는 자기표상은 큰 소리를 내면 안 되고, 방해해서는 안 되며, 조용히 순응해야 하는 이미지로 묘사할 수 있다. 대상표상과 자기표상은 될 수 있는 한 유아적인 특징으로 묘사하는 것이 내담자의 내적 세계를 이해하는 데 도움이 된다. 심리내적으로 존재하는 자기와 대상 세계는 유년기에 내면화되었기 때문이다. 아무리 키와 몸이 자라도 그 유아성은 고스란히 무의식에 간직된 채 마음 깊이 새겨져 있다.

이와 같은 자기와 대상 표상을 내적으로 갖고 있는 A는 그렇기에 사소한 자신의 말과 행동까지 지나치게 의식하고 제한할 가능성이 높다. 왜냐하면 상대방을 방해하거나 기분 나쁘게 하는 일에 지나치게 민감하기 때문이다. A 또한 의식적으로는 반드시 그럴 필요가 없다는 것을 잘 알고 있지만, 비난하고 기분 나빠 하는 대상표상과 이에 순응하고 맞춰야 하는 자기표상 사이의 내적 대상관계가 만들어 내는 깊은 불안이 존재하기 때문에 A는 자신도 원치 않지만 자신의 말과 행동을 감시하게 된다. 곧, 상대방이 자신으로 인해 방해받고 기분 나빠 할 것이라는 유아적인 불안이 A의 대상관계의 지배적인 정서이기 때문에 A의 행동은 이에 제약을 받게 된다. 자기와 대상 세계가 빚어내는 주요 정서적 색채가 인지와 의식에 우선하기 때문에 A는 이에 반응하지 않을 수 없는 것이다.

3) 정신분석적 사례공식화

그렇다면 이렇게 직장과 상담관계 안에서 재현되어 나타나는 A의 심리내적 대상관계는 어디에서 비롯된 것인가? 정신분석은 이를 어린 시절 중요한 대상과의 관계에서 주로 그 원인을 찾게 된다. 물론 기질적인 욕망을 감안하는 것도 사실이지만, 오늘날 애착이나 관계에 대한 중요성이 부각될수록 더욱 그 원인을 양육자와의 관계에서 찾는 경향이 있다. 앞의 사례에서 보면, A는 어린 시절 아버지와 함께 시간을 보내며 친밀한 관계를 맺고 싶어 했다. 하지만 교수였던 아버지는 이런 아들의 욕구를 채워 주기 어려웠다. 뿐만 아니라, 그런 아이의 욕구를 거절하고 비난하는 인상을 주었다. 아버지는 연구에 몰두하고 있는 자신을 방해하는 A를 꾸짖고 핀잔을 주었다. 이런 아버지와의 관계에 적응하면서 A는 '상대방을 방해하지 않으면 거절받지 않고 사랑받을 수 있을 거야.'라는 내적인 확신을 갖게 되었다.

유년기 A는 아버지와의 관계에서 사랑을 받기 위해서는 노력해야 할 일들이 많은 것으로 이해했다. 거절하고 비난하는 내적 대상에게 사랑을 받기 위해 무엇인가를 해야 할 것처럼 느끼는 자기표상은 그런 면에서 페어베언의 리비도적 자아를 연상시킨다. 상대방을 방해하지만 않는다면 사랑을 받을 수 있다는 이런 조건에서 A는 리비도적 자아를 발달시켰다. 곧, 아버지를 방해하지 않고 조용히 있으면 아버지가 자신을 사랑해 줄 것이라는 믿음을 가지면서 리비도적 자아는 발달했다. 이는 상담관계에서도 동일하게 반복되었다. 상담자에게 비난받지 않고 사랑받기 위해 상담자에게 조심스럽게 행동하고 적절한 이야기를 해야 할 것처럼 노력하는 것에서 이를 볼 수 있다.

물론 어린 시절의 한 기억 파편을 바탕으로 내담자의 심리내적 세계를 묘사하는 것은 지나친 일반화로 보일지 모른다. 하지만 A가 떠올린 어린 시절의 한 단면은 지속적으로 이어졌을 것이라고 가정할 수 있다. 왜냐하면 A가 수많은 기억 속에서 그 단면을 상담자에게 연상을 하고 이야기하는 것은 그 자체로 중요한 의미를 지닌 것일 때가 많기 때문이다. 그것은 A의 심리내적 세계를 이해하는 대표적인 기억일 가능성이 높다. 그러나 한 가지 짚고 넘어갈 문제는 A의 부모가 실제로 그런 부모였을 것이라고 상담자가 결론짓지 말아야 한다는 점이다. A의 부모가 어떠한지 실제로 상담자는 알지 못한다. 그보다 더 중요한 것은 내담자가 그렇게 부모를 기억하고 마음에 내면화했다는 점이다. A는 어린 시절 부모를 그런 방식으로 이해하고 해석하고 내면화한 것이다. 상담자가 다루어야 하는 것은 실제 부모가 아니라 바로 A의 내적 대상세계에 존재하는 내면화된 내적 대상이다.

이렇게 지금 현재 내담자가 겪고 있는 문제나 관계양상을 어린 시절 중요 양육자와의 관계와 경험과 연결 지어 설명하는 것을 정신분석적인 사례공식화라고 부른다. 이 사례공식화가 중요한 것은 내담자의 발달력을 이해하는 것일 뿐만 아니라, 앞으로의 전이해석을 위한 근거와 토대를 마련하는 것이기 때문이다. 또한 그것이 상담관계 속에서 어떤 양상으로 펼쳐지게 될지를 미리 이해하도록 돕는다는 점에서도 사례를 공식화하는 작업은 유익할 것이다.

4) 전이와 역전이 예상

A의 심리내적인 대상관계를 묘사했다면, 그것이 앞으로의 상담관계 안에서 어떻게 작용할 것인지를 상담자는 미리 예상할 수 있

다. 다시 말해, A와의 관계에서 나타나게 될 전이와 역전이를 미리 예상할 수 있다.

A는 몹시도 날카로운 예민함을 갖고 자신에 대해 기분 나빠 하고 거절하는 대상표상을 갖고 있으며, 이에 동일한 민감함으로 맞춰 주기 위해 노력해야 하는 자기표상을 갖고 있다. 이런 내적 대상 세계로 인해 A는 관계에서 쉽게 불안과 긴장감을 경험하리라 예상할 수 있다. 이는 상담관계에서도 고스란히 나타나게 될 것이라고 예상할 수 있다. A는 상담자가 자신을 우호적으로 보지 않고 자신의 사소한 실수나 잘못에 대해 기분 나빠 할 것이라는 느낌을 가질 수 있다. 곧, A의 대상표상이 상담관계에 전이될 것이라고 예상할 수 있다. 이런 결과로 A는 예의 바르고 조심스런 태도로 상담에 임할 것이다. 시간 약속을 정하거나 상담비를 결정하는 데 있어서도 상담자를 배려할 수 있으며, 상담 시간을 비교적 정확하게 지킬 것이라고 예상할 수 있다.

하지만 A의 대상표상 전이로 인해 자신의 이야기를 진솔하게 풀어 가는 데에는 어려움이 있을 것으로 보인다. 그는 무엇인가 이야기해야 한다는 압박감을 쉽게 받을 수 있으며, 그렇기에 정신분석 상담의 자유연상에 큰 부담을 갖고 있을 것이다. 자신에 대한 부적절한 이야기나 은밀한 공상을 상담자에게 풀어 나가는 일은 내적 저항에 직면할 것이다. 왜냐하면 이런 이야기가 상담자를 기분 나쁘게 만들거나 자신을 비우호적으로 대하게 할 것이라는 무의식적 두려움을 내담자는 갖고 있기 때문이다. 그렇기에 전반적으로 무의식을 의식화하는 정신분석 상담의 과정은 내담자의 커다란 저항에 직면하게 될 것이라고 상담자는 미리 예상할 수 있다.

이런 예상은 실제 A의 사례에서 나타나고 있다. 행여나 상담자를 불쾌하게 만들까 봐 A는 말하기조차 어려워하는 조심스런 태도를 갖고 있다. 상담자를 방해하지는 않을까 싶어 노크도 조심스럽게 하고 있다. 마치 유년시절 서재에서 일하시던 아버지를 대하듯 상담자를 대하고 있다. 상담자를 찾아오는 내담자의 마음은 실물을 보고 확인하듯 선명하게 상담자의 눈앞에 드러나는 것이 아니기 때문에, 상담자는 내담자를 단지 소심하지만 예의 바른 청년이라고 이해할 수 있다. 하지만 정신분석 상담자는 이것이 전이로 인해 일어나는 현상임을 알 수 있어야 한다. 이것은 단지 예의 바름의 문제라기보다는 내담자의 내적 세계를 이해하는 아주 중요한 단서가 되는 것이며 상담의 전체 과정을 이끌어 가는 데 있어 중요한 점임을 알아야 한다.

이렇게 내담자의 대상표상의 전이로 인해 나타날 수 있는 상담자의 역전이는 어떻게 예상할 수 있는가? 역전이는 상담자가 내담자에 대해 경험하는 느낌과 생각을 의미한다. 그것은 상담자 개인의 내적 세계에서 비롯된 것이기도 하지만, 내담자와의 관계에서 전이로 인해 압력을 받아 일어나는 것이기도 하다. 앞의 사례에서 A의 대상표상 전이는 A와 상담관계를 맺고 있는 상담자에게 일종의 압력으로 작용할 가능성이 높다. 상담에 임하는 A의 조심스럽고 소심한 태도에 대해 상담자는 A를 예의 바른 사람으로 경험할수도 있다. 이에 따라 A를 잘 도와주고 싶은 마음이 들 수도 있다.

하지만 A의 대상표상 전이는 점차적으로 상담에서 저항으로 작

용할 가능성이 높고 이에 따라 상담의 전반적인 과정은 지지부진
하게 이루어질 가능성이 높다. 상담자가 기분 나빠 하거나 자신을
우호적으로 보지 않을지도 모른다는 불안이 심한 경우에 A는 자신
의 진솔한 이야기를 풀어 가기 어렵기에 계속되는 상담이 부담스
럽고 곤혹스럽기까지 할 수 있다. 그렇기에 상담에서 A가 펼쳐 내
는 이야기는 자유연상을 따라 이루어지기보다는 미리 준비된 이야
기일 가능성이 높다. 이는 상담에서 나누는 이야기들이 무미건조
해질 수 있으며, 이로 인해 상담자는 내담자를 이해하는 데 어려움
을 겪게 되고, 자신이 효과적으로 도움을 주기 어렵다는 느낌에 빠
지기도 한다. 혹은 상담자는 진척되지 않는 상담 상황에 적응하면
서 의미 없는 상담회기들을 진행하게 될 수도 있다.

하지만 반대로 대상에게 순응하고 맞추려는 A의 내적 성향은 상
담을 일종의 숙제나 해야 할 과제로 여길 가능성이 높다. 상담자는
자신의 성숙과 성장을 위해 교육하는 일종의 교사처럼 경험될 수
있다. 그렇기에 상담자에게 조언을 구하거나 질문을 던지는 빈도
가 높게 나타나고 이에 압력을 받은 상담자는 내담자를 돕기 위한
정보들을 제공하는 데 상담의 많은 시간을 할애할 수 있다. 어떤 상
담자에게는 이런 상담관계의 형성이 편할 수 있다. 효과적으로 상
담을 진행해야 한다는 압박이 심한 상담자의 경우에 자신에게 질
문을 하며 조언을 구하면서 이에 성실하게 따르는 내담자가 고마
울 수 있다. 일시적으로 상담이 잘 진행되어 간다는 느낌도 가질 수
있다. 하지만 전체적인 상담 과정에서 보면 이는 내담자의 내적 세
계가 지금-여기의 상담관계에서도 반복되어 강화되는 것이라고

말할 수 있다. 상담자는 내담자의 내적 세계의 옛 대상의 역할을 수행하는 일에 그치고 만다.

내담자는 상담관계에서조차 불균형적인 관계를 형성할 가능성이 높다. 자기 자신에게는 관계에서 맞춰야 하고 순응해야 하는 사람의 역할과, 상담자에게는 자신에게 무엇인가를 제공하는 권위자의 역할을 부여할 수 있다. 그래야 내담자는 한결 안정감 있는 관계를 유지할 수 있다. 자신이 노력하여 사랑을 받게 되는 내적 구조로 인해 이런 역할이 배정되고 그 속에서 안정감을 경험하게 된다. 상담자는 이런 압력으로 인해 권위자의 역할을 수행하면서 조언이나 정보제공으로 상담을 이끌어 갈 수 있다.

하지만 이는 내담자의 전이로 인한 압력에 상담자가 결국에는 자신도 모르게 굴복하는 행위가 될 것이다. 이는 내담자의 내적 세계에 근원을 두고 있는 대상표상의 역할을 수행하는 것으로 상보적 역전이이자 투사적 동일시가 일어난 것이라고 분석할 수 있다. 물론 내담자가 상담관계 안으로 끌어들이는 이런 관계역동에서 상담자에게 일어날 일은 일어나게 되어 있는 것도 사실이고, 내담자의 전이로 인해 상담자가 상담 내의 용인된 수준에서 행동화가 일어나는 것은 지극히 자연스러운 일이다. 하지만 사례개념화를 통해 상담자가 미리 역전이에 대해 예상할 수 있다면 그 행동화는 앞장에서도 살펴보았듯이, 상담 과정에서 전이만족으로 기여할 수 있을 것이다. 나아가 그 역전이는 정신분석이 나아가야 할 방향과 길을 안내해 줄 것이다.

앞의 사례에서 상담자는 A의 대상표상 전이로 인해 점차적으로

상담관계 안에서 지루함과 따분함을 느꼈다. 이는 A의 조심스럽
고 소심한 태도로 인해 생겨난 역전이이다. 또한 A에게 다양한 질
문을 하면서 자신을 성찰해 보라고 요구하고 숙제도 제시하고 있
다. 이는 전반적으로 A의 대상표상의 전이에 따른 결과이다. 상담
을 마치 숙제나 인생의 한 과제처럼 생각하고 상담자를 안내하고
지도하는 교사처럼 경험하는 A와의 관계에서 상담자는 실제로 그
런 역할을 수행하고 있다. 이 역전이가 A의 내적 대상세계의 전이
에서 비롯된 것이며, 그 영향력을 구분하여 상담적으로 접근하는
상담자의 자세가 바로 담아 주기이다. 이는 내담자의 무의식적 압
력과 영향력을 이해하고 적절한 수준에서 그 역동을 유지하고 만
족시켜 주는 것이자, 전이해석의 토대를 마련하는 상담개입이다.
그렇기에 사례개념화를 통해 전이와 역전이를 미리 예상하는 것은
정신분석 개입을 위해 필수적인 과정이라고 볼 수 있다.

5) 상담목표와 상담개입

앞의 사례에서 A의 분석적인 상담을 위해 상담자가 세울 수 있
는 상담의 목표와 개입은 무엇인가? 정신분석 상담에서 설정할 수
있는 상담목표에 대해서는 다양한 관점에서 묘사할 수 있지만, 그
것은 정신분석의 최종적인 목표인 무의식의 의식화와 관련을 맺고
있어야 한다. 그것은 내담자가 현재 호소하는 문제의 이면에 존재
하는 무의식적 영향력을 의식화시키는 것이다. 이는 내담자가 인
식하지 못하고 있지만, 지속적으로 삶의 행동과 관계 양상에 영향

을 주고 있는 자신의 내적 측면을 인식하고 통찰하는 것이다. 이를 통해 내담자가 이전보다 전체로서 자신을 수용하고 받아들이게 된다면 정신분석은 상담목표를 달성한 것이라고 말할 수 있다.

내담자의 무의식은 상담자와 내담자가 만나 형성하는 상담 상황의 전이와 역전이 구조 속에서 표현되고 드러난다. 내담자의 무의식적 두려움과 소망은 상담자와 지금-여기에서 맺게 되는 전이와 역전이 관계에서 구현되어 나타난다. 그렇게 드러나게 되는 내담자의 무의식은 상담자가 거리를 두고 관찰해야 하는 대상만을 의미하지 않는다. 상담자는 전이 과정 속에서 내담자의 무의식 세계에 직접 참여하고 이를 경험하게 되면서 내담자의 무의식을 다루게 된다. 내담자의 자기와 대상 세계가 상담 상황에 어떻게 표현되는지 상담자는 관찰하기도 하고 참여하기도 하면서, 그 안에 내재된 내담자의 무의식적 환상과 갈등, 두려움과 소망을 이해하고 통찰하는 데까지 나아갈 수 있다.

앞의 사례에서 보면, A는 언제든 불쾌한 태도로 거절하고 비난하는 대상에 대한 느낌으로 상담자를 대하고 있다. 이런 전이로 인해 A는 상담에서 자신에 대해 말하는 것뿐만 아니라, 자신을 상담자에게 드러내기가 어려웠다. A의 소심하고 조심스런 태도로 상담자 또한 지루하고 따분함을 느꼈을 뿐만 아니라, A를 돕기 위해 조언이나 정보를 제공하거나 숙제를 제공하는 행동(역전이)을 했다. 이런 전이와 역전이 관계를 통해서 사랑과 인정에 대한 A의 깊은 무의식적 소망이 드러난다. 하지만 그 애정과 관심은 대상에 의해 쉽게 좌절될 것이며, 노력하지 않으면 달성되기 어렵고, 상대방은

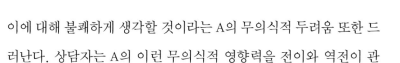

이에 대해 불쾌하게 생각할 것이라는 A의 무의식적 두려움 또한 드러난다. 상담자는 A의 이런 무의식적 영향력을 전이와 역전이 관계에 참여하면서 상담자 본인 또한 경험하며 알게 된다.

하지만 정신분석의 목표는 이보다 한걸음 더 나아갈 수 있다. 전이와 역전이 관계에서 드러난 무의식을 내담자가 인식하고 통찰하는 것에서 나아가 상담자는 내담자가 그 내적인 자기와 대상 세계를 재구조화하도록 도울 수 있다. 내담자가 남은 생애를 좀 더 행복하게 살고, 삶에서 경험되는 불행감을 현실적인 수준으로 경험하기 위해 내적 대상세계의 변화와 재구조화는 요구된다. 다른 사람의 요청을 들어주지 않으면 심한 죄책감이 느껴지기 때문에, 하기 싫어도 그 요청을 수락하는 내담자가 정신분석을 통해 자신이 할 수 없는 타인의 요청에 거리를 둘 수 있게 되는 경우, 비현실적인 이상과 수준에 도달해야만 자신에 대해 좋은 느낌을 갖게 될 수 있는 내담자가 상담을 통해 자신을 충분히 좋은 사람으로 경험할 수 있게 되는 경우, 침범당할까 봐 두려워서 사람들과 오고 가는 정서적 교류를 차단해 온 내담자가 상담을 통해 사람들과 적절한 의존 관계를 형성할 수 있게 되는 경우, 이 모든 경우에서 내담자의 내적 세계의 재구조화가 일어나고 있음을 보게 된다.

그렇기에 정신분석 상담의 목표는 내담자의 내적 자기와 대상 세계를 구성하는 단위인 대상표상과 자기표상과 관련이 있다. 앞의 사례를 통해 이를 살펴보자. A는 쉽게 기분이 상하고 예민하게 반응하며 작은 실수에 비난의 눈초리로 반응하는 엄격한 이미지와 느낌의 대상표상을 갖고 있다. 이에 감정적으로 엮여 있는 자기표상은 상대의 기분을 맞춰 주고 순응해야 할 것 같은 압박을 갖고 있다. 만약 그렇지 않으면 거절받아 사랑을 잃게 될 것이라는 유아적인 두려움이 그 안에 내재되어 있다. 그렇다면 정신분석 상담의 목표는 이 대상표상과 자기표상을 좀 더 유연하게 변화시키고 재구조화시키는 것과 관련이 있다. 곧, A는 상담을 통해 대상이 반드시 그렇게 예민하지 않고 실수에 엄격하게 비난하지 않는다는 것을 통찰하게 되면서 내적 대상이 보다 친절하고 사랑스러운 느낌으로 변화될 필요가 있다. 이에 따라 자기 자신 또한 그렇게 맞춰 주고 순응해야 할 필요를 느끼지 않게 된다. 반대로 자기표상의 변화로 대상표상이 변화되기도 한다. 자기표상이 보다 사랑스럽고 존중할 만한 이미지와 느낌으로 변화되어 A가 보다 더 자신을 사랑할 수 있게 된다면 이와 엮여 있는 대상표상도 변화를 경험하게 된다.

그렇다면 이런 상담목표를 달성하기 위해 상담자는 어떻게 개입할 수 있겠는가? 자세한 정신분석 상담개입에 대해서는 제10장을 참조하고, 여기서는 사례개념화와 관련하여 설명하고자 한다. 무엇보다 기억해야 할 것은 이런 내적 세계의 변화는 전이와 역전이 관계 속에서 가능해진다는 사실이다. 앞에서 언급했듯이 비난하고 순응하는 내적 대상세계를 가진 A는 상담관계에 무의식적인 압력을 행사하게 된다. 상담자는 A를 교육하고 조언하는 권위자의 역할을 하게 되고 A는 이에 맞추려고 할 것이다. 그렇기에 상담자는 최대한 A의 이런 저항과 무의식적 요구를 이해하는 동시에 약화된 방식으로 이를 만족시키는 전이만족의 단계를 고려해야 한다. A의 옛 대상의 역할을 과도하게 수행할 수도 없지만, 이에 대해 무시하

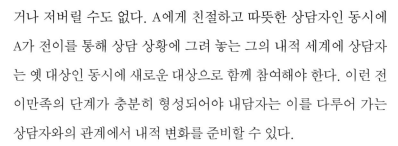

거나 저버릴 수도 없다. A에게 친절하고 따뜻한 상담자인 동시에 A가 전이를 통해 상담 상황에 그려 놓는 그의 내적 세계에 상담자는 옛 대상인 동시에 새로운 대상으로 함께 참여해야 한다. 이런 전이만족의 단계가 충분히 형성되어야 내담자는 이를 다루어 가는 상담자와의 관계에서 내적 변화를 준비할 수 있다.

상담자는 A가 어린 시절 겪었던 무관심하고 엄한 아버지에 대한 두려움과 위축되어 있는 상태의 감정을 경청할 뿐만 아니라, 그 내적 세계에 참여해야 한다. 그래야 상담자는 A의 내적 세계를 다룰 준비를 한다. 그리고 실제 상담에서 이 부분을 다루면서 지금−여기에서 일어나고 있는 일을 내담자가 볼 수 있도록 도움을 주어야 한다. 어린 시절 A는 아버지에 대한 두려움으로 자신의 감정을 다루기 어려웠지만, 전이를 통해 이전의 관계가 재현된 지금의 상담관계에서 상담자는 A와 함께 그 감정을 함께 다룰 수 있도록 다시금 기회를 부여한다. 곧, 지금−여기의 상담관계에서 어린 시절 아버지처럼 내담자에게 아주 중요한 대상이 된 상담자에게 투사시켜 떠넘긴 대상표상의 역할을 상담자가 적절하게 다루어 가는 과정은 내담자가 상담관계에서 새로운 내사가 일어날 수 있도록 돕는다. 옛 대상인 동시에 새로운 대상인 상담자를 통해 내담자의 내적 대상이 새롭게 변화될 수 있으며, 이를 통해 내담자는 예민하게 비난하고 신경질 내는 내적 대상의 이미지가 점차적으로 변화된다. 이를 새로운 내사라고 부를 수 있다. 이는 상담자와의 전이 역전이 관계 속에서 일어날 수 있음을 기억해야 한다(Gabbard & Wilkinson, 1994; Jaenicke, 1987; Mitchell, 1999).

앞의 사례를 바탕으로 사례개념화를 작성해 보면 〈표 3〉과 같다. 이와 같은 종류의 사례개념화를 작성하게 되면 추후 상담관계와 과정을 이해하고 방향을 설정하는 데 큰 도움을 받게 될 것이다. 사례개념화의 예시를 들기 전에 정신분석 상담의 사례개념화에 포함해야 하는 핵심 요소를 표로 제시하면 다음과 같다.

〈표 3〉 **정신분석 사례개념화의 핵심 요소**

사례개념화 요소	내용
1. 내적 대상관계	대상표상과 자기표상, 정서적 색채, 무의식적 갈등과 방어기제
2. 사례공식화	내적 대상관계의 형성 원인을 어린 시절 양육환경과 연결
3. 전이와 역전이 대상	상담관계에 일어날 전이와 역전이의 특징, 상담 과정의 방해물과 대처 방법
4. 상담 목표와 개입	대상표상과 자기표상과 관련된 상담목표, 전이만족과 전이통찰을 통한 상담개입 구상

3. 사례개념화의 예시

앞선 사례를 정신분석적으로 개념화한 실제 예시를 들어 보면 다음과 같다.

직장 내에서 업무를 수행하고 인간관계를 맺는 데 있어 지나친 긴장과 두려움을 호소하며 상담자를 찾은 내담자는 상담관계에서 상담자가 자신을 불쾌하게 느낄까 봐 두려워하며 자신의 이야기를 속 시원히 하지 못하여 지나치게 상담자에게 조심하게 행동하는 경향을 보이고 있다. 이로 보건대 내담자는 상담자가 자신을 우호적으로 보지 않고 사소한 자신의 잘못에 대해 불쾌하게 느끼며 비난할 것이라는 대상에 대한 느낌을 갖고 있다. 이런 느낌으로 인해 상담관계에서 상담자의 기분을 살피며 상담자가 자신에게 기분 나빠 하지 않도록 무의식적으로 노력할 것으로 예상된다. 또한 상담자가 자신을 우호적으로 볼 수 있기를 소망하며 예의 바르게 행동할지 모른다(대상에 대한 느낌, 전이 예상).

하지만 중립적인 상담자의 태도는 내담자로 하여금 상담자가 자신을 비난하거나 부적절하게 보고 있는 것으로 여길 가능성이 있다. 또한 상담실에서 떠오르는 것을 이야기하라는 자유연상의 요구에 당혹스러움을 갖게 될 것으로 보인다. 이로 인해 상담관계에서 지나친 불안과 두려움을 경험하게 되면 내담자는 상담에 오는 것을 힘들어하게 될 것이며, 상담관계에서 더욱 소심하고 조심스런 태도가 나타날 수 있게 된다. 상담관계에서 전이로 인해 지나치게 불안해하고 소심하게 행동하는 내담자에게 상담자는 때로는 지루함과 답답함을 느낄 수 있고, 이에 따라 상담자는 내담자를 달래 보기도 하고 상담에 적극 임할 것을 요구하기도 하며 적극적인 자세를 취할 가능성이 높아 보인다. 하지만 이는 다시금 내담자에게는 상담자가 자신을 부적절하게 보며 불쾌해하고 있는 인상을 주어 상담을 더욱 어렵게 하고 내담자를 긴장하게 만들 수 있다. 아마도 이런 전이와 역전이의 관계는 내담자가 직장 내에서 어떤 이유로 두려움과 긴장을 경험하고 있는지를 예측하게 만든다. 곧, 자신을 불쾌하게 경험하고 우호적으로 대하지 않을 것이라는 내담자의 지나친 예상은 직장 내 인간관계를 어렵게 만드는 내적 요인이라고 볼 수 있을 것이다(전이와 역전이 예상).

내담자가 이런 어려움을 겪게 된 이유는 어린 시절 아버지와의 관계에서 찾을 수 있다. 교수였던 아버지는 자신의 일에 몰두하며 내담자의 관계 욕구를 좌절시키면서, 내담자는 상대방을 방해하지 않거나 불쾌하게 하지 않으면 사랑과 관심을 받을 수 있다는 내적인 확신을 갖게 되었다. 반복된 양육자와의 관계에서 아마도 내담자는 자신을 불쾌하게 여기고 비난하고 거절하는 대상표상과 이에 감정적으로 엮여 있어 순응하고 노력해야 관계의 욕구를 채울 수 있으며, 그렇지 못하면 사랑을 잃게 될 것이라는 자기 자신에 대한 표상을 내면화시켰을 것이다. 이 내적 대상관계로 인해 내담자의 내적 세계는 두려움과 긴장이 지배하리라 볼 수 있다. 대상을 향해 경험되는 분노는 대상에 대한 두려움과 공포로 인해 억압 혹은 격리될 것으로 보인다(내적 대상관계의 묘사: 자기표상과 대상표상, 정서적 색채).

아마도 직장 내에서의 인간관계는 내담자의 내적 대상관계의 반복과 재현이며 이는 상담관계에서도 유사한 형태로 반복될 것으로 예상할 수 있다. 내담자의 이런 내적 자기와 대상 세계로 인해 자신의 삶을 통제해야 할 필요성이 증대될 수 있으며 이로 인해 타인을 만족시키기 위한 완벽주의적 성향이 나타날 수 있다. 대상이 자신을 좋아하지 않고 불쾌하게 여길 것이라는 내적인 예상으로 인해 내담자는 자신을 좋게 보이도록 만드는 데 다른 사람보다 더 큰 노력을 기울이고 있을 것이라고 생각한다. 억압과 감정의 격리를 주요 방어기제로 사용하여 자기 자신과 주변 환경을 통제하고 관리하는 데 에너지를 많이 소비할 것으로 보인다(방어기제의 예상).

내담자의 내적 대상관계는 주변 환경과 관계를 통제할 필요성을 증가시키고, 이로 인해 억압과 감정의 격리라는 방어기제를 도입할 필요가 있는 점에서 내담자는 강박적 성격구조로 이해할 수 있다. 때로는 자신에 대한 비현실적인 이상을 세우고 이를 만족하기 위해 노력할 것이다. 내담자는 자신의 행동을 관찰하고 성찰할 수 있는 내적 기능을 갖추고 있으며, 이는 신경증적 정신기능을 갖고 있다는 것을 보여 준다. 사랑받고 싶지만 비난받을 것이라는 무의식적 갈등이 존재하며 상담자는 상담관계에서 이 갈등이 어떻게 나타나는지를 관찰하고 내담자에게 보여 줄 수 있다(진단과 무의식적 갈등).

상담자는 이런 내담자의 특성으로 인해 나타나는 전이를 이해하고 내담자의 내적 세계에 참여하는 과정이 필요하다. 정신분석의 자유연상을 어려워할 때는 부드럽고 친절하게 내담자를 격려할 필요가 있으며 내담자가 이야기하는 데 어려움을 겪게 된다면, 상담자는 다그치기보다 인내하며 기다려 줄 필요가 있다. 내담자는 내적 자기와 대상 세계는 상담 상황을 일종의 교육과 과제로 이해할 수 있기에, 상담자에게 질문을 하며 조언을 구할 수 있다. 이에 대해 상담자는 정보제공과 의견 제시를 할 수 있겠지만, 지나치게 내담자의 역동에 휩쓸려 내담자를 가르치고 교육하려고 해서는 안 될 것이다. 무엇보다 한편으로는 상담관계에 드리워진 내담자의 내적 대상관계를 인정하고 수용하면서도, 내담자의 주체성이 상담관계에서 드러나고 표현될 수 있도록 격려하고 지지해 주는 것이 필요하다(상담 과정의 방해물과 대처 방법).

상담자가 불쾌할까 봐 방해하지 않으려 하는 내담자의 전이는 상담자에게 사랑과 인정을 받고 싶다는 강렬한 욕구 또한 포함하고 있다. 어린 시절 부재한 부모의 관심과 사랑을 상담자에게 바라고 있지만, 이것이 자신의 결함으로 좌절될 것이라고 느낀다. 무엇보다 상담자는 내담자의 실제 행동에서는 드러나지 않지만, 상담자에게 기대하는 사랑과 관심을 일관성 있게 제공할 필요가 있다. 하지만 내담자의 소심하고 조심하는 태도는 상담자가 내담자의 내적 대상, 곧 평가절하하고 비난하는 대상표상의 역할을 수행하도록 만들어 내담자를 더욱 위축하게 만들 수 있다. 그러므로 내담자의 내적 대상관계가 상담관계 속에 반복될 때, 상담자는 비난하는 대상이 되지 않도록 주의하며 내담자에게 일상의 친절함과 관심을 잃지 않는 것이 중요하다(상담개입방법).

성찰기능을 가진 내담자는 상담자에 대한 자신의 경험과 느낌, 곧 전이를 이해하고 상담자에 대한 그 느낌이 어디서 비롯되었는지 어렵지 않게 통찰에 이를 수 있을 것으로 보인다. 이를 통해 자신을 불쾌하게 느끼고 우호적으로 대하지 않을 것이라는 대상에 대한 느낌은 좀 더 유연하고 수용하는 대상표상으로 바뀌면서 약화될 것으로 보인다. 사랑받기 위해 끊임없이 애써야 하는 자기표상은 좀 더 여유롭고 현실적인 인식으로 대체됨에 따라 다른 사람에게 순응하거나 맞춰 줘야 하는 느낌과 그러지 못했을 때 경험하는 불안 또한 경감될 것이라 보인다. 이는 내적 대상관계의 변화를 가져와 현실 관계 또한 변화되기 시작할 것이며, 내담자의 불안과 긴장도 낮아질 것이다(상담목표 묘사).

더 읽을거리

권석만, 김윤희, 한수정, 김향숙, 김지영 공역(2005). **정신분석적 사례이해.** 낸시 맥윌리엄스 저. 서울: 학지사.

최영민(2017). **영성지향 대상관계정신치료.** 서울: 학지사.

참고문헌

Akhtar, S. (2009). *Comprehensive dictionary of psychoanalysis*. London: Karnac Books.

Aron, L. (1991). The patient's experience of the analyst's subjectivity. *Psychoanalytic Dialogue, 1*, 29-51.

Aron, L. (1992). Interpretation as expression of the analyst's subjectivity. *Psychoanalytic Dialogue, 2*, 475-507.

Aron, L. (1996). *A meeting of minds: Mutuality in psychoanalysis*. New York: Routledge.

Ashbach, C., & V. L. Schermer. (1992). The role of the therapist from a self psychological perspective. In R. H. Klein, H. S. Bernard, & D. L. Singer (Eds.), *Handbook of contemporary group psychotherapy* (pp. 279-319). Madison, CT: International Universities Press.

Atwood, G. E., & Robert, D. S. (1984). *Structures of subjectivity: Explorations in psychoanalytic phenomenology*. Hillsdale, NJ: Analytic Press.

Bacal, H. A. (1985). Optimal responsiveness and the therapeutic process. In A. Goldberg (Ed.), *Progress in self psychology* (Vol. 1, pp. 202-227). New York: Guilford Press.

Balint, M. (1968). *Basic fault: Therapeutic aspects of regression*. London: Tavistock Publications.

Benjamin, J. (1988). *The bonds of love*. New York: Pantheon Books.

Benjamin, J. (1992). Recognition and destruction: An outline of intersubjectivity. In N. J. Skolnick & S. C. Warshaw (Eds.), *Relational perspectives in Psychoanalysis* (pp. 43-60). Hilsdale, NJ: The Analytic Press.

Bion, W. R. (1959/1984). Attacks on linking. *Second thoughts: Selected papers on psychoanalysis* (pp. 93-109). London: Karnac.

Bion, W. R. (1962). *Learning from experience.* London: Heinmann.

Bion, W. R. (1963). *Elements of psycho-analysis.* London: William Heinemann.

Bion, W. R. (1992). *Cogitations.* London: Karnac.

Cabaniss, D. L., Cherry, S., Douglas, C. J., & Schwartz, A. R. (2011). *Psychodynamic psychotherapy: A clinical manual.* Hoboken, NJ: Wiley-Blackwell.

Cabaniss, D. L., Cherry, S., Douglas, C. J., Graver, R. L., & Schwartz, A. R. (2013). *Psychodynamic formulation.* Hoboken, NJ: Wiley-Blackwell.

Chused, J. F. (1991). The evocative power of enactments. *Journal of American Psychoanalytic Association, 39*, 615-639.

Cooper-White, P. (2006). Shared wisdom: Use of the self in pastoral counseling. *Pastoral Psychology, 55*, 233-241.

Eagle, M. N. (2011). *From classical to contemporary psychoanalysis: A critique and integration.* New York: Routledge.

Fairbairn, W. R. D. (1943/1952a). Repression and the return of bad objects. *An object relations theory of the personality.* New York: Basic Books.

Fairbairn, W. R. D. (1944/1952b). Endopsychic structure considered in terms of object relationships. *Psychoanalytic studies of the personality* (pp. 82-132). London: Tavistock.

Fairbairn, W. R. D. (1946/1952c). Object-relationships and dynamic structure. *Psychoanalytic studies of the personality* (pp. 137-151). London: Tavistock.

Fairbairn, W. R. D. (1949/1952d). Steps in the development of an object-relations theory of the personality. *Psychoanalytic studies of the personality* (pp. 152-161). London: Tavistock.

Fairbairn, W. R. D. (1951/1952e). A synopsis of the development of the author' s views regarding the structure of the personality. *Psychoanalytic studies of the personality* (pp. 162-179). London: Tavistock.

Fenichel, O. (1945). *The psychoanalytic theory of neurosis.* New York: W. W. Norton & Co.

Freud, A. (1936). *Ego and the mechanisms of defence.* London: Karnac.

Freud, S. (1896/1962). Further remarks on the euro-psychoses of defense. In J. Strachey (Ed.), *The standard edition of the complete psychological works of Sigmund Freud* (Vol. 3, pp. 157-185). London: The Hogarth Press.

Freud, S. (1907/1959). Delusions and dreams in Jensen's Gradiva. In J. Strachey (Ed.), *The standard edition of the complete psychological works of Sigmund Freud* (Vol. 9, pp. 7-94). London: The Hogarth Press.

Freud, S. (1912a/1958a). Recommendations to physicians practising psycho-analysis. In J. Strachey (Ed.), *The standard edition of the complete psychological works of Sigmund Freud* (Vol. 12, pp. 111-120). London: Hogarth Press.

Freud, S. (1912b/1958b). The dynamics of transference. In J. Strachey (Ed.), *The standard edition of the complete psychological works of Sigmund Freud* (Vol. 12, pp. 97-108). London: Hogarth Press.

Freud, S. (1914/1957c). On narcissism: An introduction. In J. Strachey (Ed.), *The standard edition of the complete psychological works of Sigmund Freud* (Vol. 14, pp. 73-102). London: The Hogarth Press.

Freud, S. (1915a/1957a). Instincts and their vicissitudes. In J. Strachey (Ed.), *The standard edition of the complete psychological works of Sigmund Freud* (Vol. 14, pp. 117-140). London: The Hogarth Press.

Freud, S. (1915b/1957d). On transience. In J. Strachey (Ed.), *The standard edition of the complete psychological works of Sigmund Freud* (Vol. 14, pp. 159-215). London: The Hogarth Press.

Freud, S. (1915c/1957e). The unconscious. In J. Strachey (Ed.), *The standard edition of the complete psychological works of Sigmund Freud* (Vol. 14, pp. 159-215). London: The Hogarth Press.

Freud, S. (1917/1957b). Mourning and melancholia. In J. Strachey (Ed.), *The standard edition of the complete psychological works of sigmund Freud* (Vol. 14, pp. 237-260). London: The Hogarth Press.

Freud, S. (1923/1961). The ego and the Id. In J. Strachey (Ed.), *The standard edition of the complete psychological works of Sigmund Freud* (Vol. 19, pp. 1-66). London: The Hogarth Press.

Freud, S. (1955). Three essays on the theory of sexuality. In J. Strachey (Ed.), *The standard edition of the complete psychological works of Sigmund Freud* (Vol. 7). London: The Hogarth Press.

Freud, S. (1957a). Beyond the pleasure principle. In J. Strachey (Ed.), *The standard edition of the complete psychological works of Sigmund Freud* (Vol. 18, pp. 7-64). London: The Hogarth Press.

Freud, S. (1957b). Repression. In J. Strachey (Ed.), *The standard edition of the complete psychological works of Sigmund Freud* (Vol. 14, pp. 141-158). London: Hogarth Press.

Freud, S. (1957c). The future prospects of psycho-analytic therapy. In J. Strachey (Ed.), *The standard edition of the complete psychological works of Sigmund Freud* (Vol. 11, pp. 141-151). London: Hogarth Press.

Freud, S. (1958). Remembering, repeating and working-through. In J. Strachey (Ed.), *The standard edition of the complete psychological works of Sigmund Freud* (Vol. 12, pp. 145-156). London: Hogarth Press.

Freud, S. (1963). New introductory lectures on psycho-analysis. In J. Strachey (Ed.), *The standard edition of the complete psychological works of Sigmund Freud* (Vol. 16, pp. 7-64). London: The Hogarth Press.

Frie, R., & Bruce, R. (2005). Intersubjectivity: From theory through practice. In J. Mills (Ed.), *Relational and intersubjective perspectives in psychoanalysis: A critique*. Oxford: Jason Aronson.

Gabbard, G. O. (1995). Countertransference: The emerging common ground. *The International Journal of Psychoanalysis, 76,* 475-485.

Gabbard, G. O. (1999). An overview of countertransference: Theory and technique. *Countertransference issues in psychiatric treatment.* Washington, DC: American Psychiatric Press.

Gabbard, G. O. (2004). *Long-term psychodynamic psychotherapy: A basic text*. Arlington, VA: American Psychiatric Publishing.

Gabbard, G. O., & Wilkinson, S. M. (1994). *Management of countertransference with borderline patients*. Washington, DC: American Psychiatric Press.

Gill, M. M. (1994). *Psychoanalysis in transition: A personal view*. Hillsdale, NJ: Analytic Press.

Goldstein, E. G. (2001). *Object relations theory and self psychology in social work practice*. New York: The Free Press.

Greenberg, J. (1986). Theoretical models and the analyst's neutrality. *Contemporary Psychoanalysis, 6*, 87–106.

Harris, A. (2005). Transference, countertransference, and the real relationship. In E. Person, A. Cooper, & G. Gabbard (Eds.), *Textbook of psychoanalysis*. Washington, DC: American Psychiatric Publishing.

Heimann, P. (1950). On counter-transference. *International Journal of Psychoanalysis, 31*, 81–84.

Hirsch, I. (1994). Countertransference love and theoretical model. *Psychoanalytic Dialogue, 4*, 171–192.

Jacobs, T. (1986). Countertransference enactments. *Journal of the American Psychoanalytic Association, 34*, 289–307.

Jacobs, T. (1991). *The use of the self: Countertransference and communication in the analytic situation*. Madison, CT: International Universities Press.

Jaenicke, C. (1987). Kohut's concept of cure. *Psychoanalytic Review, 74*, 537–548.

Joseph, B. (1989). *Psychic equilibrium and psychic change: Selected papers of betty Joseph*. London: Routledge.

Jung-Eun, J. (2016). *Religious experience and self-psychology: Korean christianity and the 1907 revival movement*. New York: Palgrave Macmillan.

Katz, G. (2014). *The play within the play: The enacted dimension of psychoanalytic process*. New York: Routledge.

Kavaler-Adler, S. (2003). *Mourning, spirituality and psychic change: A new object relations view of psychoanalysis.* New York: Brunner–Routledge.

Kernberg, O. (1965). Notes on countertransference. *Journal of the American Psychoanalytic Association, 13*, 38–56.

Kernberg, O. (1975). *Borderline conditions and pathological narcissism.* New York: Jason Aronson.

Kernberg, O. (1976). *Object–relations theory and clinical psychoanalysis.* New York: Jason Aronson.

Kernberg, O. F. (1984). *Severe personality disorders: Psychotherapeutic strategies.* New Haven: Yale University Press.

Kernberg, O. F. (2005). Object relations theories and technique. In E. S. Person, A. M. Cooper, & G. O. Gabbard (Eds.), *The American Psychiatric Publishing Textbook of Psychoanalysis* (pp. 55–75). Washington, DC: American Psychiatric Publishing,

Klein, M. (1935/1987b). The psychogenesis of manic–depressive states. In J. Mitchell (Ed.), *The selected melanie klein.* New York: The Free Press.

Klein, M. (1946/1987a). Notes on some schizoid mechanisms. In J. Mitchell (Ed.), *The selected Melanie Klein* (pp. 176–200). New York: Macmillan.

Klein, M. (1950). The early development of conscience in the child. *Contributions to psychoanalysis: 1921–1945.* London: Hogarth Press.

Klein, M. (1952a). Some theoretical conclusions regarding the emotional life of the infant. In M. Klein (Ed.), Envy and Gratitude and Other Works (Vol. 8, pp. 61–94). London: Hogarth Press.

Klein, M. (1952b). The mutual influences in the development of ego and id. In R. E. Money-Kyrle (Ed.), *Envy and gratitude and other works 1946–1963* (pp. 61-93). New York: Delacorte Press.

Klein, M. (1959/1975). Our adult world and its roots in infancy. In R. Money-Kyrle (Ed.), *The writings of Melanie Klein* (Vol. 3, pp. 247–263). New York: The Free Press.

Klein, M. (1964). Love, guilt, and reparation. In M. Klein & J. Riviere (Eds.), *Love, hate and reparation.* New York: Norton.

Klein, M. (1975a). Mourning and its relation to manic–depressive states. In R.

Money-Kyrle (Ed.), *The writings of Melanie Klein* (Vol. 1, pp. 344-369). New York: The Free Press.

Klein, M. (1975b). *The psycho-analysis of children.* London: Hogarth Press.

Klein, M. (1986). The origins of transference. In J. Mitchell (Ed.), *The selected Melanie Klein.* New York: The Free Press.

Klein, M. (1987a). A contribution to the psychogenesis of manic-depressive states. In J. Mitchell (Ed.), *The selected Melanie Klein* (pp. 115-145). New York: The Free Press.

Klein, M. (1987b). The psycho-analytic play technique. In J. Mitchell (Ed.), *The selected Melanie Klein.* New York: The Free Press.

Kohut, H. (1971a). *The analysis of the self: A systematic approach to the psychoanalytic treatment of narcissistic personality disorders.* Madison, CT: International Universities Press.

Kohut, H. (1971b). Thoughts on narcissism and narcissistic rage. In P. H. Ornstein (Ed.), *The search for the self: Selected writings of Heinz Kohut: 1950-1978* (Vol. 2). Madison, CT: International Universities Press.

Kohut, H. (1977). *The restoration of the self.* Chicago: University of Chicago Press.

Kohut, H. (1984). *How does analysis cure.* Chicago: University of Chicago Press.

Kohut, H. (1991). Creativeness, charisma, group psychology: Reflections on the self-Analysis of Freud. In Paul H. O (Ed.), The search for the self: Selected writings of Heinz Kohut, 1950-1978 (pp. 793-843). Madison, CT: International Universities Press.

Loewald, H. (1986). Transference-countertransference. *Journal of the American Psychoanalytic Association, 34,* 275-287.

McLaughlin, J. T. (1991). Clinical and theoretical aspects of enactment. *Journal of American Psychoanalytic Association, 39,* 595-614.

McWilliams, N. (1994). *Psychoanalytic diagnosis: Understanding personality structure in the clinical process.* New York: The Guilford Press.

McWilliams, N. (1999). *Psychoanalytic case formulation.* New York: The Guilford Press.

McWilliams, N. (2004). *Psychoanalytic psychotherapy: A practitioner's guide.* New York: The Guilford Press.

Mishne, J. M. (1993). *The evolution and application of clinical theory: Perspective from four psychologies.* New York: The Free Press.

Mitchell, S. A. (1988). *Relational concepts in psychoanalysis: An integration.* Cambridge, MA: Harvard University Press.

Mitchell, S. A. (1991). Wishes, needs and interpersonal negotiations. *Psychoanalytic Inquiry, 11,* 147-170.

Mitchell, S. A. (1994). Something old, something new. Response to S. Stern's needed relationships and repeated Relationships. *Psychoanalytic Dialogue, 4,* 363-370.

Mitchell, S. A. (1999). The wings of icarus: Illusion and the problem of narcissism. In S. A. Mitchell & L. Aron (Eds.), *The relational psychoanalysis: The emergence of a tradition* (pp. 153-179). New York: Routledge.

Mitchell, S., & Aron, L. (1999). *Relational psychoanalysis: The emergence of a tradition.* New York: Routledge.

Moore, B. E., & Fine, B. D. (1990). *Psychoanalytic Terms and Concepts.* New York: American Psychoanalytic Association.

Ogden, T. (1979). On projective identification. *International Journal of Psychoanalysis, 60,* 357-373.

Ogden, T. (1983). The concept of internal object relations. *International Journal of Pssychoanalysis, 64,* 227-241.

Ogden, T. (1999). *Reverie and interpretation.* London: Karnac.

Person, E. S., Arnold, M. C., & Glen, O. G. (2005). *Textbook of psychoanalysis.* Arlington, VA: American Psychiatric Publishing.

Pine, F. (2006). The four psychologies of psychoanalysis and their place in clinical Work. In A. M. Cooper (Ed.), *Contemporary psychoanalysis in America: Leading analysts present their work* (pp. 493-514). Arlington, VA: American Psychiatric Publishing.

Racker, H. (1968). *Transference and countertransference.* New York:

International Universities Press.

Sandler, J. (1960). On the concept of superego. *The Psychoanalytic Study of the Child, 15*, 128-162.

Sandler, J. (1976). Countertransference and role-responsiveness. *International Review of Psychoanalysis, 3*, 43-47.

Sandler, J. (1993). On communication from patient to analyst: Not everything is projective identification. *International Journal of Psychoanalysis, 74*, 1097-1107.

Sandler, J. (2012). The concept of projective identification. In E. Spillius & E. O' Shaughnessy (Eds.), *Projective identification: The fate of a concept* (pp. 167-182). New York: Routledge.

Schafer, R. (1960). The loving and beloved superego in Freud's structural theory. *Psychoanalytic Study of the Child, 15*, 163-188.

Schecter, D. E. (1979). The loving and persecuting superego. *Contemporary Psychoanalysis, 15*, 361-379.

Sharf, R. S. (2011). *Theories of psychotherapy and counseling: Concepts and cases.* Belmont, CA: Brooks/Cole.

Shedler, J. (2010). The efficacy of psychodynamic psychotherapy. *American Psychologist, 63*(2), 98-109.

Spillisu, E. (1992). Clinical experiences of projective identification. In R. Anderson (Ed.), *Clinical lectures on Klein and Bion* (pp. 59-73). London: Tavistock/Routledge.

Stolorow, R. D. (1988). Thinking and working contextually: Toward a philosophy of psychoanalytic practice. In D. M. Orange & G. E. Atwood (Eds.), *Self psychology.* New York: April.

Stolorow, R. D. (1994). The nature and therapeutic action of psychoanalytic interpretation. In R. D. Stolorow, G. E. Atwood, & B. Brandchaft (Eds.), *The intersubjective perspective.* Northvale, NJ: Jason Aronson.

Stolorow, R. D., George, E. A., & Donna, M. O. (2002). *Worlds of experience.* New York: Basic Books.

Tansey, M., & Burke, W. (1989). *Understanding countertransference: From projective identification to empathy.* Hillsdale, NJ: The Analytic Press.

Wallerstein, R. S. (1983). Self psychology and 'Classical' psychoanalytical psychology. In A. D. Goldberg (Ed.), *The future of psychoanalysis: Essays in honor of Heinz Kohut.* New York: International Universities Press.

Winnicott, D. W. (1958a). Primary maternal preoccupation. *Through paediatrics to psychoanalysis.* London: Hogarth Press.

Winnicott, D. W. (1958b). Primitive emotional development. *Through paediatrics to psycho-analysis.* London: Hogarth Press.

Winnicott, D. W. (1965). The theory of the Parent-infant relationship. *The maturational process and the facilitating environment.* New York: International Universities Press.

Winnicott, D. W. (1994). From dependence towards independence in the development of the individual. *The maturational processes and the facilitating environment; Studies in the theory of emotional development* (pp. 83-92). Madison, CT: International Universities Press.

Winnicott, D. W. (2005). Transitional objects and transitional phenomena. *Playing and reality* (pp. 1-34). London: Routledge.

361

찾아보기

인명

Aron, L. 204

Benjamin, J. 205
Bion, W. R. 36, 90, 193

Fairbairn, W. R. D. 140, 141, 143,
144, 145, 148
Frued, S. 18, 19, 23, 25, 26, 27, 29,
46, 76, 77, 78, 79, 80, 83, 89, 258,
259, 322

Gabbard, G. O. 199

Hanold, N. 29

Jacobs, T. 201
Jensen J. V. 29
Joseph, B. 194

Kernberg, O. 264
Klein, M. 64, 103, 114, 116, 118, 120,
193, 267

Ogden, T. 194

Sandler, J. 198
Stolorow, R. D. 205

내용

K 36

갈등 340

감사 117
강박성 222, 223, 224, 228, 235
강박적 성격구조 347

저자 소개

장정은(Jung-eun Jang)

서울대학교 종교학과를 졸업하고 장로회신학대학원에서 교역학으로 석사학위를, 미국 드류대학교(Drew University)에서 심리학과 종교학으로 박사학위를 받았다. 미국 NAAP 공인정신분석가(NCPsyA)이며, 현재 이화여자대학교 기독교학과 교수로 재직하고 있다. 저서로는 『누구에게나 숨겨진 마음이 있다』(꿈꾸는 인생, 2020) 등이 있다.

정신분석으로 상담하기
Psychoanalytic Approach to Counseling

2021년 9월 20일 1판 1쇄 발행
2023년 1월 20일 1판 3쇄 발행

지은이 • 장 정 은

펴낸이 • 김 진 환

펴낸곳 • (주) **학 지사**

04031 서울특별시 마포구 양화로 15길 20 마인드월드빌딩 5층

대표전화 • 02) 330-5114 팩스 • 02) 324-2345

등록번호 • 제313-2006-000265호

홈페이지 • http://www.hakjisa.co.kr
페이스북 • https://www.facebook.com/hakjisabook

ISBN 978-89-997-2498-5 93180

정가 16,000원

출판미디어기업 **학 지사**

간호보건의학출판 **학지사메디컬** www.hakjisamd.co.kr
심리검사연구소 **인싸이트** www.inpsyt.co.kr
학술논문서비스 **뉴논문** www.newnonmun.com
원격교육연수원 **카운피아** www.counpia.com